Gisela Hormayr

Verfolgung, Entrechtung, Tod

STUDIEN ZU GESCHICHTE UND POLITIK

Band 23

herausgegeben von Horst Schreiber
Michael-Gaismair-Gesellschaft
www.gaismair-gesellschaft.at

Gisela Hormayr

Verfolgung, Entrechtung, Tod

Studierende der Universität Innsbruck
als Opfer des Nationalsozialismus

StudienVerlag
Innsbruck
Wien
Bozen

Gedruckt mit Unterstützung durch die Abteilung Kultur des Amtes der Tiroler Landesregierung, den Zukunftsfonds der Republik Österreich, die Hochschülerinnen- und Hochschülerschaft an der Universität Innsbruck und an der Medizinischen Universität Innsbruck sowie die Studienvertretung Lehramt Geschichte, Sozialkunde und Politische Bildung.

Gefördert von

Wissenschaftliche Betreuung:

© 2019 by Studienverlag Ges.m.b.H., Erlerstraße 10, A-6020 Innsbruck
E-Mail: order@studienverlag.at, Internet: www.studienverlag.at

Buchgestaltung nach Entwürfen von Wilfried Winkler, neusehland.at
Satz und Umschlag: Studienverlag/Karin Berner
Umschlagabbildungen: oben (v. l. n. r.): P. Johann Schwingshackl SJ, Christoph Probst, Melanie Adler; Mitte: Universität Innsbruck; unten (v. l. n. r.): Heinrich Pühringer, Franz Mair, Walter Krajnc

Registererstellung durch die Autorin

Gedruckt auf umweltfreundlichem, chlor- und säurefrei gebleichtem Papier.

Bibliografische Information der Deutschen Nationalbibliothek
Die Deutsche Nationalbibliothek verzeichnet diese Publikation in der Deutschen Nationalbibliografie; detaillierte bibliografische Daten sind im Internet über <http://dnb.dnb.de> abrufbar.

ISBN 978-3-7065-5940-9

Alle Rechte vorbehalten. Kein Teil des Werkes darf in irgendeiner Form (Druck, Fotokopie, Mikrofilm oder in einem anderen Verfahren) ohne schriftliche Genehmigung des Verlages reproduziert oder unter Verwendung elektronischer Systeme verarbeitet, vervielfältigt oder verbreitet werden.

Niemals vergessen!

Wie kann man das Unfassbare erfassen? Wie soll man mit den dunkelsten Kapiteln der Geschichte umgehen? Lässt sich das Grauen überhaupt in Worten ausdrücken? Ist es barbarisch, nach Auschwitz ein Gedicht zu schreiben?

All das sind Fragen, mit denen die Aufarbeitung der NS-Zeit konfrontiert war, ist und sein wird. Es sind aber auch Fragen, mit denen insbesondere in Österreich jahrzehntelang falsch umgegangen wurde. Der gesamtösterreichische Aufarbeitungsprozess war, von wenigen Ausnahmen abgesehen, viel zu lange von Rechtfertigungsversuchen und einer realitätswidrigen Opferthese durchsetzt. Ein Umdenken fand erst in den letzten dreißig Jahren statt. Und doch wird diese Aufarbeitung immer unvollständig bleiben.

Denn Aufarbeitung hat kein Verfallsdatum, sie ist keine Tätigkeit, die irgendwann ein Ende findet. Aufarbeitung ist ein kontinuierlicher Prozess, eine Auseinandersetzung, der sich jede Generation stellen muss. Ihr Ziel ist zweierlei: Einerseits soll sie zeigen, was wie warum passiert ist, und andererseits als Mahnung für die Zukunft dienen, auf dass es nie wieder zu einer derartigen Diktatur kommt. Um aufzuzeigen, dass der Holocaust Realität war – und um sicherzustellen, dass er niemals wieder zur Realität wird. Das ist 74 Jahre nach dem Ende des Zweiten Weltkriegs genauso relevant wie 74 Tage oder 740 Jahre danach.

Mahnmäler, Stolpersteine und Bücher wie dieses helfen, das Grauen greifbarer zu machen, das Unfassbare unmittelbarer. Sie zeigen die zeitgenössische und zukünftige Relevanz einer Auseinandersetzung mit dem NS-Staat und seinen Verbrechen gegen die Menschlichkeit auf. Sie werfen Licht auf die dunklen – und verdunkelten – Abschnitte der Geschichte. Sie versuchen, die unschuldigen Opfer von der durch die Nazis erzwungenen Reduktion auf bloße Zahlen ein Stück weit zu befreien und ihnen die genommene Menschlichkeit wiederzugeben. Sie machen Zusammenhänge ersichtlich, die die Verantwortung heutiger und zukünftiger Generationen verdeutlichen, die Verantwortung, die immer präsent sein wird: dass sich diese Verbrechen nie wiederholen.

Innsbruck, April 2019
Johanna Beer, Vorsitzende ÖH Innsbruck

Aus den Fehlern der Vergangenheit lernen

Erst neulich bin ich auf meinem Weg durch die Stadt an einer Tür vorbeigegangen, vor der eine kleine Kerze brannte. Es ist eine Erinnerung an eines der vier jüdischen Mordopfer der Reichspogromnacht in Innsbruck. Hier endete vor etwas mehr als 80 Jahren das Leben eines Menschen, nur weil er Jude war. Viele Menschen haben damals einfach weggesehen.

Nicht aber die Menschen, die hier in diesem Buch porträtiert werden. Sie haben den Verfolgten geholfen und versucht, andere Menschen dazu zu bewegen, nicht einfach alles hinzunehmen. Viele von ihnen haben diese Haltung mit dem Leben bezahlt.

Immer noch werden Menschen verfolgt, vertrieben oder sogar hingerichtet, nur weil sie eine andere Hautfarbe, eine andere Religion oder eine andere Meinung haben.

Auch heute schauen wir wieder weg, weil es so viel einfacher und bequemer ist, als aktiv etwas gegen Fremdenhass oder die Verfolgung von Minderheiten zu tun.

Wir sind dabei, all die Gräueltaten des Zweiten Weltkrieges zu vergessen. Es werden ähnliche Fehler wie damals begangen und das, obwohl seitdem noch keine 80 Jahre vergangen sind.

Um den Philosophen George Santayana zu zitieren: „Wer sich nicht an die Vergangenheit erinnern kann, ist dazu verdammt, sie zu wiederholen!"

Deshalb ist es heute umso wichtiger, dass diese Menschen, die damals ihr Leben riskiert und auch geopfert haben, um anderen Menschen zu helfen, nicht in Vergessenheit geraten. Dieses Buch soll uns daher ihre Taten in Erinnerung rufen.

Vielleicht kann es einen Beitrag leisten, die heute Lebenden dazu zu bringen, die Welt ein kleines Stück besser zu machen.

Innsbruck, April 2019
Herbert Seiringer, Vorsitzender ÖH Medizin Innsbruck

Inhaltsverzeichnis

Zum Geleit	9
Vorwort des Herausgebers	11
Einleitung	19

Juridische Fakultät

Hans Joachim Diers	35
Max Ulrich Graf Drechsel	36
Alois Flatscher	41
Adolf Hörhager	43
Walter Krajnc	45
Rudolf von Mayer	50
Karl Pickert	52
Hermann Sinz	55
Richard Steidle	58

Medizinische Fakultät

Melanie Karoline Adler	67
Munisch Heuer	71
Stefan und Marian Kudera	75
Ludwig Mooslechner	79
Christoph Probst	82

Philosophische Fakultät

Ferdinand Eberharter	95
Franz Mair	97
Heinrich Pühringer	101
Emmerich Übleis	105

Theologische Fakultät

Franz Finke	115
Hanns-Georg Heintschel-Heinegg	118
Bernhard Lichtenberg	122
Alfons Mersmann	126
Marceli Nowakowski	129
Józef Pawłowski	130
Josef (Edmund) Pontiller	133
Franz Reinisch	135
Johann Schwingshackl	142
Johann Steinmair	146
Lucjan Tokarski	152
Bernhard Wensch	153

Exkurs: Die Ermordung ukrainischer Priester nach 1945   155

Nykyta Budka	155
Andrij Iszcak	157
Jakym Senkivskyi	158
Klymentiyi Sheptytskyi	159

Nachwort   165

Abbildungsnachweis	173
Ausgewählte Literatur	175
Ortsregister	179
Personenregister	181

Zum Geleit

2019 feiert die Universität Innsbruck ihr 350-jähriges Bestehen. Dieses Jubiläum haben die Hochschülerinnen- und Hochschülerschaft an der Universität Innsbruck und an der Medizinischen Universität Innsbruck zum Anlass genommen, um das vorliegende Buch anzuregen.

Es ist mir als Vorsitzende der Studienvertretung Lehramt Geschichte, Sozialkunde und Politische Bildung ein besonderes Anliegen, an Studierende zu erinnern, die sich in der Zeit des Nationalsozialismus gegen Unrecht und Willkür aufgelehnt haben oder für ihre Werte und ihren Glauben eingetreten sind. Die Gründe, weshalb sie mit der NS-Diktatur in Konflikt gerieten und ihr Leben verloren, sind vielfältig und lassen sich nicht auf einen einfachen Nenner bringen. Zweifellos haben sie letzten Endes einen Beitrag für den moralischen Anspruch Österreichs geleistet, nach 1945 wieder die Unabhängigkeit zu erlangen, wie die Moskauer Deklaration, die zum Widerstand aufrief, in Aussicht gestellt hatte.

Gerade in einem Jahr, in dem die Studentinnen und Studenten ihre Vertretungen wählen, ist es mir wichtig, vor Augen zu führen, dass Demokratie und Wahlrecht keine Selbstverständlichkeiten sind und erst nach langwierigen Auseinandersetzungen errungen werden konnten. Wie dieses Buch zeigt, kosteten Zivilcourage und das Engagement für freie Meinungsäußerung das Leben vieler Menschen, die auf unserer Universität studierten. Dies sollte unser Bewusstsein schärfen, demokratische Rechte verstärkt zu nutzen, gerade weil wir uns an den Universitäten nach dem Abbau studentischer Mitbestimmungsmöglichkeiten und der Einführung betriebswirtschaftlicher Steuerungsmaßnahmen durch die Regierung Blau-Schwarz I in einem Prozess der Entpolitisierung befinden. Es gilt, die vorherrschende Ruhe aufzubrechen, Anpassungsbereitschaft hinter uns zu lassen und die Universitäten vielmehr zu einem Ort kritischen Denkens und offenen Widerspruchs zu machen.

Ich danke Gisela Hormayr als Autorin und Horst Schreiber als Herausgeber dieser Publikation. Sie gibt uns an der Universität die Möglichkeit, jener Studierenden zu gedenken, die wegen ihres widersetzlichen Handelns, ihrer Herkunft und ihrer sexuellen Orientierung verfolgt und ermordet wurden.

Innsbruck, April 2019
Selina Mittermeier, Vorsitzende der Studienvertretung Lehramt Geschichte,
Sozialkunde und Politische Bildung

Vorwort des Herausgebers

„Ich weiß nicht, was ich verbrochen habe, daß ich so schwer büßen muß. Es ist entsetzlich und furchtbar. An Dich und die Kinder darf ich gar nicht denken, da bricht mir das Herz entzwei. (…) Erst jetzt erkenne ich, wie schön es war, als ich in Eurem Kreis sein konnte. (…) Ich habe schon Schreckliches mitgemacht und kann Dir dies gar nicht mitteilen. (…) Ich habe mir jedenfalls nicht gedacht, daß ich Ostern 1945 im Gefängnis verbringen werde. Gott sei Dank ist das Verhör bei der Gestapo vorbei. Es ist nicht zu schildern, was man hier mitmacht. Man hat mir das linke Trommelfell eingeschlagen, so daß ich dermalen taub bin. Ich bitte Dich, sage es niemandem. Es ist einfach entsetzlich", schrieb Ludwig Mooslechner an seine Frau, kurz bevor er erschossen wurde. Die überwiegende Mehrheit der in diesem Band versammelten Menschen leistete Widerstand gegen das NS-Regime und musste ihn mit dem Leben bezahlen.

Gisela Hormayr hat in ihrem Buch „Verfolgung, Entrechtung, Tod. Studierende der Universität Innsbruck als Opfer des Nationalsozialismus", das in der von mir herausgegebenen Reihe „Studien zu Geschichte und Politik" als Band 23 erschienen ist, 36 Biografien von Menschen aufgenommen, die an der Universität Innsbruck studierten und, von wenigen Ausnahmen abgesehen, aufgrund ihrer Verfolgung im Nationalsozialismus ums Leben kamen. Viele absolvierten nur einen Teil ihres Studiums in Innsbruck, nicht selten verbrachten sie hier nur kurze Zeit. Die Autorin berücksichtigte außerdem vier ukrainische Studenten der Theologischen Fakultät, die Opfer des Stalinismus wurden, und die biografischen Skizzen von zwei Geistlichen, die 1989 zur Zeit der Militärdiktatur wegen ihres sozialen Engagements in San Salvador ermordet wurden. Beide sind auf einer Gedenktafel am Ehrenmal der Universität Innsbruck verewigt.

Die Tatsache, dass nur ein Mann aus dem linken Lager und eine einzige Frau aufscheinen, ist auf die im Untersuchungszeitraum noch geringe Zahl an Studentinnen und Studierenden aus der Arbeiterschaft zurückzuführen. Die männliche und bürgerliche Dominanz an der Universität Innsbruck spiegelt sich auch im Umstand wider, dass in der vorliegenden Studie zehn Personen katholischen Studentenverbindungen angehörten.

Vor dem Anschluss 1938 rang die katholisch-konservative Studentenschaft mit dem deutschnationalen Lager um die Vorherrschaft an der Universität Innsbruck. Bis 1933 war fast die Hälfte der Mitglieder der akademischen Burschenschaften, Corps und Sängerschaften zu den Nationalsozialisten gewechselt. Sie bildeten das Rückgrat der illegalen NSDAP. Nach ihrer Machtübernahme trat auch ein beträchtlicher Teil der Mitglieder der katholischen Studentenverbindungen (Cartellverband), die bis 1938 dem Nationalsozialismus ablehnend gegenübergestanden waren, in die Partei ein. Umso bemerkenswerter sind die antinationalsozialistischen Aktivitäten der im vorliegenden Band versammelten Männer.

Die Formen des Widerstandes reichten von der Unterstützung von Partisanen und Deserteuren (Ludwig Mooslechner) über die Tätigkeit im Umkreis des Attentats auf Adolf Hitler am 20. Juli 1944 (Max Ulrich Graf Drechsel) und die Unterstützung der französischen Résistance als Wehrmachtsangehöriger (Walter Krajnc) bis hin zur Mitgliedschaft in einer polnischen Widerstandsgruppe in Tirol (Stefan und Marian Kudera).

Die Gnadenlosigkeit der Wehrmachtsjustiz zeigt das Vorgehen gegen Heinrich Pühringer und Hermann Sinz. Das Gericht der 2. Gebirgsdivision in Norwegen fällte das Todesurteil über Pühringer, nur weil er sich zwei Tage lang unerlaubt von der Truppe entfernt hatte. „Schwächlichen Naturen", so das Gericht, müsse zu ihrer Abschreckung gezeigt werden, was sie erwarte, wenn sie „die ehrliche Kugel im Kampf" scheuten. Sinz, ausgezeichnet wegen Tapferkeit vor dem Feind, musste wegen des Vorwurfs der Wehrkraftzersetzung sterben. Er hatte während seines Einsatzes an der Ostfront unbedachterweise geäußert, dass der Krieg verloren sei und das Dritte Reich untergehen werde. Der stellvertretende Gauleiter von Tirol-Vorarlberg lehnte es ab, sich für Sinz einzusetzen. Das Vergehen des Verurteilten konnte wegen seines hochverräterischen Charakters, so Herbert Parson, „tatsächlich nur durch die Todesstrafe geahndet werden".

Mit Christoph Probst und Franz Mair begegnen wir zwei Ikonen des Widerstandes. Den einen, Mitglied der „Weißen Rose", ehrt die Universität Innsbruck mit einer Erinnerungstafel an ihrem Ehrenmal, einer Platzbenennung vor ihrem Hauptgebäude und regelmäßigen Gedenkveranstaltungen. Der andere diente dem Land Tirol viele Jahrzehnte als Symbol eines selbstbehaupteten „ununterbrochenen Widerstandskampfes", der die Verstrickung vieler Tirolerinnen und Tiroler in den Nationalsozialismus vergessen machen sollte.

Unter den ehemaligen Studierenden der Theologischen Fakultät finden sich in erster Linie Geistliche, die engagierte Feinde des NS-Regimes waren und sich nicht nur gegen die Eingriffe der Diktatur in Glaubensbelange wehrten. Allzu oft erhielten sie keine Unterstützung der kirchlichen Obrigkeit oder ihrer Ordensleitung. Pater Josef (Edmund) Pontiller warfen die NS-Behörden vor, „sich in gemeinster Weise über den Führer und den Nationalsozialismus geäußert" und sich „zum Propagandabüttel unserer Kriegsfeinde" gemacht zu haben. Pontiller selbst wandte sich gegen Gläubige und Kleriker, die sich mit dem „Nero auf deutschem Thron" arrangieren wollten. Pater Johann Steinmair gehörte einem Kreis entschiedener Gegner des NS-Regimes an, Pater Johann Schwingshackl lehnte jede Annäherung an den Nationalsozialismus ab, den er in seinen Predigten schonungslos angriff. Trotz Ermahnung seines Provinzials ließ er von seiner kritischen Haltung ebenso wenig ab wie von seiner Aufforderung an den Priesterstand, sich der Verantwortung in der Auseinandersetzung mit dem NS-Regime zu stellen. An Steinmair und Schwingshackl erinnern heute Gedenkzeichen in der Jesuitenkirche in Innsbruck und in der Basilika Stams. Auch Pater Franz Reinisch, dem viele Zeichensetzungen im öffentlichen Raum zugedacht sind, ist ein in Tirol überaus bekannter Geistlicher. Sein Seligsprechungsprozess ist im Gang. Er verweigerte den Kriegsdienst, weil im Nationalsozialismus Gewalt vor Recht gehe, die NSDAP das Heer missbrauche und er daher die NS-Diktatur bekämpfen müsse. Weder seine Ordensbrüder noch Bischof Paulus Rusch konnten Reinisch umstimmen. Die Argumentation seines Abtes, dass Hitler Vertreter der gottgewollten Ordnung wäre, wies er brüsk von sich.

Weniger bekannt sind hierzulande die Geistlichen Hanns-Georg Heintschel-Heinegg und Bernhard Lichtenberg. Heintschel-Heinegg entfaltete umfangreiche Aktivitäten in der „Österreichischen Freiheitsbewegung" in Wien. Die Gründung eines Tiroler Standortes dieser Widerstandsgruppe mit Bekannten aus seiner Innsbrucker Studienzeit misslang. Wie sehr zahlreiche Geistliche, die politisch gegen das NS-Regime auftraten, auf sich allein gestellt waren, offenbart sich nicht nur in der Missbilligung ihrer Zivilcourage in der eigenen Glaubensgemeinschaft. Am Beispiel von Hanns-Georg Heintschel-Heinegg können wir nur erahnen, was es bedeutete, wenn Mitglieder der eigenen Familie sich distanzierten und mehr Sympathie für die Diktatur bekundeten als für ihn. Bernhard Lichtenberg, der in Innsbruck ein Dutzend Lehrveranstaltungen besucht hatte und Probst in Berlin war, legte sich mit der NSDAP bereits vor ihrer Machtübernahme in Deutschland an. Er organisierte die Vorführung des pazifistischen Filmes „Im Westen nichts Neues", den die Nationalsozialisten abgrundtief verabscheuen. Als Lichtenberg schließlich die Haftbedingungen in einem KZ kritisierte und nach den blutigen Ereignissen des Novemberpogroms seine Predigten Tag für Tag mit einer Fürbitte für Juden, „nichtarische Christen" und alle Häftlinge in Konzentrationslagern beendete, verhaftete ihn die Gestapo, um ihn ins KZ Dachau zu transportieren. „Er wußte wie jeder andere Volksgenosse, daß die Regelung der Judenfrage und die Einrichtung von Konzentrationslagern zu dem Aufgabenkreis des heutigen Staates gehört", heißt es im Gerichtsurteil gegen Bernhard Lichtenberg.

Zu den einer größeren Öffentlichkeit völlig unbekannten Theologiestudenten der Universität Innsbruck zählen Kleriker, die in ihrem Heimatland Polen die deutschen Besatzer bekämpften. Die Kurzbiografien von Marceli Nowakowski, Józef Pawłowski und Lucjan Tokarski vermitteln einen Eindruck vom nationalen Widerstandskampf, an dem der polnische Klerus in hohem Maß beteiligt war. Sie verdeutlichen aber ebenso, dass die deutsche Wehrmacht in Polen einen Vernichtungskrieg führte, der in die systematische Ermordung von Priestern, Ordensmitgliedern, Ärzten, Lehrkräften und Angehörigen anderer Intelligenzberufe mündete. Eines dieser Opfer war Lucjan Tokarski. Marceli Nowakowski steht für jenen Teil der Geistlichen, die sich im Sinne eines politischen Katholizismus auf der Seite rechtsgerichteter Kreise für die Unabhängigkeit Polens einsetzten, antibolschewistisch ausgerichtet und antisemitisch eingestellt waren. Während Tokarski und Nowakowski einen gewaltsamen Tod in Polen fanden, wurde Józef Pawłowski wegen seiner materiellen und ideellen Unterstützung polnischer Kriegsgefangener in der Provinzstadt Kielce, wo er Pfarrer und Kaplan des Roten Kreuzes war und auch bei Fluchtversuchen geholfen hatte, ins KZ Dachau deportiert und dort getötet. Pawłowskis Widerstandstätigkeit ist auch deshalb beachtenswert, weil er nicht nur den polnischen Untergrund begünstigte, sondern auch verfolgten Jüdinnen und Juden hilfreich zur Seite stand. Im Juli 1946 ermordete ein entfesselter Mob in Kielce 42 Holocaust-Überlebende mit Stöcken, Steinen, Eisenrohren und warf Kinder vom Balkon oder zerschmetterte sie an Hauswänden. Auch unter der deutschen Besatzung während des Krieges beteiligte sich ein nicht unbeträchtlicher Teil der polnischen Bevölkerung an der Beraubung und am Massenmord an Jüdinnen und Juden. Wer heute darüber in Polen spricht, sieht sich der Gefahr einer strafgerichtlichen Verfolgung ausgesetzt. Józef Pawłowski ist einer jener polnischen Geistlichen, die ihren Glauben im Geiste Christi lebten, nationalen Fanatismus ablehnten und allen Menschen in Not Beistand leisteten, ohne ihre Zuwendung vom religiösen Bekenntnis abhängig zu machen. Seine vorbildliche Haltung ist aktueller denn je, nicht nur in Polen.

Drei Studierende der Universität Innsbruck kamen als Opfer rassischer Verfolgung oder wegen ihrer sexuellen Orientierung ums Leben. Die Gestapo überstellte Rudolf von Mayer ins KZ Auschwitz, weil sie ihn der Homosexualität bezichtigte. Häftlinge, die den Rosa Winkel tragen mussten, standen in der

Gefangenenhierarchie ganz unten und waren besonders harten Haftbedingungen ausgesetzt. Mayer überlebte das KZ nicht, bereits etwas mehr als ein Jahr nach seiner Einlieferung starb er, angeblich an Fleckfieber. Gedenkzeichen für Menschen, die das NS-Regime als Homosexuelle verfolgte, sucht man in Tirol vergeblich. Immerhin scheint Rudolf von Mayer auf der Erinnerungstafel der katholischen Studentenverbindung Leopoldina an der Außenwand der Neuen Universitätskirche in Innsbruck mit seinem Namen auf, auch wenn ihn die Tafelinschrift ohne Angabe der Hintergründe lediglich als Opfer des Nationalsozialismus ausweist.

Munisch Heuer und Melanie Karoline Adler, die Tochter von Guido Adler, des bedeutendsten österreichischen Musikwissenschaftlers seiner Zeit, kamen zu Tode, weil sie jüdischer Herkunft waren. Auch die Bekanntschaft mit der Leiterin der Bayreuther Opernfestspiele und engen Vertrauten Hitlers, Winifred Wagner, konnte Melanie Adler nicht vor der Deportation von Wien nach Maly Trostinec retten, wo die Nationalsozialisten mit 10.000 Menschen mehr österreichische Jüdinnen und Juden als sonst wo ermordeten. Wagner vertröstete sie und legte ansonsten die Hände in den Schoß. Im Gegensatz zu Adler, die drei Jahre in Innsbruck studierte, lebte Munisch Heuer in der Landeshauptstadt. Kurz vor Kriegsende fiel er im Außenlager Kaufering des KZ Dachau einem Luftangriff zum Opfer. Sein Sohn setzte ihm in seinen 1996 auf Englisch und 2000 auf Deutsch erschienenen Lebenserinnerungen ein negatives Denkmal. Mit unerbittlicher Härte im moralischen Urteil auch gegen sich selbst rechnete er mit dem Verhalten seines Vaters ab, der alles tat, um zu überleben.

Alois Flatscher, Karl Pickert, Adolf Hörhager und Richard Steidle engagierten sich in der Heimatwehr bzw. in Organisationen des autoritären „Ständestaates". Mit Ausnahme von Flatscher, dessen Festnahme aus uns unbekannten Gründen erst 1942 erfolgte, verhafteten die Nationalsozialisten sie unmittelbar nach ihrer Machtübernahme im März 1938. Alle vier deportierte die Gestapo in Konzentrationslager. Pickert überlebte als Einziger, nahm sich aber vor einer neuerlichen Verhaftung das Leben. Richard Steidle ist das Musterbeispiel eines Täters, der zum Opfer wurde. Als hochrangiger Politiker zwischen 1918 und 1938, Vorsitzender des Bundesrates, Mitglied der Tiroler Landesregierung, Sicherheitsdirektor von Tirol, Bundesführer des Österreichischen Heimatschutzes, Bundeskommissär für Propaganda und Generalkonsul in Triest betrieb er energisch die Abschaffung von Demokratie und Republik, um eine Diktatur zu errichten und Österreich in einen Führerstaat zu verwandeln. In der Linken, die er unerbittlich verfolgte, sah Steidle seinen Hauptgegner. Um sie auszuschalten, machte er mit den Nationalsozialisten gemeinsame Sache, bis der Heimatwehr mit dem Aufstieg der NSDAP eine ernstzunehmende Konkurrenz erwuchs. Ab diesem Zeitpunkt standen sich die beiden faschistischen Bewegungen in gewalttätigen Auseinandersetzungen gegenüber, die in einem Attentat auf Steidle, der für die Verhaftung zahlreicher Nationalsozialisten gesorgt hatte, ihren Höhepunkt erfuhren. Nach der Machtübernahme der NSDAP rächten sich seine Gegner. Bis zu seiner Ermordung im KZ Buchenwald war Richard Steidle in besonderem Maß Schikanen und Brutalitäten ausgesetzt.

Emmerich Übleis ist nicht nur als engagierter Sozialdemokrat und Kommunist ein Sonderfall unter den vorliegenden Biografien. Auch durch den Zeitpunkt seiner politischen Verfolgung und den Umstand, dass sich seine Spuren in der Sowjetunion verlieren, weicht sein Lebenslauf von den anderen NS-Opfern ab, die Gisela Hormayr eruiert hat. Der Eingriff in das Studium von Übleis zeigt auf, mit welcher Härte der Austrofaschismus gegen seine Feinde vorging. Nach seiner Verhaftung 1935 wurde er kurz vor seinem Abschluss „für immer" vom Studium an allen österreichischen Hochschulen ausgeschlossen und wegen eines geringfügigen Vergehens, des „Verbrechens der Störung der öffentlichen Ruhe" aufgrund eines von ihm verfassten Zeitungsartikels, zu 15 Monaten schweren Kerkers verurteilt. Vor seiner Ausreise in die Sowjetunion kämpfte Emmerich Übleis auf der Seite der Internationalen Brigaden gegen die Faschisten unter der Führung von General Franco im Spanischen Bürgerkrieg.

Mein Dank gilt dem Land Tirol und dem Zukunftsfonds der Republik Österreich, die den Druck dieses Buches ermöglichten, sowie der Unterstützung der Hochschülerinnen- und Hochschülerschaft an der Universität Innsbruck und an der Medizinischen Universität Innsbruck. Die Initiative zur Entstehung dieses Buches kam von Selina Mittermeier, Vorsitzende der Studienvertretung Lehramt Geschichte, Sozialkunde und Politische Bildung.

Moralische Appelle bei Gedenkveranstaltungen mit Blick auf den Nationalsozialismus, die keine Folgen für politisches Handeln und den individuellen wie kollektiven Einsatz für Menschenrechte in der Gegenwart haben, instrumentalisieren gewollt oder ungewollt die Opfer, werten den Widerstand ab und tragen kaum dazu bei, die Demokratie zu stärken.

Gisela Hormayr möchte ich daher besonders großen Dank aussprechen für ihre akribische Recherche und spannende Darstellung. Es ist ihr immer wieder aufs Neue eine Herzensangelegenheit, das Gedenken an die Opfer des Nationalsozialismus und die Menschen, die sich widerständig zeigten, wachzuhalten. Ihre wissenschaftliche Forschung ist die Voraussetzung dafür, dass die

Erinnerungskultur laufend aktualisiert werden kann. Vorschläge zu erarbeiten, wie ein derartiges Vorhaben am besten umzusetzen wäre und woran mit welchen Konsequenzen erinnert werden soll, kann nicht nur Aufgabe der historischen Zunft und von Fachleuten sein. Politik, Universität, Schule, Kirchen, Unternehmen, Vereine, Institutionen und die Zivilgesellschaft sind aufgerufen, sich in der Erinnerungsarbeit zu engagieren und kreative Wege zu beschreiten, um deren Erstarrung vorzubeugen.

Innsbruck, April 2019
*Horst Schreiber, _erinnern.at_*

Einleitung

Die Universität Innsbruck nach dem „Anschluss"

Mit der Annexion Österreichs im März 1938 erfüllte sich der über Jahre gehegte Wunsch eines erheblichen Teils der Studenten und Professoren. Eine Liste des NS-Dozentenbundes von Anfang April 1938 gibt Aufschluss über die Zugehörigkeit von Dozenten und Ordinarien zur illegalen NSDAP vor dem Einmarsch. Sie zeigt, dass den Nationalsozialisten bereits aus den Jahren vor dem „Anschluss" Einschätzungen der politischen Haltung des gesamten Universitätspersonals zur Verfügung standen.

Die Beurteilung erfolgte anhand verschiedener Kategorien („hochanständiger, unpolitischer Katholik", „politisch indifferent", „positiv, illegale Bewegung unterstützend"[1]) und informierte den Führer des Sicherheitsdienstes (SD) des SS-Oberabschnitts Donau über bereits getroffene Maßnahmen: Entzug der Lehrbefugnis, Beurlaubung oder Versetzung in den zeitlichen Ruhestand.[2]

In Einzelfällen wurde vorübergehende „Schutzhaft" verhängt.[3] Aus „rassischen" Gründen verloren Professoren und Dozenten auch dann ihre Stelle, wenn nur der Verdacht jüdischer Abstammung bestand oder der Betreffende den geforderten Nachweis seiner arischen Herkunft nicht in ausreichender Form erbringen konnte. Den Medizinern Wilhelm Bauer und Ernst Theodor Brücke gelang die Emigration in die USA, andere überlebten unter prekären Bedingungen.[4]

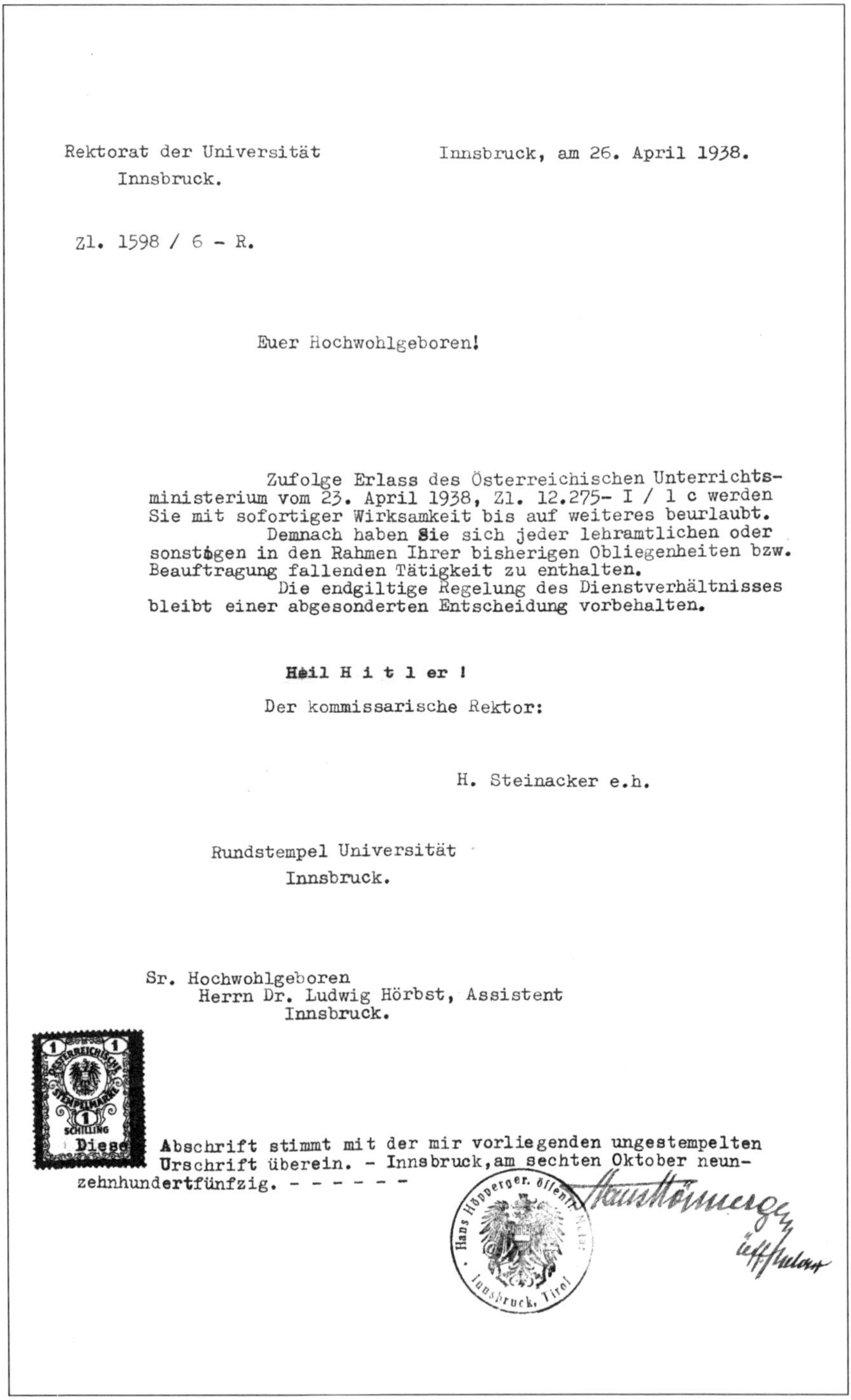

Rektorat der Universität Innsbruck, am 26. April 1938.
Innsbruck.

Zl. 1598 / 6 - R.

Euer Hochwohlgeboren!

    Zufolge Erlass des Österreichischen Unterrichtsministerium vom 23. April 1938, Zl. 12.275- I / 1 c werden Sie mit sofortiger Wirksamkeit bis auf weiteres beurlaubt.
    Demnach haben Sie sich jeder lehramtlichen oder sonstigen in den Rahmen Ihrer bisherigen Obliegenheiten bzw. Beauftragung fallenden Tätigkeit zu enthalten.
    Die endgiltige Regelung des Dienstverhältnisses bleibt einer abgesonderten Entscheidung vorbehalten.

Heil H i t l er !

Der kommissarische Rektor:

H. Steinacker e.h.

Rundstempel Universität
Innsbruck.

Sr. Hochwohlgeboren
    Herrn Dr. Ludwig Hörbst, Assistent
    Innsbruck.

Abschrift stimmt mit der mir vorliegenden ungestempelten Urschrift überein. - Innsbruck, am sechsten Oktober neunzehnhundertfünfzig. - - - - - -

Abb. 1: „Bis auf weiteres beurlaubt"

Der Tod von Gustav und Helga Bayer

Gustav Bayer, Leiter des Instituts für Experimentelle Pathologie, wollte die Konsequenzen des „Anschlusses" nicht abwarten und beging am 15. März 1938 Selbstmord, gemeinsam mit seiner 16-jährigen Tochter Helga. Ob seine jüdische Herkunft tatsächlich das Motiv für diesen Schritt war, ist unklar.[5] Zu Gustav Bayer existiert in den Matrikelbüchern der Kultusgemeinde Wien kein Eintrag, mütterlicherseits ist jedoch zumindest ein jüdischer Großelternteil nachweisbar.

In Innsbruck kam es seit Mitte der 1890er Jahre immer wieder zu Studentenprotesten gegen die Berufung jüdischer Assistenten und Professoren, von denen Bayer anscheinend verschont blieb. In einer Beilage zu der erwähnten Liste des NS-Dozentenbunds scheint Bayer dennoch als „Halbjude" auf.[6] Ein kurzer Abschiedsbrief an einen Kollegen, datiert mit dem 13. März, spricht von einem „leichten und freudigen" Tod, eine Todesanzeige in den Innsbrucker Nachrichten von der unerwarteten „Abberufung" von Bayer und seiner Tochter.[7] Ehemalige Mitschülerinnen von Helga Bayer am Mädchenrealgymnasium in der Sillgasse bestätigten in Interviews, dass sie über die tatsächliche Todesursache Bescheid wussten, ohne sich über die Hintergründe besondere Gedanken zu machen.[8] Franz Huter weist in seiner Biografie auf den Unfalltod von Bayers Ehefrau Maria hin, den dieser nie verwunden habe.[9]

Gustav Bayer, Sohn eines Beamten, hatte im Wintersemester 1898/99, nach Ablegung der Reifeprüfung am k. k. Staatsgymnasium im 8. Wiener Gemeindebezirk, sein Medizinstudium an der Universität Wien begonnen und am 29. April 1904 promoviert. Im gleichen Jahr erhielt er eine Assistentenstelle am Institut für Allgemeine und Experimentelle Pathologie in Innsbruck, für die

Abb. 2: Gustav Bayer   Abb. 3: Innsbrucker Nachrichten, 17.3.1938, 11

ihn der Physiologe Sigmund Exner empfohlen hatte.[10] Seiner Habilitation und Publikationen im In- und Ausland folgte die Ernennung zum Ordinarius und Institutsleiter. Arbeitsschwerpunkte Bayers lagen unter anderem im Bereich der Hormonforschung.[11] Er galt unter Fachkollegen als hochqualifizierter Wissenschaftler, die Studierenden schätzten ihn als Lehrer und Vortragenden.[12] Zu seinen Schülern zählten der Pathologe und spätere Dekan und Rektor Theodor von der Wense (1904–1977), mit dem Bayer mehrfach gemeinsam Aufsätze in Fachjournalen veröffentlichte, sowie der Pharmakologe Richard Rössler.[13] Bayers Institut wurde ab 1939 als Institut für Erb- und Rassenbiologie von Friedrich Stumpfl (1902–1997) geführt. Der entsprechende Antrag einer Neuausrichtung war bereits im Mai 1938 von Dekan Franz Josef Lang beim Rektorat eingebracht worden.[14]

Maßnahmen gegen Studierende[15]

Ob Maßnahmen aus politischen Gründen im Sommersemester 1938 auch Studierende trafen, ist nicht mehr feststellbar.[16] Vier jüdischen HörerInnen, darunter die beiden Kinder von Wilhelm Bauer, wurde die Fortsetzung ihres Studiums für das begonnene Semester gestattet.[17] Im Herbst 1938 konnte Rektor Harold Steinacker an das Erziehungsministerium in Berlin melden, dass sich an seiner Universität keine jüdischen Studierenden mehr befanden.

Jüdische „Mischlinge" im Sinne nationalsozialistischer Zuschreibung waren von den im Herbst 1938 erlassenen Bescheiden – dem generellen Immatrikulationsverbot und dem Betretungsverbot für alle Hochschulen durch jüdische Studierende – zunächst nicht betroffen. Eine Verschärfung der entsprechenden Bestimmungen erschwerte spätestens ab 1944 jedoch weitere Studien.[18] Bereits 1943 wurde die Medizinstudentin Lydia Weiskopf, „Mischling 2. Grades", vom weiteren Studium ausgeschlossen, nachdem sie wegen NS-kritischer Äußerungen drei Wochen in Polizeihaft verbracht hatte.[19]

In mehreren Fällen wurde ehemaligen Studierenden der Universität der akademische Titel aberkannt. Begründet wurde dieser Schritt mit dem Verlust der Staatsbürgerschaft nach erfolgter Auswanderung.[20] Betroffen waren die jüdischen Absolventen Wilhelm Berger, Johann Baptist Malfatti (Medizinische Fakultät) und Richard Redler (Juridische Fakultät). Helene Wastl, Schülerin von Ernst Theodor Brücke, verlor ihren Doktortitel, weil sie Anfang der 1930er Jahre in die USA emigriert war. In drei weiteren Fällen wurden die Aberkennungen offiziell mit einer strafrechtlichen Verurteilung gerechtfertigt.[21]

Die Aufhebung der Theologischen Fakultät

Die Theologische Fakultät Innsbruck hatte vor 1914 und in der Zwischenkriegszeit Studierende aus verschiedenen europäischen Ländern und den USA angezogen.[22] Mit Stolz konnte darauf verwiesen werden, dass nicht wenige Absolventen der Fakultät in der kirchlichen Hierarchie ihrer Herkunftsländer aufstiegen und Bischofsämter übernahmen.[23] Zu ihnen zählten Bischof Clemens August von Galen und Bischof Konrad von Preysing[24], die sich wie nur wenige Vertreter der katholischen Amtskirche offen für die Verfolgten des NS-Regimes einsetzten. Ihr Amt bewahrte sie vor dem Zugriff der Gestapo und der NS-Justiz, der mindestens achtzehn ehemaligen Studenten der Innsbrucker Theologie das Leben kostete. Eine unbekannte Zahl von Priestern war für kürzere oder längere Zeit in Konzentrationslagern interniert und überlebte die Haft nur aufgrund glücklicher Umstände. Das Schicksal Josef Steinkelderers, nach 1945 Direktor der Caritas Tirol, ist besonders gut dokumentiert. Er begann sein Studium der Theologie in Innsbruck im Wintersemester 1926/27 und wurde im Juli 1932 zum Priester geweiht. Nach einem mehrwöchigen Sprachaufenthalt in den USA war er als Kooperator in zwei Tiroler Gemeinden und bis zum März 1938 als Religionslehrer an der Bundeshandelsakademie

Abb. 4: *Aula der Universität Innsbruck mit dem Mosaik nach Hubert Lanzingers Gemälde „Der Bannerträger" (Aufnahme von 1938 oder 1939)*

Innsbruck tätig. Eine erste Verhaftung im Sommer 1938 blieb ohne schwerwiegende Folgen. Seine neuerliche Festnahme im September 1939 wegen der angeblichen „Greuelpropaganda" gegenüber zwei Amerikanerinnen bot der Gestapo jedoch den willkommenen Anlass, über Steinkelderer die „Schutzhaft" zu verhängen und seine Einweisung in das KZ Sachsenhausen zu veranlassen. Provikar Carl Lampert, wenig später selbst Opfer der nationalsozialistischen Verfolgung, wandte sich vergeblich an Gestapochef Wilhelm Harster mit der Bitte, von der Deportation Steinkelderers abzusehen.[25] Aus dem KZ Dachau geschmuggelte Briefe vermitteln einen erschütternden Eindruck von den Schikanen, denen die dort festgehaltenen Priester ausgesetzt waren. Nicht weniger betroffen machen Briefe Steinkelderers aus der Nachkriegszeit, in denen er den Umgang der Kirche mit KZ-Opfern aus ihren Reihen beklagt, der geprägt sei von verletzendem Desinteresse und Schweigen.[26]

Die Aufhebung der Theologischen Fakultät mit Erlass des Ministeriums für innere und kulturelle Angelegenheiten vom 20. Juli 1938 bedeutete für ihre Professoren und Dozenten die Versetzung in den Ruhestand und für 400 Studenten den Wechsel ihres Studienorts oder Abbruch des Studiums. Sie war Teil und logische Konsequenz der seit 1933 mit aller Schärfe geführten Auseinandersetzung der Nationalsozialisten mit dem Jesuitenorden.[27]

Studierende im Widerstand

Einzelne Studierende der Universität Innsbruck waren in den Jahren der NS-Herrschaft aktiv im Widerstand tätig und überlebten die Verfolgung.[28] Gegen den Maturanten Ferdinand Steindl aus Salzburg ermittelte die dortige Staatsanwaltschaft im September 1940 wegen angeblichen Hochverrats.[29] Er hatte sich der patriotischen Widerstandsgruppe „Heimatfront" um den Postangestellten Johann Graber angeschlossen, den er aus der Zeit seiner Mitgliedschaft im „Österreichischen Jungvolk" vor 1938 kannte. Steindl blieb bis April 1943 ohne Anklage in Haft. Nach seiner Entlassung konnte er in Innsbruck sein Studium an der Juridischen Fakultät aufnehmen. Am 29. September 1943 war jedoch die Anklageschrift gegen Graber und seinen Mitstreiter Otto Horst fertiggestellt.[30] Der Prozess vor dem nationalsozialistischen Volksgerichtshof endete für beide mit dem Todesurteil. In der Folge kam es nun auch zu neuen Ermittlungen gegen Ferdinand Steindl und acht weitere Mitglieder der „Heimatfront". Sie wurden des fortgesetzten und gemeinschaftlichen Hochverrats beschuldigt, begangen mit dem Ziel, die „Verfassung des Reichs zu ändern und ein zum Reiche gehöriges Gebiet vom Reiche loszureißen".[31] Konkret habe

Steindl sich an der Herstellung und Verteilung der im Frühjahr und Sommer 1940 regelmäßig erscheinenden Flugschrift „Hör zu!" beteiligt, Spenden gesammelt und Mitglieder geworben. Aus den 17 beschlagnahmten Ausgaben der „Hetzschrift" wurde ausführlich zitiert:

> „Österreicher bereite dich vor! Der Kampf um den Endsieg steht vor der Tür. Auf jeden einzelnen Kameraden und jede einzelne Kameradin kommt es an! Keiner darf sich aus Furcht oder falscher Berechnung dem Kampfe entziehen … Mögen die Söldlinge des Nazismus wüten und toben, möge Herr Goebbels Märchen erzählen und Herr Hitler weitere freie Völker vergewaltigen, unser Kampfruf heißt dann umsomehr: Österreich wird d e n n o c h frei!"[32]

Steindl habe zudem in einem Beitrag unter der Überschrift „Nazistische Gleichheit" behauptet, BDM-Mitglieder an der Mädchenoberschule in Salzburg würden von den Lehrern bevorzugt.[33] Seine Verteidigung, er habe unter dem Einfluss von Graber gehandelt, blieb unberücksichtigt, mildernd hingegen sein Alter zum Tatzeitpunkt und das freiwillige Ende seiner Widerstandstätigkeit gewertet. Am 9. März 1944 wurde Ferdinand Steindl zu fünf Jahren Gefängnis verurteilt und am 27. April 1944 die Universität Innsbruck davon verständigt. Seine Einberufung zum Reichsarbeitsdienst bedeutete den Aufschub der Haft. Das Studium konnte Steindl erst nach Kriegsende im Wintersemester 1945/46 fortsetzen. Unter Hinweis auf seine Verfolgung suchte er um die Anrechnung von zwei Studiensemestern an, wie sie auch Heimkehrern gewährt wurde: „Es ist aber zu bedenken, dass meine Behinderungszeit ihren Grund in meiner Betätigung für den österreichischen Freiheitskampf hat, während die Kriegsteilnehmer in einem Krieg kämpften, der mit den Interessen Österreichs nichts zu tun hatte.[34]

Stanislaus und Anton Jelen aus Libuče/Oberloibach nahe der jugoslawischen Grenze standen im Mai 1943 vor dem Sondergericht Klagenfurt.[35] Die Anklage lautete auf „Landesverrat". Der Prozess endete mit einem Schuldspruch und der Verurteilung zu einer Zuchthausstrafe von jeweils zehn Jahren und dem Verlust aller staatsbürgerlichen Rechte. Beide Brüder wurden für „wehrunwürdig" erklärt. Unter den gegebenen Umständen waren sie erleichtert: Die Ermittlungen lagen zunächst in den Händen der Oberreichsanwaltschaft in Berlin, ein Prozess vor dem Volksgerichtshof hätte das Todesurteil bedeuten können.

Anton Jelen studierte ab dem Wintersemester 1936/37 an der Juridischen Fakultät der Universität Innsbruck, Stanislaus „Stanko" Jelen hatte ein Jahr zuvor mit dem Medizinstudium begonnen. Zu den anderen slowenischen Studenten in Innsbruck bestanden enge Kontakte. Anton Jelen erinnerte sich später an gemeinsame Kartenabende und Ausflüge, aber auch an die nach 1945 bekannt gewordene Beobachtung der Gruppe durch einen Gestapospitzel.[36] Den Sommer 1939 verbrachten die Brüder im Elternhaus und hier fiel die Entscheidung, sich einer möglichen Einberufung zur deutschen Wehrmacht durch Flucht zu entziehen: „In Unterkärnten, also im Jauntal, waren mehrere Burschen, die so wie ich erklärt hatten, in die Hitlerarmee nicht eintreten zu wollen. Es wurden ein paar verhaftet, und so mußten sich die jungen Burschen und vor allem die Studenten entschließen, etwas zu tun."[37] Noch hatten beide die Hoffnung, an jugoslawischen Universitäten ihr Studium fortsetzen zu können. Anton blieb in Ljubljana, unterstützt vom dortigen Klub der Slowenen.[38] Wie viele seiner Landsleute nahm er nach der Besetzung Jugoslawiens durch deutsche und italienische Truppen Kontakt zu einer Partisaneneinheit auf, wurde jedoch am 27. Juni 1942 verhaftet, bevor er die Stadt verlassen konnte. Nach monatelanger Internierung im italienischen KZ Gonars erfolgte die Überstellung in das berüchtigte Gestapogefängnis von Begunje, wo wenig später auch sein Bruder Stanislaus eintraf. Beide wurden beschuldigt, im Kärntner Jauntal Soldaten zur Desertion überredet, sie nach Ljubljana gebracht und ihre Ausbildung für den Partisaneneinsatz organisiert zu haben. Nach langen Verhören unterschrieben sie das angebliche Geständnis. Zur Verbüßung der vom Sondergericht in Klagenfurt verhängten Strafe wurden Anton und Stanislaus Jelen auf Umwegen in das Zuchthaus Stein a. d. Donau transportiert. Sie waren Augenzeugen des Massakers an einem Großteil der Häftlinge im April 1945.[39]

Michael Zwetkoff und sein jüngerer Bruder Peter bezogen schon als Schüler der Oberschule für Jungen in Hall in Tirol klare Position gegen das NS-Regime. Weil sie sich weigerten, der Hitlerjugend beizutreten und in Verdacht standen, sich mit Mitschülern zu organisieren, reagierte die Schule im März 1939: „Die Lehrerkonferenz hat beschlossen (über)den Schüler wegen Zellenbildung an der Oberschule wodurch die Einheit an der Oberschule gestört erscheint, eine Karzerstrafe von 4 Stunden zu verhängen."[40] Michael Zwetkoff konnte im Wintersemester 1942/43 das Medizinstudium an der Universität Innsbruck aufnehmen, während seinem Bruder die Ablegung der Matura im Frühjahr 1943 verweigert wurde. Er hatte es abgelehnt, im Rahmen der Klausurarbeiten eine Abhandlung zum Thema „Unser Kampf im Osten" zu schreiben. Peter Zwetkoff wurde verwarnt und lieferte schließlich einen Aufsatz ab, in dem er die Leistungen der Roten Armee und deren Oberbefehlshaber Semjon K. Timoschenko hervorhob. Die Anstaltsleitung leitete die Arbeit an die Gestapo weiter, die Zwetkoff in der elterlichen Wohnung verhaftete und mehrere Tage lang verhörte.[41] Nach seiner Entlassung setzte er seine Tätigkeit in der Widerstandsgruppe fort, zu der inzwischen über Vermittlung von Bruder Michael Johanna Wagner gestoßen war. Sie kam aus Berlin und versuchte, sich an der Oberschule in Hall als Privatstudentin auf die Matura vorzubereiten. Konflikte mit Schulleiter Karl Corà, einem fanatischen Nationalsozialisten, waren unausweichlich: „Aufgewachsen in den Spannungen zwischen Materieller Not auf der einen und Überfluss auf der anderen Seite, erlebte ich den Klassenkampf bitter genug an mir selbst, so dass ich schon damals ausgeprägte Sozialistin wurde."[42] Wagner legte die notwendigen Prüfungen schließlich in Schwaz ab und begann ihr Medizinstudium 1943. Die Mitglieder der Widerstandsgruppe unterstützten russische Kriegsgefangene, halfen Fahnenflüchtigen und verfassten antifaschistische Flugblätter, deren Druck der kurz zuvor aus der Haft

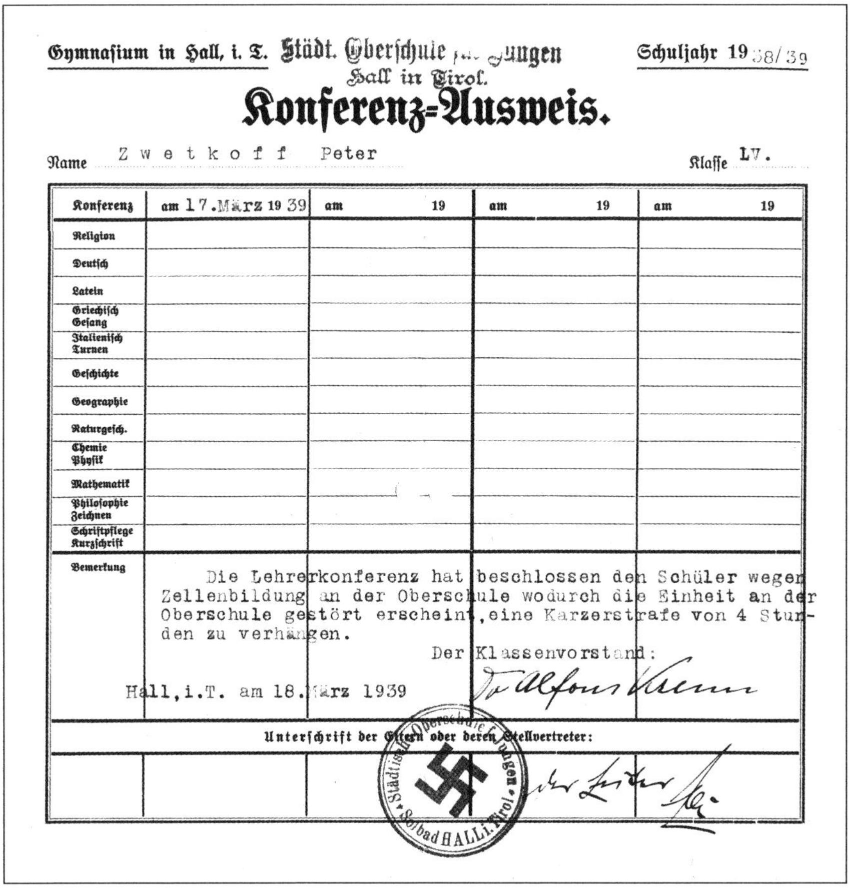

Abb. 5: Konferenzausweis für Peter Zwetkoff

Abb. 6:
Peter Zwetkoff (1945)

entlassene Josef Hauswitzka übernahm.⁴³ Waffen und Munition wurden aus Wehrmachtsbeständen gestohlen und versteckt.⁴⁴ Am 3. November 1944 kam es zu Hausdurchsuchungen durch die Gestapo und nachfolgenden Verhaftungen. Sowohl Peter Zwetkoff als auch sein Bruder Michael und Johanna Wagner wurden während der Verhöre in der Herrengasse misshandelt.⁴⁵ Alle drei wurden entlassen, nachdem Wagner die Hauptschuld auf sich genommen und ein Arzt ihre vorübergehende „Psychose" bestätigt hatte.⁴⁶ Die Fortsetzung ihres Medizinstudiums war nicht möglich. Michael Zwetkoff entzog sich der drohenden Einberufung zur SS durch einen selbst herbeigeführten Armbruch.⁴⁷ Die Widerstandsgruppe formierte sich dennoch neu und stand bis Kriegsende in engem Kontakt mit der Widerstandsgruppe in Piburg im Ötztal. Zwetkoff und Wagner kehrten im Wintersemester 1945/46 an die Universität Innsbruck und schlossen ihr Studium 1950 mit der Promotion ab.⁴⁸

Zu diesem Band

Für die auf den folgenden Seiten vorgestellten Biografien von NS-Opfern unter den ehemaligen Studierenden der Universität Innsbruck standen Quellenbestände in sehr unterschiedlichem Ausmaß zur Verfügung. Aktenbestände etwa der Geheimen Staatspolizei wurden bei Kriegsende an vielen Orten vernichtet, Archive durch Bombenangriffe zerstört. In vielen Fällen verlieren sich daher die Spuren der Verfolgten mit ihrer Einweisung in ein Konzentrationslager.

Die Akten des Universitätsarchivs Innsbruck wurden für alle derzeit bekannten Namen von Opfern eingesehen. Dies wäre ohne die Hilfe des Archivleiters Dr. Peter Goller nicht möglich gewesen: Für seine freundliche Unterstützung danke ich besonders. Zahlreiche Hinweise auf ehemalige Studierende der Universität kamen von Dr. Helmut Moll, Herausgeber des „Martyrologiums des zwanzigsten Jahrhunderts". Horst Schreiber danke ich für seine geduldige Unterstützung der Recherchen und die sorgfältige Korrektur des Manuskripts.

Anmerkungen

[1] Peter Goller/Georg Tidl: Jubel ohne Ende. Die Universität Innsbruck im März 1938, Wien 2012. Sicherheitsdienst des RFSS, SD-Donau, Material des Dozentenbundes, Begleitschreiben vom 8.4.1938. Der Akt enthält kommentierte Listen aller Lehrenden und Beschreibungen der Situation an den einzelnen Fakultäten.

[2] Gerhard Oberkofler: Bericht über die Opfer des Nationalsozialismus an der Universität Innsbruck, in: Zeitgeschichte 8 (Jänner 1981), Heft 4, 142–149. Damit verbunden war meist eine vollständige oder teilweise Aberkennung des Ruhegenusses.

[3] Sie konnte auch bei nur kurzer Inhaftierung, wie im Fall des Hochschulassistenten Ludwig Hörbst, schwerwiegende Folgen haben. Hörbst wurde nach zwei Tagen entlassen, verlor aber seine Stelle auf der Hals-, Nasen- und Ohrenklinik. Das begonnene Habilitationsverfahren wurde abgebrochen und Hörbst auch die Niederlassung als Facharzt untersagt. TLA, Opferfürsorgeakt Ludwig Hörbst. Hörbst wurde zur Wehrmacht eingezogen, 1944 aus „politischen Gründen" entlassen und erlebte das Kriegsende als Hilfskassenarzt in Niederschlesien. Zur Rehabilitation Hörbsts an der Universität Innsbruck 1945 vgl. Schreiben des Dekanats der Medizinischen Fakultät an das Bundesministerium für Unterricht, 28.9.1948, TLA, ebd.

[4] Biografien aller aus politischen oder „rassischen" Gründen enthobenen Professoren und Dozenten bei Goll/Tidl, Jubel ohne Ende, 89–165.

[5] Auskunft IKG Wien, 5.9.2018 und Auskunft Niko Hofinger, 22.11.2018.

[6] Der Bericht ist ohne Seitenangaben vollständig abgedruckt bei Goller/Tidl: Jubel ohne Ende.

[7] Innsbrucker Nachrichten (IN), 17.3.1938, 11.

8 Claudia Rauchegger-Fischer: „Sind wir eigentlich schuldig geworden?" Lebensgeschichtliche Erzählungen von Tiroler Frauen der Bund-Deutscher-Mädel-Generation, Innsbruck 2018, 234–237.
9 Franz Huter (Hg.): Hundert Jahre Medizinische Fakultät Innsbruck, Teil II, Innsbruck 1969, 260–263; hier 263. Bayers Frau, die ebenfalls aus Wien stammte, war 1930 bei einem Autounfall im Bereich des Innsbrucker Rennwegs ums Leben gekommen. Die Innsbrucker Nachrichten berichteten ausführlich über die Beerdigung der im „Gesellschaftsleben" der Stadt allgemein geschätzten und beliebten Verstorbenen. IN, 17.4.1930, 3.
10 Bei Sigmund Exner (1846–1926) hatte Bayer im 4. Semester mehrere Lehrveranstaltungen besucht. Aus seinem Dozentengesuch vom 7.11.1909 geht hervor, dass er während des Studiums als Demonstrator und nach seiner Promotion bis zum 1.10.1904 als Assistent bei Exner tätig war. Universitätsarchiv (UAI), Unterlagen Gustav Bayer 1909.
11 Siehe etwa Gustav Bayer/R. von den Velden: Klinisches Lehrbuch der Inkretologie und Inkretotherapie, Leipzig 1927; Goller/Tidl: Jubel ohne Ende, 132.
12 Huter: Hundert Jahre Medizinische Fakultät, 263.
13 Richard Rössler (1876–1945). Seinem Gauakt zufolge stand Rössler „während der Illegalität fest auf dem Boden des Nationalsozialismus". Er habe „seine antisemitische Einstellung immer erkennen lassen." Gauakt 689, ÖSTA, AdR, zit. nach Werner Soukup: Die wissenschaftliche Welt von gestern. Die Preisträger des Ignaz L. Lieben-Preises 1865–1937 und des Richard Lieben-Preises 1912–1928, 312. Ob die nationalsozialistische Überzeugung Rösslers in seinem Verhältnis zu Bayer eine Rolle spielte, ist unbekannt.
14 Goller/Tidl: Jubel ohne Ende, 29–30.
15 Ausführlich Martin Ager: Die Studierenden der Universität Innsbruck in der Zeit des Nationalsozialismus 1938–1945, Masterarbeit Univ. Innsbruck 2016, 28–63.
16 Oberkofler: Bericht über die Opfer, 148.
17 Ebd., 148. Es handelte sich um Hans und Inge Bauer (Medizinische Fakultät), Maria Magdalena Heller (Philosophische Fakultät) und Dr. Robert Popper (Zahnärztlicher Lehrgang). Die Geschwister Bauer und Popper überlebten in den USA, Heller in Großbritannien. Datenbank Genealogie Hohenems.
18 Goller/Tidl: Jubel ohne Ende, 21.
19 TLA, Opferfürsorgeakt Lydia Seka-Weiskopf. Ich danke Martin Ager vom Tiroler Landesarchiv für den Hinweis. Zu Weiskopf auch https://www.uibk.ac.at/ipoint/dossiers/archiv-1938-2008-vertriebene-wissenschaft/639428.html (aufgerufen am 28.1.2019).
20 RGBl. I 480: Gesetz über den Widerruf von Einbürgerungen und die Aberkennung der deutschen Staatsangehörigkeit, 14.7.1933 und RGBl. I, 985, Gesetz über die Führung akademischer Grade, 7.6.1939.
21 Katharina Santer: „An alle deutschen Hochschulen". Zur Entziehung der Doktorwürde an der „Deutschen Alpenuniversität Innsbruck", 1938–1945, in: Österreichische HochschülerInnenschaft (Hg.): Österreichische Hochschulen im 20. Jahrhundert. Austrofaschismus, Nationalsozialismus und die Folgen, Wien 2013, 145–159.
22 Im Wintersemester 1930/31 studierten an der Theologischen Fakultät 417 Ausländer und 73 Inländer, 1936/37 280 Ausländer und 183 Inländer. Josef Kremsmair: Nationalsozialistische Maßnahmen gegen Katholisch-theologische Fakultäten in Österreich, in: Maximilian Liebmann: Staat und Kirche in der „Ostmark", Frankfurt am Main – Wien 1998, 133–169, hier 146.
23 Peter Goller: Katholisches Theologiestudium an der Universität Innsbruck vor dem Ersten Weltkrieg (1857–1914), Innsbruck – Wien 1997.

24 Clemens August Graf von Galen (1878–1946), in Innsbruck 1898–1903, von 1933–1946 Bischof von Münster/Westfalen; Konrad Graf von Preysing (1880–1950), in Innsbruck 1909–1912, Priesterweihe 1912, Promotion 1913, 1935–1950 Bischof Berlin; vgl. die Biografie von Bernhard Lichtenberg in diesem Band, S. 122–125.
25 Josef Steinkelderer (1904–1972); Carl Lampert (1894–1944). Zu Lampert vgl. Gisela Hormayr: „Die Zukunft wird unser Sterben einmal anders beleuchten". Opfer des katholisch-konservativen Widerstands in Tirol 1938–1945, Innsbruck 2015, 151–157 (mit Hinweisen zur umfangreichen Literatur zu Lampert).
26 Manfred Scheuer/Josef Walder: „Zum Verbrecher, zum Cretin, zum Tier". Rechtlosigkeit, Entmündigung und Entwürdigung eines Priesters im KZ. Aufzeichnungen und Briefe von Josef Steinkelderer (Sonderband der notae – Historische Notizen der Diözese Innsbruck), Innsbruck 2017. Der Band enthält die Briefe Steinkelderers aus den Jahren 1939–1945 und seine Stellungnahmen von 1958 und 1965 im Wortlaut. Zur Verfolgung Steinkelderers vgl. Hormayr: „Die Zukunft wird unser Sterben einmal anders beleuchten", 39–41. In Dachau befand sich Steinkelderer seit Dezember 1940.
27 Kremsmair: Nationalsozialistische Maßnahmen gegen Katholisch-theologische Fakultäten in Österreich, 143–146.
28 Hinzuweisen ist hier auch auf die Gründung der K.Ö.H.V. Alpinia am 1. Mai 1940. K.Ö.H.V. Alpinia (Hg.): 75 Jahre Alpinia Innsbruck, Innsbruck 2015.
29 Ferdinand Steindl (1922–1975).
30 DÖW (Hg.): Widerstand und Verfolgung in Salzburg, Bd. 2, Wien 1991, 67–77. Graber und Horst wurden am 18.2.1944 in München-Stadelheim hingerichtet.
31 VGH 8J 472/40 (Anklage), 4.
32 Ebd., 13. Hervorhebungen im Original.
33 Ebd., 18.
34 VGH 6H 295/43; Goller/Oberkofler: Jubel ohne Ende, 207; UAI, R 1944/46, Nr. 54/1: Schreiben von Ferdinand Steindl an das Dekanat der Juridischen Fakultät, 6.1.1946.
35 Die Prozessakten sind nicht erhalten. Im Register der Sondergerichtsverfahren in Klagenfurt findet sich der entsprechende Eintrag mit dem Datum des 29. Juni. Auskunft Kärntner Landesarchiv, 22.10.2018. Anton Jelen nennt in seinen Erinnerungen einen Termin „Anfang Mai". DÖW (Hg.), Erzählte Geschichte, Bd. 4. Die Kärntner Slowenen – Spurensuche, Wien 1990, 241.
36 Ebd., 48–49.
37 Ebd., 134.
38 Ebd., 135. Stanko war gezwungen, nach Belgrad zu gehen, weil eine Fortsetzung des Medizinstudiums in Ljubljana nicht möglich war.
39 Ebd., 242–245. Aus den Erinnerungen Anton Jelens geht nicht immer hervor, ob das „wir" der Erzählung seinen Bruder einschließt, etwa was den Haftort betrifft.
40 Forschungsinstitut Brenner-Archiv, Nachlass Peter Zwetkoff. Für Peter Zwetkoff war es nicht die erste Maßregelung. Wegen Kontakten zu einem ehemaligen Funktionär der Sozialdemokratischen Partei wurde er mit nur 14 Jahren von der Gestapo einvernommen und in seiner Schule mit einer Karzerstrafe von 16 Stunden bestraft. Horst Schreiber: Schule in Tirol und Vorarlberg 1938–1948, Innsbruck 1996, 231.
41 DÖW (Hg.): Widerstand und Verfolgung in Tirol, Bd. 2, Wien 1984, 430 (Aussage Peter Zwetkoffs am 19.11.1947); Siljarosa Schletterer: Töne der Empathie – Positionen der Verweigerung. Annäherungen an Peter Zwetkoff im Spiegel seiner WeggefährtInnen, in: Mitteilungen aus dem Brenner-Archiv H.34 (2015), 125–154. Online http://diglib.uibk.ac.at/miba/periodical/titleinfo/864797 (aufgerufen am 18.1.2019).

42 Bericht von Johanna Wagner für den „Bund der Opfer des politischen Freiheitskampfes in Tirol", ohne Datum, Archiv Bund der Opfer, 1; hier auch ausführlich zur ihrer Vorgeschichte. Zu Corà vgl. Horst Schreiber: Schule in Tirol und Vorarlberg 1938–1948, Innsbruck 1996, 56–57.
43 TLA, Opferfürsorgeakt Josef Hauswitzka. Hauswitzka war bis zum „Anschluss" Polizist in Innsbruck, wurde am 31.5.1938 nach Dachau überstellt und verbüßte nach seiner Entlassung eine Haftstrafe wegen Vergehens nach dem Heimtückegesetz.
44 Bericht Wagner, 3.
45 TLA, 10 Vr 1745/47 (Aussage Peter Zwetkoff am 19.11.1947).
46 Wolfgang Pfaundler, Das Problem des Freiheitskampfes 1938–1945 an Hand von Beispielen, insbesondere des Widerstandes eines Tiroler Tales, Diss. Univ. Innsbruck 1950, 327–331.
47 Ebd., 330.
48 Johanna Wagner (1922–) studierte ab dem WS 1945/46 Anglistik und Germanistik an der Philosophischen Fakultät, Michael Zwetkoff (1923–2002) beendete sein Medizinstudium. UAI, Doktorenkartei, Wagner und Zwetkoff.

Juridische Fakultät

Hans Joachim Diers

geboren 7.5.1902 in Groß Flottbek (Hamburg)
gestorben 21.11.1940 im KZ Sachsenhausen

Hans Diers war einer der neun bekannten Fälle von Absolventen der Universität Innsbruck, denen zwischen 1938 und 1945 die Doktorwürde aberkannt wurde. Diers kam mit einem Studienabschluss der Handelshochschule Berlin im Sommersemester 1933 nach Innsbruck, um seine Ausbildung mit einem Doktoratsstudium an der Juridischen Fakultät fortzusetzen. Nach der Promotion am 10. März 1934 kehrte Diers nach Berlin zurück und war dort als Kaufmann tätig. Sein Werdegang und die Umstände seiner Verhaftung und Einlieferung in das Konzentrationslager Sachsenhausen am 11. September 1940 sind unbekannt. Er wurde dort als „Berufsverbrecher" mit der Kennzeichnung „BV 175" registriert.[1] Im Sprachgebrauch des nationalsozialistischen Justiz- und Verfolgungsapparats bedeutete diese Zuordnung, dass er nach § 175 des StGB wegen homosexueller Beziehungen in mehr als einem Fall verurteilt bzw. aktenkundig geworden war. In der Regel erfolgte die Überstellung in ein Konzentrationslager nach Verbüßung einer Gefängnis- oder Zuchthausstrafe. Diers war mit der Häftlingsnummer 32746 im Block 36 untergebracht, der zum Bereich der so genannten „Isolierung" gehörte. Dieser Teil des Lagers war mit Stacheldraht vom übrigen Lager abgetrennt und durfte nur zum Arbeitseinsatz verlassen werden. Berichte Überlebender des KZ Sachsenhausen bestätigen, dass Homosexuelle schwersten Arbeitskommandos zugeteilt wurden und besonders erniedrigende und grausame Behandlung durch die Wachmannschaften erfuhren.[2] Hans Diers überlebte die Lagerhaft nur wenige Wochen. Die Angabe zur Todesursache im Sterbebuch des Standesamtes Oranienburg („akute Herzschwäche nach Lungeninfarkt") entsprach üblicher Routine.[3]

Quellen und Literatur:

Müller, Joachim: „Wohl dem, der hier nur eine Nummer ist." Die *Isolierung* Homosexueller, in: Müller, Joachim/Sternweiler, Andreas: Homosexuelle Männer im KZ Sachsenhausen, Berlin 2000, 89–108.
Santer, Katharina: „An alle deutschen Hochschulen". Zur Entziehung der Doktorwürde an der „Deutschen Alpenuniversität Innsbruck", 1938–1945, in: Österreichische HochschülerInnenschaft (Hg.): Österreichische Hochschulen im 20. Jahrhundert. Austrofaschismus, Nationalsozialismus und die Folgen, Wien 2013, 145–159, hier 157–158.

Max Ulrich Graf Drechsel

geboren 3.10.1911 in Karlstein
gestorben 4.9.1944 in Berlin-Plötzensee

Nach dem fehlgeschlagenen Attentat auf Adolf Hitler vom 20. Juli 1944 und der Aburteilung und Hinrichtung der Hauptverantwortlichen beschäftigten sich die Beamten der Sicherheitspolizei mit deren Umfeld. Wie sich herausstellte, war seit Herbst 1943 „eine ganze Anzahl von Personen mehr oder weniger eingehend über die Pläne eines gewaltsamen Umsturzes ins Bild gesetzt worden." Warum keiner von ihnen den „selbstverständlichen Weg zur Anzeige" fand, war Gegenstand umfangreicher Ermittlungen der Behörden. Max Ulrich Drechsel, der sich am 17. Juni 1944 auf Ersuchen von Major Ludwig Freiherr von Leonrod bereit erklärt hatte, als Verbindungsmann der Verschwörer im Wehrkreis VII zur Verfügung zu stehen, verantwortete sich im Verhör ähnlich wie die übrigen Beschuldigten: „Ich wollte meinen Kameraden Major von Leonrod nicht verraten. Ich sehe ein, daß ich damit meinen Treueeid verletzt habe."[4] Für die Beamten der Sicherheitspolizei war „gesellschaftliche Rücksichtnahme" das völlig unverständliche Motiv für ihr Handeln: „Den diesen Kreisen angehörenden Personen fehlt weitgehend der Rückhalt in der gesund

Abb. 7:
Max Ulrich Graf von Drechsel

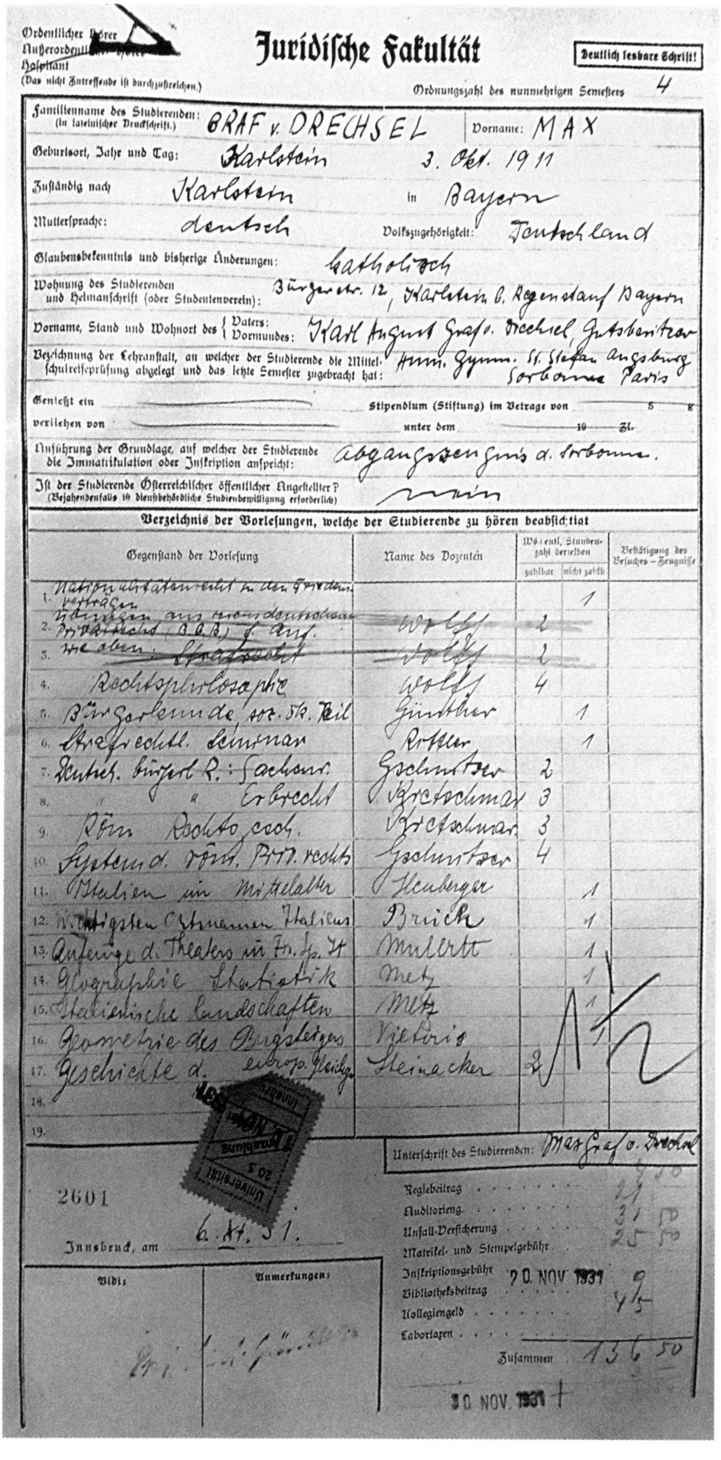
Ordentlicher Hörer
Außerordentlicher Hörer
Hospitant
(Das nicht Zutreffende ist durchzustreichen.)

Juridische Fakultät

Deutlich lesbare Schrift!

Ordnungszahl des nunmehrigen Semesters 4

Familienname des Studierenden: (in lateinischer Druckschrift.) GRAF v. DRECHSEL | Vorname: MAX
Geburtsort, Jahr und Tag: Karlstein 3. Okt. 1911
Zuständig nach Karlstein in Bayern
Muttersprache: deutsch Volkszugehörigkeit: Deutschland
Glaubensbekenntnis und bisherige Änderungen: katholisch
Wohnung des Studierenden und Heimanschrift (oder Studentenverein): Bürgerstr. 12, Karlstein b. Regenstauf Bayern
Vorname, Stand und Wohnort des Vaters: / Vormundes: Karl August Graf v. Drechsel, Gutsbesitzer
Bezeichnung der Lehranstalt, an welcher der Studierende die Mittelschulreifeprüfung abgelegt und das letzte Semester zugebracht hat: Hum. Gymn. St. Stefan Augsburg, Sorbonne Paris
Genießt ein verliehen von … Stipendium (Stiftung) im Betrage von … S … g unter dem … 19… Zl.
Anführung der Grundlage, auf welcher der Studierende die Immatrikulation oder Inskription anspricht: Abgangszeugnis d. Sorbonne.
Ist der Studierende Österreichischer öffentlicher Angestellter? (Bejahendenfalls ist dienstbehördliche Studienbewilligung erforderlich) nein

Verzeichnis der Vorlesungen, welche der Studierende zu hören beabsichtigt

	Gegenstand der Vorlesung	Name des Dozenten	Wöchentl. Stundenzahl derselben: zahlbar	nicht zahlb.	Bestätigung des Besuches – Zeugnisse
1.	~~Nationalitätenrecht in den Friedensverträgen~~			1	
2.	~~Lösungen aus neuen deutschem Privatrecht (BGB) f. Anf.~~	~~Wolff~~	2		
3.	~~Wie oben: Strafrecht~~	~~Wolff~~	2		
4.	Rechtsphilosophie	Wolff	4		
5.	Bürgerkunde, soz. Sk. Teil	Günther		1	
6.	Strafrechtl. Seminar	Rittler		1	
7.	Deutsch. bürgerl. R.: Sachenr.	Gschnitzer	2		
8.	" Erbrecht	Kretschmar	3		
9.	Röm. Rechtsgesch.	Kretschmar	3		
10.	System d. röm. Priv. rechts	Gschnitzer	4		
11.	Italien im Mittelalter	Heuberger		1	
12.	Wichtigsten Ortsnamen Italiens	Brück		1	
13.	Anfänge d. Theaters in Fr. Sp. It.	Mullertt		1	
14.	Geographie Statistik	Metz		1	
15.	Italienische Landschaften	Metz		1	
16.	Geometrie des Bergsteigens	Vietoris		1	
17.	Geschichte d. europ. Gleichg.	Steinacker	2		
18.					
19.					

Unterschrift des Studierenden: Max Graf v. Drechsel

2601

Innsbruck, am 6. XI. 31

Regiebeitrag
Auditoriengeld
Unfall-Versicherung 31 50
Matrikel- und Stempelgebühr 25 50
Inskriptionsgebühr 20 NOV 1931 9
Bibliotheksbeitrag 4.5
Kollegiengeld
Laborlaxen
Zusammen 136 50

Vidi: | Anmerkungen:

30 NOV. 1931

Abb. 8: Standesblatt Max Ulrich Graf von Drechsel

empfindenden Gemeinheit des Volkes. Eine Verfemung durch ihre eigene Gesellschaftsschicht erschien ihnen daher schwerer tragbar, als Untreue und Mitwisserschaft an einem Verrat gegenüber Führer und Reich."[5]

Dem NS-Regime stand Drechsel allerdings von Beginn an distanziert gegenüber. Aufgewachsen in einer katholischen bayrischen Adelsfamilie, hatte er sich 1930 zunächst ohne große Überzeugung für das Studium der Rechts- und Staatswissenschaften entschieden. Freunde und Familienmitglieder beschreiben Max Drechsel als lebensfrohen jungen Studenten, begeisterten Jäger und Schifahrer, jederzeit bereit, die Arbeit für gesellige Anlässe zu unterbrechen. Das Sommersemester 1931 verbrachte Drechsel in Paris und nutzte die Gelegenheit für ausgedehnte Reisen in Frankreich. Sportliche Interessen und finanzielle Überlegungen gaben den Ausschlag für eine Fortsetzung des Studiums in Innsbruck.[6] Drechsel trat dem Deutsch-Österreichischen Alpenverein bei, erkundete ausgibig die Tiroler Bergwelt und nutzte gesellschaftliche Kontakte, die ihm seine Herkunft ermöglichte. Ob ausreichend Zeit für die vielen von ihm inskribierten Lehrveranstaltungen blieb – neben rechtswissenschaftlichen belegte er auch historische und geografische Vorlesungen –, muss offenbleiben. Über politische Auseinandersetzungen in der Innsbrucker Studentenschaft berichtete er den Eltern, wie es scheint ohne besonderes Interesse: „Max Ulrich hat sich wohl da und dort diese Sachen angesehen, er hat sich aber nie zu einer aktiven Beteiligung hinreißen lassen, wie er denn überhaupt in politischer Einstellung äußerst reserviert und leidenschaftslos war [...].[7] Im Sommersemester 1932 kehrte Max Ulrich nach München zurück und legte schließlich nach einem weiteren Wechsel des Studienorts in Erlangen das erste Staatsexamen ab. Im November 1933 nahm er seine Arbeit als Referendar am Amtsgericht Regenstauf auf. Ein Freiwilligenjahr beim Heer nach dem Abschluss dieser ersten Berufspraxis bestärkte ihn schließlich 1934 darin, die juristische Ausbildung abzubrechen und sich als Offiziersanwärter für die Wehrmacht zu bewerben. Die Aggressionspolitik Hitlers 1938/39 wurde in der Familie mit Vorbehalt, aber ohne grundsätzliche Ablehnung diskutiert.[8] Nach Kriegsbeginn war Max Ulrich Drechsel mit seiner Einheit an der Westfront stationiert und begrüßte den Beginn der Kampfhandlungen: „Der Vormarsch ist herrlich und geht in einem unerhört schnellen Tempo vor sich [...] eine Erlösung nach dem monatelangen Warten! Stimmung ausgezeichnet."[9] Die Einheit wurde vorübergehend nach Danzig verlegt, wiederholte Heimaturlaube waren möglich. Im Herbst 1941, nunmehr in Nordafrika stationiert, erlitt Drechsel bei einer der ersten Kampfhandlungen eine schwere Beinverletzung, deren langwierige Heilung Lazarettaufenthalte in Athen und ab Jänner 1942 in Wien erforderte. Den Erinnerungen des Vaters zufolge bewirkten der weitere Kriegsverlauf und Nachrichten über das deutsche Vorgehen an der Ostfront in Max Ulrich Drechsel in dieser Zeit zunehmend Zweifel an Hitlers Politik. Ein weiterer Kampfeinsatz war wegen der Verletzung nicht möglich und die Vermittlung seiner Ernennung zum Stabsoffizier bei der Annahmestelle für Offiziersbewerber in München durch Ludwig Leonrod, einen Freund der Familie, wurde dankbar angenommen. Welchen Einfluss die in der Münchner Zeit gepflegten Kontakte mit dem Jesuiten Alfred Delp auf Drechsel hatten, kann nur vermutet werden.[10] Delp war ebenso wie der am 13. September 1944 zum Tod verurteilte Priester Hermann Wehrle Seelsorger in der Pfarre Heilig Blut in München-Bogenhausen und zugleich Mitglied im Kreisauer Kreis um Graf Helmuth von Moltke. Leonrod sprach mit Wehrle im Dezember 1943 über die Frage des Tyrannenmordes aus kirchlicher Sicht und Wehrle hatte ihn beruhigt: Das Wissen um ein geplantes Attentat sei in den Augen der Kirche keine Sünde.[11] Als Leonrod im Juni 1944 nach Berlin versetzt wurde, war Drechsel jedenfalls bereit, dessen Funktion zu übernehmen. Die Nachricht vom missglückten Anschlag erreichte ihn während eines letzten Urlaubs auf Schloss Karlstein. Niemand in der Familie erfuhr von der Aufgabe, die er Wochen zuvor übernommen hatte:

„Bald wurden Namen genannt, die damit zusammenhingen; an erster Stelle Claus Stauffenberg. Max Ulrich gab unverhohlen zu erkennen, daß er mit diesem Attentat nicht einverstanden war; erst sehr viel später habe ich durch Bri H. erfahren, daß er ihr gegenüber eingestanden hat, daß er auf ein Stichwort verpflichtet sei, das möglicherweise eine Änderung in Deutschland hätte herbeiführen sollen."[12]

Am 21. August informierten Beamte der Gestapo Regensburg, versehen mit einem Befehl zur Hausdurchsuchung, die Eltern von der Verhaftung des Sohnes und angeblichen Vernehmungen in Berlin – Einzelheiten waren weder in München noch in Regensburg zu erfahren und beide traten am 4. bzw. 6. September die Reise in die Hauptstadt an. Die mehrtägige Suche nach Max Ulrich, die sie und ihren Anwalt bis zum Volksgerichtshof führte, war vergeblich, jede Auskunft wurde verweigert. Am Ende war es der evangelische Anstaltsgeistliche, der mitteilte, was geheim bleiben sollte, um die offizielle Version der Verschwörung einer nur kleinen Gruppe aufrecht zu erhalten[13]: Max Ulrich war nicht mehr am Leben. Wie alle anderen in die Verschwörung verwickelten Offiziere war Drechsel unmittelbar nach seiner Verhaftung unehrenhaft aus der Wehrmacht entlassen worden. Roland Freisler, Vorsitzender des Volksgerichtshofs, hatte die Verfahren an sich gezogen. Ihr Verlauf ist bekannt. Todesurteile wurden auch über Angeklagte verhängt, denen eine aktive Mitwirkung an der Verschwörung nicht nachzuweisen war. Im Urteil gegen Leonrod hieß es: „Sie unter uns zu sehen, konnte das deutsche Volk um seiner Sauberkeit willen nicht ertragen. Sie müssen mit dem Tode büßen."[14] Im Februar 1945 erreichten völlig unerwartet drei Briefe die Angehörigen, verfasst in den Stunden vor und nach dem Prozess:

> „Morgen findet meine Verhandlung statt; ich gehe dem Tode ruhig und gefaßt entgegen. Eine große Gnade war es für mich, diese lange Vorbereitungszeit von drei Wochen zu haben, während der ich im Gebet viel Trost, Stärkung und Erleuchtung erfahren habe. Der liebe Gott hat mir oft wunderbar geholfen. […] Ich habe ja ein so schönes Leben gehabt; in erster Linie verdanke ich dies Euch, geliebte Eltern. Vom Anfang bis zum Ende meines Lebens ward Ihr, unser heim, Karlstein, der Dreh- und Angelpunkt meiner ganzen Gedanken; nirgends habe ich mich so wohl gefühlt. Wie schön noch zum Schluß der letzte Urlaub! Dieser heißen Heimatliebe ist im Ursprung auch meine jetzige Tat entsprungen, wenn sie auch in Ausführung und Folgen ganz andere Wege ging."[15]

> „Das Urteil ist gesprochen, nur noch kurze Zeit trennt mich von seiner Vollstreckung. Seid nicht traurig, wenn Ihr an mich denkt, sondern fröhlich. Fröhlich sollt ihr mit den Menschen und meinen Freunden über mich sprechen; dann werde auch ich gerne (geistig) bei Euch sein, der ich im Leben stets froh war."[16]

Max Ulrich Drechsel starb noch am Tag der Urteilsverkündung, dem 4. September 1944. Seine Leiche und die von acht weiteren hingerichteten Verschwörern wurde verbrannt, die Asche verstreut.

Quellen und Literatur:

Drechsel, Carl-August von: In Memoriam Max Ulrich, 1911–1944, Köln 1991.

Jacobsen, Hans-Adolf (Hg.): „Spiegelbild einer Verschwörung". Die Opposition gegen Hitler und der Staatsstreich vom 20. Juli 1944 in der SD-Berichterstattung. Geheime Dokumente aus dem ehemaligen Reichssicherheitshauptamt, Stuttgart 1984.

Leber, Annedore u. a. (Hg.): Das Gewissen steht auf. Lebensbilder aus dem deutschen Widerstand 1933–1945, Mainz 1984.

Moll, Helmut (Hg.): Zeugen für Christus. Das deutsche Martyrologium des 20. Jahrhunderts, Bd. 2, Paderborn – Wien ⁴2006, 543–547.

Alois Flatscher

geboren 31.1.1894 in Schlaiten (Osttirol)
gestorben 31.7.1944, Ort unbekannt

Flatscher stammte aus Schlaiten in Osttirol und besuchte das Gymnasium der Franziskaner in Hall in Tirol, wo er 1915 die Matura ablegte. Ehemalige Mitschüler und Kameraden in der Studentenverbindung Sternkorona erinnerten sich an ihn als besonders interessiert an politischen und sozialen Fragen.[17] Nach dem Ende des Ersten Weltkriegs begann Flatscher 1919 ein Studium an der Juridischen Fakultät in Innsbruck.[18] Im Verlauf des Jahres 1923, noch vor Abschluss des Studiums und als Beamter der Invalidenentschädigungskommission in Tirol tätig, bewarb sich Flatscher um eine Stelle in der burgenländischen Landesverwaltung.[19] Am 24. September 1923 trat er seinen Dienst bei der Bezirkshauptmannschaft Mattersburg an. Nach Ablegung des dritten juristischen Staatsexamens in Innsbruck suchte Flatscher um Übernahme in den höheren Verwaltungsdienst an und wurde mit Wirkung vom 2. Juni 1925 zunächst als zweiter Jurist der Bezirkshauptmannschaft Eisenstadt und ab 1. März 1926 als Stellvertreter des Bezirkshauptmanns der BH Oberwart zugewiesen. Diese erfolgreiche berufliche Karriere ging im Juni 1930 abrupt

Abb. 9:
Alois Flatscher

zu Ende: Flatscher wurde wegen finanzieller Unregelmäßigkeiten in mehreren Fällen von der Disziplinarkommission beim Bundeskanzleramt in den dauernden Ruhestand versetzt. Er hatte, seit 1926 verheiratet und seit 1927 Vater eines Sohnes, offenbar mehrmals vergeblich um Darlehen und Gehaltsvorschüsse gebeten und dann öffentliche Gelder veruntreut. Dem Personalakt liegt eine Aussage Flatschers bei, in der er seine Verfehlung rechtfertigte:

> „Es war nicht Leichtsinn oder gar verschwenderische Lebensführung, daß ich so tief in drückende u. das Ansehen des Beamten herabwürdigende Schulden geraten bin; die Ursache liegt darin, daß ich infolge der Nachkriegsverhältnisse gänzlich verarmte u. nach meiner Rückkehr aus der Gefangenschaft nicht einmal das Nötige zum Anziehen hatte. Ich mußte mich eines Beamten halbwegs würdig rangieren u. stürzte mich dadurch in langandauernde finanzielle Verpflichtungen."[20]

Unklar ist, wann Flatscher nach Tirol zurückkehrte und hier eine neue Anstellung fand. Zum Zeitpunkt des „Anschlusses" arbeitete er als Betriebsorganisations-Referent für die Vaterländische Front (VF) Tirol, zuständig für die Erfassung aller in der Privatwirtschaft tätigen ArbeitnehmerInnen und deren Einbeziehung in den Aufbau des „neuen Österreich".[21] Der Einmarsch der Nationalsozialisten bedeutete erneut den Verlust des Arbeitsplatzes, scheint aber zunächst ohne weitere Konsequenzen geblieben zu sein. Flatscher lebte mit Frau und Sohn in Hall in Tirol und konnte dort nach längerer Arbeitslosigkeit Beschäftigung als Buchhalter in einem Obst- und Gemüsegroßhandel finden. Die näheren Umstände seiner Verhaftung im Oktober 1942 sind nicht bekannt. Nach mehreren Wochen in Polizeihaft und im Lager Reichenau wurde Flatscher schließlich im Jänner 1943 nach Dachau überstellt. Ein Jahr später scheint sein Name auf der Liste eines Arbeitskommandos in Lublin-

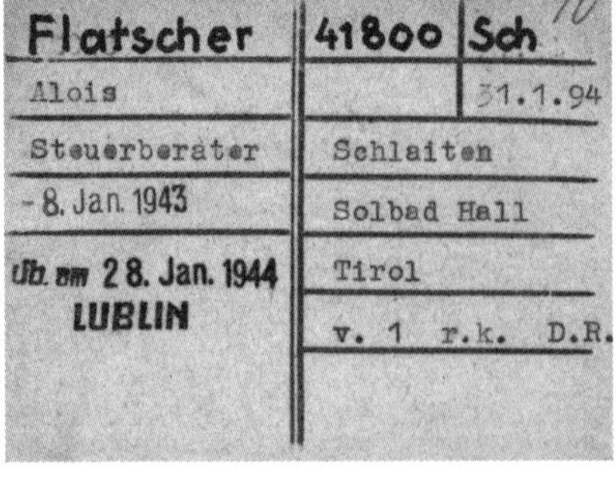

Flatscher | 41800 | Sch 10
Alois | 31.1.94
Steuerberater | Schlaiten
-8. Jan. 1943 | Solbad Hall
Üb. am 28. Jan. 1944 | Tirol
LUBLIN | v. 1 r.k. D.R.

Abb. 10:
Schreibstubenkarte KZ Dachau

Lindenstraße auf, einem Lager, das administrativ dem KZ Majdanek unterstand und in dem ab Jänner 1944 die Deutschen Ausrüstungswerke (DAW) die Einrichtung einer Produktionsstätte betrieben. Die Arbeitskräfte kamen aus den Lagern Sachsenhausen, Buchenwald und Dachau.[22] Die vergleichsweise guten Bedingungen in der Lindenstraße – die Häftlinge durften Pakete empfangen und Briefe schreiben, hatten geregelte Arbeitszeiten und blieben von Misshandlungen weitgehend verschont – waren von nur kurzer Dauer. Bereits im März 1944 begann die Evakuierung des Lagers und im Juli 1944 wurden die 229 noch verbliebenen Gefangenen auf einen Fußmarsch nach Auschwitz geschickt. Ein Mithäftling berichtete später, dass Flatscher zu diesem Zeitpunkt in einem sehr schlechten Gesundheitszustand gewesen sei. Schwache und Kranke wurden von den Wachmannschaften unterwegs erschossen und Flatscher dürfte den Transport nicht überlebt haben.[23]

Quellen und Literatur:

Archiv des Franziskanergymnasiums Hall in Tirol.
Archiv KZ-Gedenkstätte Majdanek.
Archiv Amt der Burgenländischen Landesregierung Eisenstadt.
TLA, Opferfürsorgeakt Marianne Flatscher.

Torggler, Paul: Alois Flatscher. Opfer der nationalsozialistischen Gewaltherrschaft, in: Unsere Sternkorona, Nr. 2/3, April 1988, 106–107.

Adolf Hörhager

geboren 11.2.1884 in Ried/Kaltenbach
gestorben 1.2.1940 im KZ Mauthausen

Adolf Hörhager, seit 1936 Bezirksführer der Vaterländischen Front für den Bezirk Innsbruck-Stadt, wurde bereits in der Nacht vom 11. auf den 12. März 1938 verhaftet.

Hörhager wuchs in Kaltenbach im Zillertal auf und besuchte das Vinzentinum in Brixen. Entgegen den Wünschen der Eltern, die ihn zum Priesterberuf bestimmt hatten, begann er 1904 ein Studium der Rechtswissenschaften in Innsbruck und wurde Mitglied der AV Austria. Nach seiner Promotion am 16. Juli 1910 arbeitete Hörhager als Konzipient in verschiedenen Innsbrucker Rechtsanwaltskanzleien. Bei Kriegsausbruch 1914 war er zunächst als Ersatzgendarm und ab 1915 an der Front in Südtirol eingesetzt, erlebte das

Abb. 11:
Adolf Hörhager

Kriegsende jedoch wegen einer schweren Nierenerkrankung als Mitarbeiter des Militärjustizreferenten in Innsbruck.[24] Im März 1919 eröffnete Hörhager eine Anwaltskanzlei in der Anichstraße in Innsbruck, die sich auf die Vertretung und Beratung von Unternehmen spezialisierte. Zu seiner eigenen Tätigkeit in Wirtschaftsunternehmen des Zillertals in der Zwischenkriegszeit fehlen nähere Informationen.[25] Am 30. Mai 1938 wurde Hörhager mit dem ersten Transport politischer Häftlinge in das KZ Dachau überstellt.[26] Die Bemühungen seiner Familie um eine Entlassung aus dem Lager waren vergeblich. Im September 1939 wurde Hörhager nach Mauthausen verlegt und einem Arbeitskommando im gefürchteten Steinbruch zugeteilt. Geschwächt durch die täglichen Strapazen, erkrankte er im Winter 1939/40 und wurde in den Block 20 des Seuchenreviers eingewiesen, in dem die katastrophalen hygienischen Bedingungen für viele Häftlinge den sicheren Tod bedeuteten. Ein Mithäftling, der sich in diesen Wochen als Hilfssanitäter um Hörhager kümmerte, berichtete, dass er immer noch mit seiner Befreiung rechnete, am Ende jedoch resignierte.[27] Die Lagerverwaltung habe ihn von der „Aufhebung einer Vollmacht in Innsbruck" in Kenntnis gesetzt und er sei schwer getroffen von dieser Mitteilung in die Baracke zurückgekehrt. Möglicherweise handelte es sich um die Löschung seiner Zulassung als Anwalt, die am 5. Jänner 1939 auf der Grundlage einer Verordnung vom 27. September 1938 wirksam geworden war.²⁸ In diesen letzten Wochen traf auch der Kriminalbeamte Erwin Gostner noch einmal mit Hörhager zusammen: „Der einstmals korpulente Mann war nur noch ein Skelett. ‚Ich werde es wohl nicht mehr lange durchhalten!' sagte er mit müder hoffnungsloser Stimme."²⁹ Laut Eintrag im Totenbuch des KZ Mauthausen verstarb Hörhager an „Grippe, Herz- und Kreislaufschwäche".³⁰ Im Innsbrucker Stadtteil Amras erinnert eine Straße an ihn.

Quellen und Literatur:

TLA, Opferfürsorgeakte Maria Hörhager, Theodor Hörhager-Walton.³¹

Austrier-Blätter Nr. 15 (1946), 54–63.
Gostner, Erwin: 1000 Tage im KZ. Ein Erlebnisbericht aus den Konzentrationslagern Dachau, Mauthausen und Gusen, Innsbruck 1945.
Holzner, Johann/Pinsker, Anton/Reiter, Johann/ Tschol, Helmut: Zeugen des Widerstandes. Eine Dokumentation über die Opfer des Nationalsozialismus in Nord-, Ost- und Südtirol, Innsbruck 1977, 42–43.
Sauer, Barbara/Reiter-Zatloukal, Ilse: Advokaten 1938: das Schicksal der in den Jahren 1938 bis 1945 verfolgten österreichischen Rechtsanwältinnen und Rechtsanwälte, Wien 2010.

Walter Krajnc

geboren 22.2.1916 in Steinach am Brenner
gestorben 29.7.1944 in Les Angles bei Avignon

„Dass dieser Vorgang für unsere Kompanie die doch wahrhaftig integer war eine Schande war, braucht ja keine weitere Erwähnung und das erst recht für mich als Chef der Kompanie. Verdient hatte ich das doch wahrhaftig nicht." Derart erinnerte sich Oberleutnant Hans Spurk, Leiter der Funk-Kompanie der 19. Armee in Südfrankreich, an das „traurigste Kapitel seines Lebens".³² Der Mann, der diese „Schande" über die Kompanie gebracht hatte, war der Tiroler Walter Krajnc, von den Veteranen der französischen Résistance bis heute als Widerstandsheld geehrt.³³

Krajnc kam in Steinach am Brenner zur Welt. Sein Vater Eduard, „Gymnasialsupplent" für Mathematik in Hall in Tirol, fiel am 22. Oktober 1915 in den Kämpfen am Pordoijoch noch vor seiner Geburt. Der Sohn wuchs im Heimatort des Vaters auf, besuchte hier die Volksschule und ab 1926 das Franziskanergymnasium. Nach Ablegung der Reifeprüfung im Juni 1934 entschied er sich für das Studium der Rechtswissenschaften an der Universität Innsbruck und wurde Mitglied in der Hochschulverbindung Vindelicia. Persönliche Zeugnisse aus diesen Jahren fehlen, seine Ablehnung des NS-Regimes war jedoch allgemein bekannt und verhinderte die Zulassung zur Gerichtspraxis. Krajnc sah sich gezwungen, seinen Lebensunterhalt als Wirtschaftsprüfer in verschiedenen Unternehmen zu verdienen und nutzte Aufenthalte in Prag und Warschau, um seine Sprachkenntnisse zu erweitern. Die Einberufung zur Wehrmacht erreichte ihn 1940. Er lehnte die Teilnahme an einem Offizierslehrgang ab, wurde im Frühjahr 1941 einer Nachrichtenabteilung als Funker zugeteilt und mit seiner Einheit in der Nähe von Avignon stationiert. Der Kontakt zum Widerstandsnetz „Cotre" entstand möglicherweise durch die Beziehung zu einer jungen Französin. Zuverlässige Quellen fehlen auch hier: Sie erscheint einmal als in Paris lebende Verlobte, soll andererseits einer Gruppe der Résistance angehört und Krajnc nur als Informanten benutzt haben. Auch der Bericht an seine Mutter, der in der Haft entstand, enthält keine Einzelheiten: „Ich habe mir durch unglaublichen Leichtsinn und falsch angebrachtes Vertrauen auf die Zusicherungen eines Menschen diese Suppe eingebrockt, und ich muß sie auch selbst auslöffeln."[34] Die Aussagen von Angehörigen der Résistance und von Kameraden seiner Einheit stammen durchwegs aus wesentlich späterer Zeit. Gesichert scheint, dass seine Stellung trotz des niederen Dienstgrads privilegiert war: Als Cellist war er Mitglied in einem kleinen Orchester der 19. Armee, das bei geselligen Zusammenkünften der Oberbefehlshaber

Abb. 12:
Walter Krajnc

auftrat. Sie ermöglichten vertrauten Umgang mit seinen Vorgesetzten.[35] Über welchen Zeitraum sich die Weitergabe von Informationen an den Widerstand erstreckte, ist ebenso wenig dokumentiert wie die Vorgänge, die am 17. Juli 1944 zur Verhaftung von Krajnc führten.[36] Einer in vielen Biografien nachzulesenden Version zufolge habe er auch Nachrichten über bevorstehende Geiselerschießungen weitergeleitet, sei entdeckt und selbst einem Erschießungskommando zugeteilt worden. Dort habe er den Mordbefehl aus christlicher und patriotischer Überzeugung verweigert und damit das Todesurteil provoziert.[37] Ein Selbstmordversuch in der ersten Nacht in Haft misslang: „Du sollst es wissen – in jener Nacht legte ich Hand an mich an, ich versuchte, halb wahnsinnig vor Entsetzen, mir die Pulse zu öffnen."[38] Irgendwann erschien ihm weiteres Leugnen sinnlos: „Beim heutigen Verhör habe ich ein Geständnis abgelegt. Man kämpft um sein Leben, so lange es geht, aber wenn das Spiel aus ist, muß man auch mit anständiger Miene zu verlieren wissen. Ich kann niemand einen Vorwurf machen. Durch die Untersuchungsorgane bin ich bis jetzt anständig und korrekt behandelt worden und ich merke selbst, daß es ihnen keinen Spaß macht, mich der irdischen Gerechtigkeit überliefern zu müssen."[39] Über den Ausgang der bevorstehenden Gerichtsverhandlung machte sich Krajnc keine Illusionen. Er fand Trost in der Religion und der Gewissheit, zu seinem Handeln stehen zu können: „Das Eine sei gewiß: Nicht aus niederen Motiven, aus Geldgier oder anderen Beweggründen habe ich diese Schuld des Landesverrates auf mich genommen. Ein verkehrter Idealismus verbunden mit mangelnder Einsicht über die Tragweite meiner Handlungen haben mich in dieses unglückselige Spiel hineingetrieben. Als ich mich besann und zurück wollte war es zu spät."[40]

Walter Krajnc starb am 29. Juli 1944. Angehörige seiner Kompanie wurden gezwungen, die Exekution durchzuführen. Bewegende Abschiedsbriefe erreichten die Jugendfreundin Gertrud und seine Eltern. Sie nötigen den heutigen Leserinnen und Lesern Respekt ab, ungeachtet mancher nicht mehr zu klärender Widersprüche der Überlieferung.

Abschiedsbrief an die Eltern, 28.7.1944 (Ausschnitt)

Liebste Eltern!

Wie danke ich Euch heute, dass ihr mich christlich erzogen habt. War ich auch mein ganzes Leben kein frommer Christ, vielmehr ein großer Sünder und ließ mich von meinen Leidenschaften treiben, jetzt in der höchsten Not des Lebens beginnt der Same aufzugehen, den ihr für mich gesät habt. Und Gott ist gut. Er lässt mich keinen plötzlichen Tod sterben, so dass ich unvorbereitet vor seinen Richterstuhl treten muss, er führte mich in diese Lage, auf dass ich mich selbst besinne und zu ihm zurückkehre.

Es ist dies wohl der letzte Brief, den ich an Euch schreibe. Ich hatte heute Verhandlung, das Ergebnis entsprach meinen Erwartungen. In kurzer Zeit werde ich vor dem Richterstuhl des Ewigen stehen. Ich fürchte sein Gericht nicht mehr,

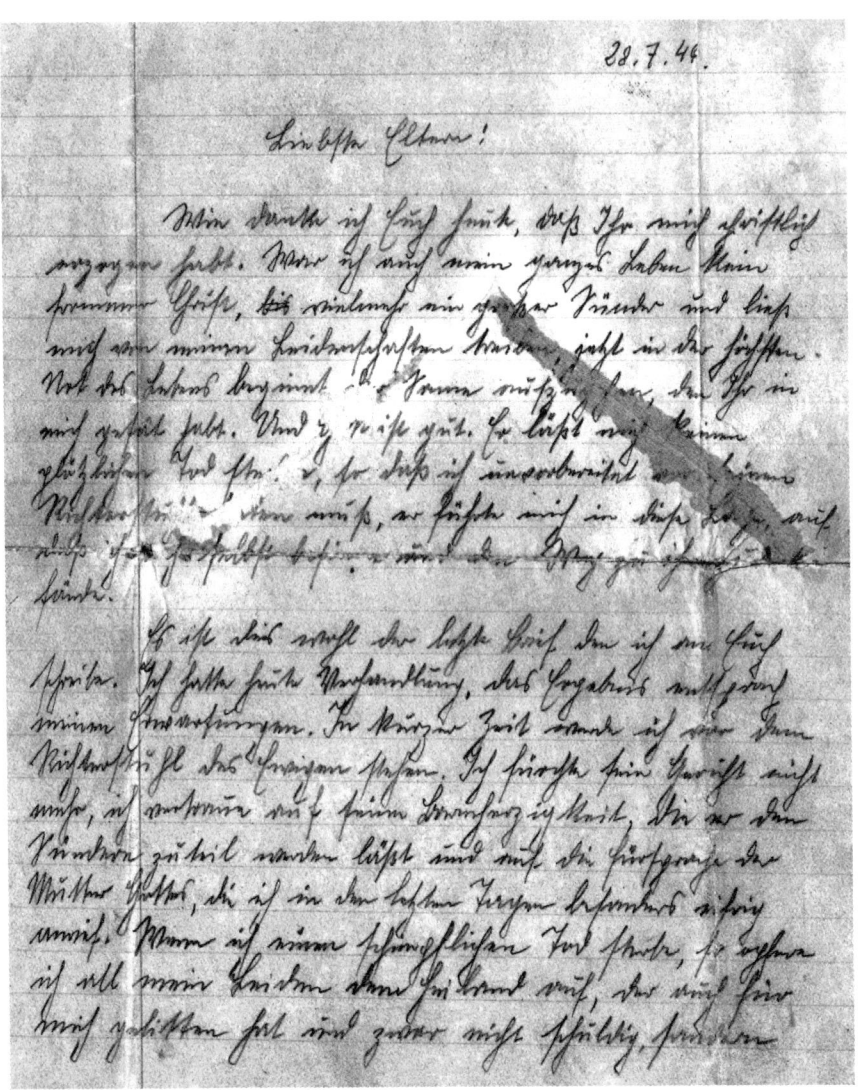

Abb. 13: Abschiedsbrief an die Eltern, 28.7.1944 (Ausschnitt)

ich vertraue auf seine Barmherzigkeit, die er den Sündern zuteil werden lässt, und auf die Fürsprache der Mutter Gottes, die ich in den letzten Tagen besonders eifrig anrief. Wenn ich einen schimpflichen Tod sterbe, so opfere ich all mein Leiden dem Heiland auf, der auch für mich gelitten hat und zwar nicht schuldig sondern (unschuldig).

Abb. 14: Grab von Walter Krajnc in Les Angles bei Avignon

Quellen und Literatur:

DÖW 3525, 8915, 14.924, 51.429, 51.498, 51.640.
Forschungsinstitut Brenner-Archiv Innsbruck, Nachlass Gertrud Theiner-Haffner.
Archiv des Franziskanergymnasiums Hall in Tirol.
Tiroler Tageszeitung, 28.7.1945, 1.

Fritz, Herbert/Krause, Peter (Hg.): Farben tragen, Farbe bekennen 1938–1945. Katholische Korporierte in Widerstand und Verfolgung, Wien ²2013, 384–385.
Mitzka, Franz/Akademische Verbindung Vindelicia: 45 Jahre Vindelicia (1901–1946), Innsbruck 1946.
Penz, Alfons: Haller Maturanten als Blutzeugen in der Zeit des Nationalsozialismus, in: Öffentliches Gymnasium der Franziskaner Hall in Tirol (Hg.): Festschrift anlässlich des Jubiläums 100 Jahre Kathreinstraße, Hall in Tirol 2000, 12.

Rudolf von Mayer

geboren 28.8.1905 in Waldenburg (Sachsen)
gestorben 19.8.1942 im KZ Auschwitz

An der Haltung der Nationalsozialisten zur „Homosexuellenfrage" bestand auch vor der Machtübernahme 1933 in Deutschland keinerlei Zweifel. Homosexuelle seien entsprechend den Bestimmungen des deutschen RStGB von 1871 über „widernatürliche Unzucht" mit aller Schärfe zu verfolgen. Der mit großem propagandistischem Aufwand betriebenen Kampagne nach dem so genannten „Röhm-Putsch" folgte 1935 die deutliche Verschärfung des Strafrechts durch die Neufassung und Ergänzung des § 175.[41] Die Richter waren außerdem dazu angehalten, dem „gesunden Volksempfinden" Rechnung zu tragen, sollte eine Straftat auch durch die neuen Regelungen nicht ausreichend geahndet werden. Am 10. Oktober 1936 verfügte ein Geheimerlass Heinrich Himmlers die Einrichtung einer „Reichszentrale zur Bekämpfung der Homosexualität und Abtreibung", die eng mit einem Sonderreferat im Geheimen Staatspolizeiamt zusammenarbeiten sollte. Die Bekämpfung der „Seuche", von der nach Himmlers Einschätzung bis zu zwei Millionen deutsche Männer erfasst waren, müsse mit allen erdenklichen Mitteln erfolgen: „Homosexuelle sind Staatsfeinde und als solche zu behandeln. Es geht um die Gesundung des deutschen Volkskörpers, um die Erhaltung und Stärkung der deutschen Volkskraft."[42] Die Verhängung der „Schutzhaft" war eine der zahlreichen möglichen polizeilichen Maßnahmen. Die Einweisung in Arbeits- oder Konzentrationslager sei auch deshalb anzuraten, weil „durch straffe Zucht und Ordnung und

Abb. 15: Rudolf von Mayer

geregelte Arbeitsweise ein großer Teil der bei den Behörden bereits in Erscheinung getretenen Homosexuellen zu nützlichen Gliedern der Volksgemeinschaft erzogen werden können."[43] Ein Erlass vom 14. Dezember 1934 regelte die „vorbeugende Verbrechensbekämpfung" durch die Polizei, von der nun jeder erfasst werden konnte, der durch sein „asoziales Verhalten die Allgemeinheit gefährdet." Der Denunziation und präventiven Inhaftierung von homosexueller Handlungen verdächtigten Männern waren damit keine Grenzen mehr gesetzt. Rudolf von Mayer war eines der Opfer dieser Bestimmungen.

Über seine Lebensumstände und sein Schicksal geben nur wenige gesicherte Daten Auskunft. Mayer begann 1924 das Studium der Rechtswissenschaften an der Universität Breslau und wurde Mitglied in der katholischen Studentenverbindung Winfridia. Vermutlich ab dem Wintersemester 1925/26 setzte Mayer seine Ausbildung in Innsbruck fort und schloss sich auch hier einer katholischen Studentenverbindung (K.Ö.H.V. Leopoldina) an.[44] Der Abschluss des Studiums mit dem ersten Staatsexamen erfolgte wiederum in Breslau. Am dortigen Gericht verbrachte er die Referendarszeit und legte drei Jahre später das zweite Staatsexamen mit Prädikat ab, was seine Aufnahme am Gericht Breslau als Gerichtsassessor ermöglichte.[45] Der Winfridia gehörte Mayer seit 1930 als Alter Herr an und die Winfridenblätter gratulierten zur erfolgreichen Prüfung.

Am 30. Mai 1941 wurde Mayer von Beamten der Kriminalpolizeistelle Breslau in Vorbeugehaft genommen und in das Konzentrationslager Auschwitz überstellt. Er wurde mit der Häftlingsnummer 16962 registriert und der NS-Häftlingskategorie § 175 zugeordnet. Woher die Gestapo Breslau die Information über Mayers angebliche Homosexualität erhalten hatte, ist ebenso unbekannt wie der weitere Haftverlauf. Häftlinge mit dem Rosa Winkel wurden von ihren Mithäftlingen isoliert und waren besonderen Schikanen und Demütigungen ausgesetzt. Sie wurden in der Regel Strafkompanien zugeteilt, in denen die Überlebenschancen deutlich geringer waren als in anderen Arbeitskommandos.[46] Mayer starb am 19. August 1942 um 16.10 Uhr an „Fleckfieber". Seine Leiche wurde im Krematorium des Lagers eingeäschert.[47]

Quellen und Literatur:

ITS Bad Arolsen, Dokumente Rudolf von Mayer.
Grau, Günter: Homosexualität in der NS-Zeit. Dokumente einer Diskriminierung und Verfolgung, Frankfurt am Mai 2004.

Dirks, Carsten: Winfriden als Opfer von Krieg und Gewalt. Nachtrag Stand 2015, Ergänzungen zu den Gedenkschriften von 1989 und 1992, Breslau 2015.
Zinn, Alexander: „Aus dem Volkskörper entfernt?" Homosexuelle Männer im Nationalsozialismus, Frankfurt – New York 2018.

Karl Pickert

geboren 19.4.1874 in Litoměřice/Leitmeritz
gestorben 9.12.1940 in Litoměřice/Leitmeritz

Die Eltern Karl Pickerts lebten seit 1873 im böhmischen Litoměřice/Leitmeritz, wo der Vater Karl Pickert, promovierter Historiker und Sprachwissenschaftler, eine Druckerei samt Verlag erworben hatte. Hier erschien die Leitmeritzer Zeitung, die sich unter seiner Leitung zum bedeutenden Sprachrohr der deutschen Minderheit im tschechischen Staat entwickelte, deren Interessen sich Pickert als Verleger und auch als Abgeordneter zum böhmischen Landtag und Reichsrat in Wien verpflichtet fühlte. Nach seinem frühen Tod im Oktober 1888 führte Ehefrau Marie, unterstützt von langjährigen Angestellten und Weggefährten ihres Mannes, die Verlagsgeschäfte erfolgreich fort. Ihr Sohn Karl hatte sich für eine andere berufliche Laufbahn entschieden und das Studium der Rechtswissenschaften aufgenommen, das er 1898 in Innsbruck abschloss. Mit Ehefrau Dolores und Sohn Harald ließ er sich 1903 in Tirol nieder. In der Studienzeit geknüpfte persönliche Beziehungen mögen die Entscheidung für Kufstein als neuem Wohnort der jungen Familie beeinflusst haben.[48] Pickert eröffnete eine Anwaltskanzlei, nahm Anteil am öffent-

Abb. 16: Karl Pickert
(als Mitglied der Schlaraffia Kufstein)

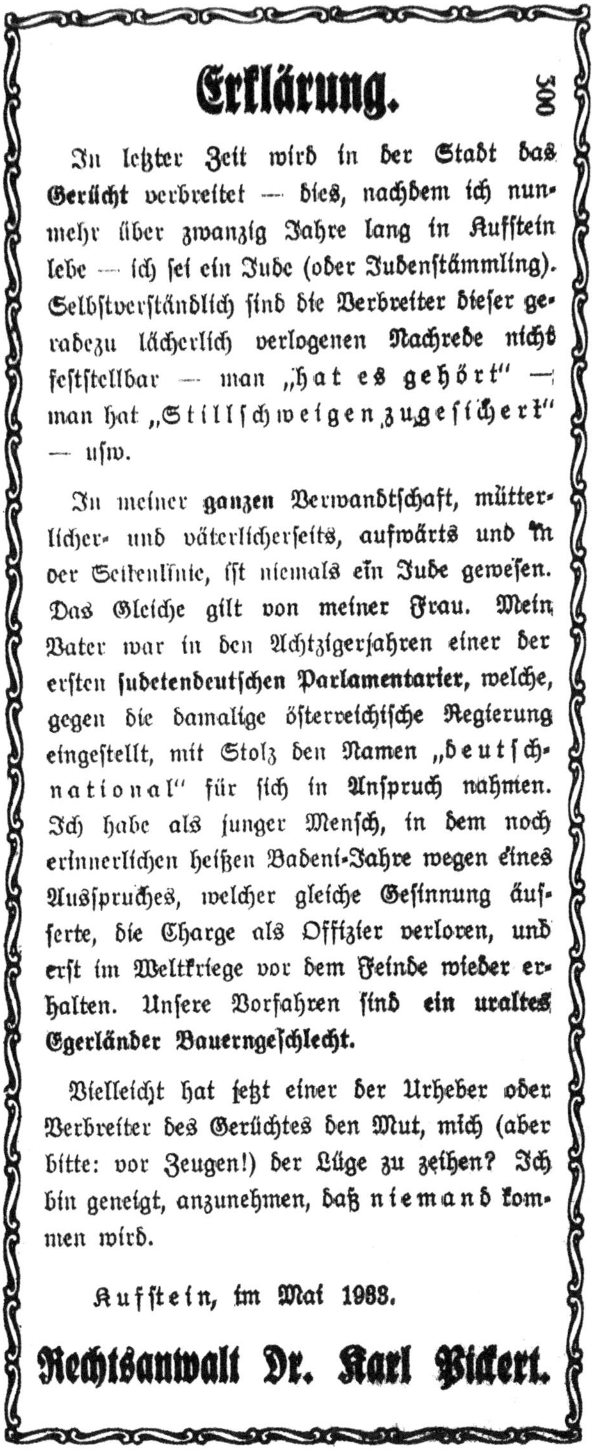

Erklärung.

In letzter Zeit wird in der Stadt das Gerücht verbreitet — dies, nachdem ich nunmehr über zwanzig Jahre lang in Kufstein lebe — ich sei ein Jude (oder Judenstämmling). Selbstverständlich sind die Verbreiter dieser geradezu lächerlich verlogenen Nachrede nicht feststellbar — man „**hat es gehört**" — man hat „**Stillschweigen zugesichert**" — usw.

In meiner **ganzen Verwandtschaft**, mütterlicher- und väterlicherseits, aufwärts und in der Seitenlinie, ist niemals ein Jude gewesen. Das Gleiche gilt von meiner Frau. Mein Vater war in den Achtzigerjahren einer der ersten **sudetendeutschen Parlamentarier**, welche, gegen die damalige österreichische Regierung eingestellt, mit Stolz den Namen „**deutschnational**" für sich in Anspruch nahmen. Ich habe als junger Mensch, in dem noch erinnerlichen heißen Badeni-Jahre wegen eines Ausspruches, welcher gleiche Gesinnung äußerte, die Charge als Offizier verloren, und erst im Weltkriege vor dem Feinde wieder erhalten. Unsere Vorfahren sind **ein uraltes Egerländer Bauerngeschlecht**.

Vielleicht hat jetzt einer der Urheber oder Verbreiter des Gerüchtes den Mut, mich (aber bitte: vor Zeugen!) der Lüge zu zeihen? Ich bin geneigt, anzunehmen, daß **niemand** kommen wird.

Kufstein, im Mai 1933.

Rechtsanwalt Dr. Karl Pickert.

Abb. 17:
Tiroler Sonntagsblatt
Unterland, 7.5.1933, 8

lichen Leben und engagierte sich in Vereinen, ohne Funktionen an führender Stelle zu übernehmen oder politische Ämter zu bekleiden.[49] Seine Ablehnung nationalsozialistischen Gedankenguts war in den 1930er Jahren in der Stadt nicht zuletzt durch Vorträge im Rahmen von Veranstaltungen der Vaterländischen Front bekannt und Pickert dürfte sich früh die Feindschaft der in Kufstein zahlreichen NSDAP-Anhänger zugezogen haben.[50] Aus der örtlichen Polizeichronik geht hervor, dass er als Mitglied der Heimatwehr im Jänner 1936 auf offener Straße von illegalen Nationalsozialisten beschimpft wurde, ein Vorfall, der für „beträchtliches Aufsehen" sorgte.[51] Unmittelbar nach dem „Anschluss" wurde Karl Pickert am 12. März 1938 verhaftet, für mehrere Wochen in den Arrestzellen des Bezirksgerichts Kufstein und im Landesgerichtlichen Gefangenenhaus Innsbruck festgehalten und schließlich am 23. Juni 1938 in das Konzentrationslager Dachau eingewiesen. Er blieb bis April 1939 inhaftiert.

Eine Rückkehr in die gesicherte Existenz der Zeit vor seiner Festnahme war nach der Entlassung nicht mehr möglich: Seit September 1938 regelte eine Verordnung die Bedingungen, unter denen „Mischlinge" und „Feinde der nationalsozialistischen Bewegung" den Anwaltsberuf ausüben durften. Die Löschung Pickerts aus der Liste der Tiroler Rechtsanwaltskammer am 5. Jänner 1939 wurde auf Grundlage von § 2 dieser neuen Bestimmungen vorgenommen.

> „Rechtsanwälte, die gegen die nationalsozialistische Bewegung und ihre Anhänger gehässig aufgetreten sind, die ihre Stellung oder ihren Einfluß dazu mißbraucht haben, um völkisch gesinnte Volksgenossen zu verfolgen, zurückzusetzen oder sonst zu schädigen, oder die in anderer Weise als Feinde der nationalsozialistischen Bewegung tätig geworden sind, können bis zum 31. Dezember 1938 in der Liste der Rechtsanwälte gelöscht werden."[52]

Sein schlechter Gesundheitszustand nach neun Monaten Lagerhaft hätte eine Fortsetzung der Anwaltstätigkeit auch ohne diese Maßnahme kaum zugelassen. Zudem stand die Wohnung in Kufstein nicht mehr zur Verfügung: Auf Anordnung von Bürgermeister Max Schierl wurde das Haus der Familie beschlagnahmt und Umsiedlern aus Südtirol übergeben. Karl und Dolores Pickert waren gezwungen, ihren gesamten Besitz zurückzulassen und übersiedelten zu ihrer Tochter nach St. Anton am Arlberg. In diesen Wochen traf die Nachricht von der Verhaftung Harald Pickerts am 31. Oktober 1939 ein.[53] Im Zuge seiner Einvernahmen durch die Gestapo in Reichenberg stellte sich heraus, dass er bereits seit längerer Zeit unter Beobachtung gestanden hatte. Ein umfangreicher Akt lag vor, in dem angebliche Beweise seiner „staatsfeindlichen Haltung" gesammelt waren. Diese habe sich nicht zuletzt in der Weigerung gezeigt, an Ausstellungen im Münchner „Haus der Kunst" teilzunehmen. Seine offene Kritik des NS-Regimes seit Kriegsbeginn untergrabe den „Siegeswillen des deutschen Volkes" und rechtfertige die Ausstellung eines Schutzhaftbefehls.[54]

Karl Pickert kehrte Anfang Dezember 1940, wohl in Sorge um den Familienbesitz, nach Leitmeritz zurück. Wenige Tage nach seiner Ankunft erreichte ihn eine Vorladung der Gestapo. Die Furcht vor einer erneuten Verhaftung reichte aus, um ihn in den Tod zu treiben: Nach einem missglückten Selbstmordversuch in seiner Wohnung stürzte sich Karl Pickert aus einem Fenster im 2. Stock des örtlichen Krankenhauses und erlag wenig später seinen schweren Verletzungen.[55]

Quellen und Literatur:

TLA, Opferfürsorgeakte Harald und Dolores Pickert.
Gebietsarchiv Leitmeritz, Stadtchronik.
Archiv KZ-Gedenkstätte Dachau.

Hormayr, Gisela: Zwischen Böhmen und Tirol: Zur Geschichte der Familie Pickert aus Leitmeritz, in: Sudetendeutsche Familienforschung, Bd. XIV/5, Juni 2017, 186–191.
Hormayr, Gisela: „Wie aus dem Inferno sind wir entstiegen ..." Harald Pickert (1901–1983) – Maler, Grafiker und Chronist des Grauens nationalsozialistischer Konzentrationslager, in: Meighörner, Wolfgang (Hg.): Zwischen Ideologie, Anpassung und Verfolgung. Kunst und Nationalsozialismus in Tirol, Innsbruck 2018, 320–325.

Hermann Sinz

geboren 4.5.1912 in Bregenz
gestorben 15.3.1944 in Borissow (Weißrussland)

Im Wintersemester 1931/32 nahm Hermann Sinz in Innsbruck das Studium der Rechtswissenschaften auf. Während seiner Schulzeit im Gymnasium Bregenz war er Mitglied der katholischen Mittelschülerverbindung Kustersberg, als Student 1931 Mitglied der AV Austria. Nach seiner Promotion am 9. Mai 1936 führte ihn die weitere Ausbildung an das Oberlandesgericht Wien und an verschiedene Gerichte in Vorarlberg. Eine Einberufung zur Wehrmacht 1939 erreichte ihn, als er die Prüfung zum Gerichtsassessor gerade abgelegt hatte. In Berlin, seinem ersten Einsatzort, lernte er seine spätere Frau Hilde kennen, 1943 wurde Tochter Isabella geboren.

Abb. 18:
Hermann Sinz

Sinz war in diesem Jahr mit seiner Einheit an der Ostfront im Einsatz und wurde im Jänner und Februar 1943 ausgezeichnet. Ein halbes Jahr später konfrontierten seine Vorgesetzten Sinz mit schweren Vorwürfen: Er habe die Moral seiner Truppe untergraben, indem er mit Soldaten über die Aussichtslosigkeit des Krieges und den notwendig bevorstehenden Untergang des Dritten Reiches gesprochen habe. Nur das Ende der NS-Herrschaft könne Österreich retten. Am 10. Dezember 1943 gelang es ihm, unter Umgehung der Zensur seiner Frau die Vorgänge zu schildern:

> „Als ich im Oktober 43 auf Dienstreise in Warschau war, wurde in meiner Abwesenheit eine Anzeige zusammengestellt, die einfach furchtbar war; die unmöglichsten Äußerungen, an die ich mich selbst nicht mehr erinnern konnte u. die bei unbedeutenden Gelegenheiten gefallen sind, wurden herangezogen und gegen mich ausgewertet. Du kannst Dir vorstellen, wie sprachlos ich bei meiner Verhaftung war. Wenn man die Anzeige las, musste man glauben, ich sei der größte Staatsfeind."[56]

Im Verhör und während der nachfolgender Verhandlung in Witebsk versuchte Sinz vergeblich, diese Vorwürfe zu entkräften.[57] Seine grundsätzliche Einstellung zum Staat und zur Kriegsführung sei positiv, verbunden eben nur mit

„gefühlsbedingter Erinnerung an das frühere Österreich." Das Urteil am Ende der Verhandlung am 24. November 1943 kam unerwartet:

> „Wenn ich auch wußte, daß das Gesetz die Todesstrafe vorsah, so habe ich dieselbe doch nicht im Ernst erwartet, denn ich hatte nicht das Gefühl der unbedingten Schuld. Meine Bestürzung bei der Urteilsverkündung kannst du dir daher vorstellen. [...] Das Urteil eines Offiziers muß vom Führer bestätigt werden, bevor es vollstreckt wird, es sei denn, man wird vom Führer begnadigt. Dieses Verfahren dauert mehrere Wochen. In dieser Zeit des Wartens, ob Leben oder Tod, befinde ich mich jetzt."[58]

In diesen Wochen des Wartens war Sinz in Borissow inhaftiert, wo sich das Hauptquartier der Heeresgruppe Mitte befand und wo am 15. März 1944 das Urteil vollstreckt wurde. Alle Gnadengesuche der Familie waren am 24. Februar 1944 endgültig abgewiesen worden.[59] Der stellvertretende Gauleiter Herbert Parson bedauerte dies in einem Schreiben an die Mutter von Sinz, sah aber keinen Grund, die Richtigkeit des Urteils anzuzweifeln:

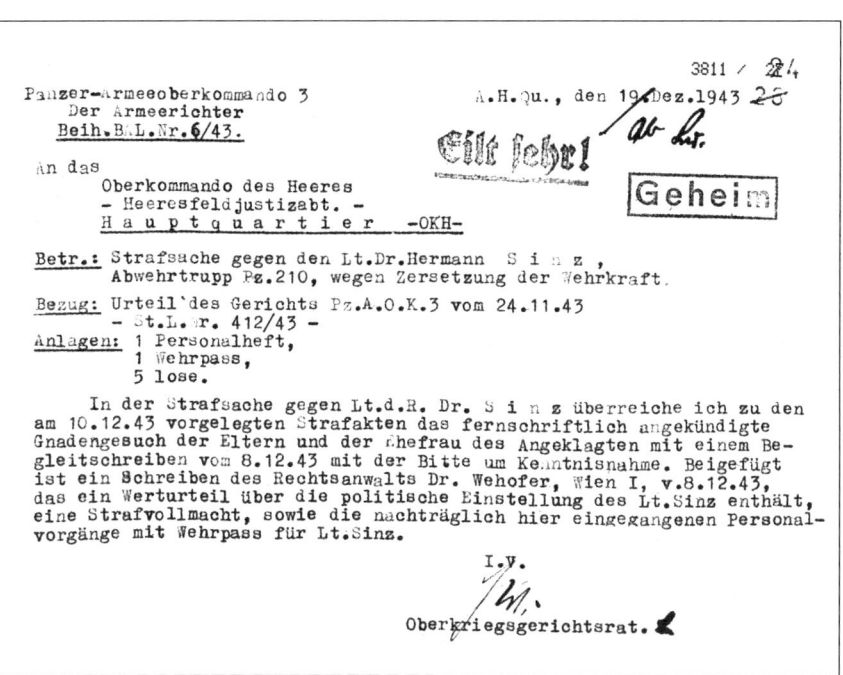

Abb. 19: Nach dem Todesurteil: Gnadengesuche der Angehörigen

„Durch Einblicknahme in das Feldurteil mußte ich mich persönlich davon überzeugen, daß bei aller Anerkennung der durch Ihren Sohn seinerzeit bewiesenen Tapferkeit seine spätere Haltung nicht nur eindeutig zersetzend sondern geradezu hochverräterisch war. Seine zahlreichen schweren und schwersten Vergehen konnten tatsächlich nur durch die Todesstrafe geahndet werden."[60]

Eine Todesanzeige oder ein Nachruf in Zeitungen wurde, wie in derartigen Fällen üblich, den Hinterbliebenen verboten.

Quellen und Literatur:

Bundesarchiv Berlin/Militärarchiv, RW 60/3811.
Stadtarchiv Bregenz.
Eder, Andreas: Bregenzer im Widerstand gegen die Wehrmacht, Bregenz – Feldkirch 2014, 8–13.
Tizian; Karl: Hermann Sinz. Gedenkrede, in: Austrier-Blätter Nr. 15, 1946, 80–82.

Richard Steidle

geboren 20.9.1881 in Untermais (Südtirol)
gestorben 30.8.1940 im KZ Buchenwald

Eine umfassende Biografie des christlichsozialen Politikers Richard Steidle liegt bis heute nicht vor. Seine Gegnerschaft zum Nationalsozialismus ist unbestritten, ebenso jedoch sein offener Antisemitismus und seine im so genannten Korneuburger Eid vom 18. Mai 1930 deutlich formulierte Ablehnung der parlamentarischen Demokratie. Steidle wuchs in Untermais in der Nähe von Meran auf und besuchte das Gymnasium in Feldkirch und Innsbruck. Im Herbst 1900 wurde er Mitglied in der AV Austria und inskribierte an der Juridischen Fakultät der hiesigen Universität. Nach seiner Promotion am 1. Februar 1908 kehrte er zunächst als Rechtsanwaltsanwärter nach Südtirol zurück. Ab 1913 lebte Steidle als selbständiger Rechtsanwalt wieder in Innsbruck[61], in den Jahren des Ersten Weltkriegs dienstverpflichtet zum Militärgericht. Bei Kriegsende war Steidle Mitglied der ersten Tiroler Landesregierung und ab 1919 Abgeordneter zum Tiroler Landtag. Bis 1931 war er zudem mit Unterbrechungen Mitglied im Bundesrat, dessen Vorsitz er zweimal übernahm. Im November 1919 zählte Steidle zu den Gründungsmitgliedern des Tiroler Anti-

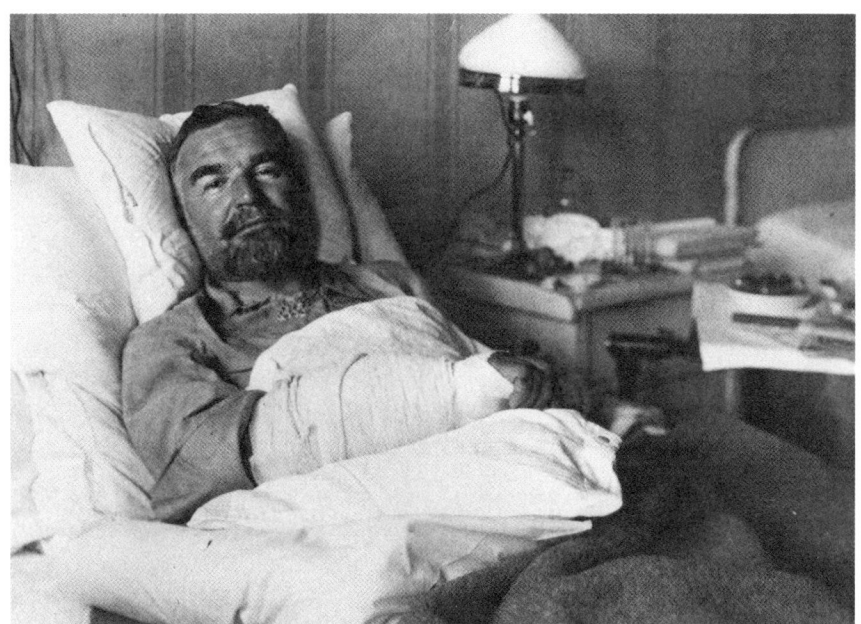

Abb. 20: Nach dem Attentat (11.6.1933): Richard Steidle im Krankenhaus Innsbruck

semitenbundes. Bereits 1918 hatte er öffentlich in einem emotionalen Appell vor der „gelben Gefahr", der „jüdischen Vorherrschaft auf allen Gebieten des Wirtschafts- und des Geisteslebens" gewarnt.[62] Unter seiner Führung entwickelte sich die 1920 gegründete Tiroler Heimatwehr zum Machtfaktor in der Landespolitik, die sie im Kampf gegen Sozialdemokratie und Gewerkschaften stützte. Das in Korneuburg formulierte Bekenntnis zu einem autoritären Ständestaat und die Annäherung an das faschistische Italien stießen allerdings auch in den eigenen Reihen auf wachsendes Unbehagen. Ernst von Starhemberg löste ihn 1930 als Bundesführer der österreichischen Heimwehren ab und im gleichen Jahr erfolgte sein Ausschluss aus der Bundesratsfraktion der Christlichsozialen Partei. Sein Einfluss auf die Tiroler Landespolitik blieb davon unberührt, zumal der 1933 einsetzende Terror der NSDAP scheinbar nur mit Hilfe der Heimatwehr bekämpft werden konnte. Am 11. Juni 1933 verübten Nationalsozialisten ein Attentat auf Steidle, das dieser schwer verletzt überlebte.[63] Im Herbst desselben Jahres wurde er zum Bundeskommissär für Propaganda und in Tirol zum Sicherheitsdirektor ernannt.[64] Sein Nachfolger Anton Mörl konnte im Jänner und Februar 1934 verhindern, dass die Heimatwehr unter Steidle ihre Forderungen an Landeshauptmann Franz Stumpf nach weitgehender Beteiligung an einer autoritär umgestalteten Regierung des

Landes durchsetzte.⁶⁵ Die Ereignisse dieser Wochen bedeuteten das Ende von Steidles Einfluss und hatten seine Versetzung als Generalkonsul nach Triest zur Folge. Nach dem „Anschluss" wurde er nach Wien zitiert, am 23. März 1938 verhaftet und im September 1938 in das Konzentrationslager Buchenwald eingewiesen. Seine Ermordung am 30. August 1940 war nach 1945 Teil der Ermittlungen der Innsbrucker Staatsanwaltschaft gegen Gauleiter Franz Hofer. Hofer habe der Witwe Steidles die Beisetzung der Urne in Innsbruck verweigert und es entgegen den Zusagen der Gestapo abgelehnt, Steidles Sohn Othmar aus dem KZ Dachau zu entlassen.⁶⁶

Quellen und Literatur:

TLA, Opferfürsorgeakte Hermine Steidle und Othmar Steidle.
TLA, 10 Vr 4944/47.
15 Jahre Tiroler Heimatwehr. Festschrift gewidmet den Kameraden der Tiroler Heimatwehr, 18. Mai 1935, Wien 1935.
Lösch, Verena: Die Geschichte der Tiroler Heimatwehr von ihren Anfängen bis zum Korneuburger Eid (1920–1930), Diss. Universität Innsbruck 1986.
Rebitsch, Wolfgang: Tirol – Land in Waffen. Soldaten und bewaffnete Verbände 1918 bis 1938, Innsbruck 2009, 117–133.
Schober, Richard: Tirol zwischen den Weltkriegen. Teil 2: Politik, Parteien, und Gesellschaft, Innsbruck 2009, 217–237 und 331–362.

Anmerkungen

1. Mitteilung Archiv der Gedenkstätte Sachsenhausen, 27.8.2018.
2. Vgl. die Biografie von Rudolf von Mayer in diesem Band, 50–51.
3. ITS Bad Arolsen, 1.1.38.1/4116684 (Eintragung vom 25.11.1940).
4. Bericht des Chefs der Sicherheitspolizei und des SD an Reichsleiter Bormann, 24.8.1944, zit. nach Jacobsen, Hans-Adolf (Hg.): „Spiegelbild einer Verschwörung". Die Opposition gegen Hitler und der Staatsstreich vom 20. Juli 1944 in der SD-Berichterstattung. Geheime Dokumente aus dem ehemaligen Reichssicherheitshauptamt, Stuttgart 1984, 296. Verhörprotokolle, Anklage und Urteil gegen Max Ulrich Graf von Drechsel sind nicht erhalten.
5. Ebd., 298.
6. Michael Gehler: Die Studenten der Universität Innsbruck und die Anschlußbewegung 1918–1938, in: Thomas Albrich/Klaus Eisterer/Rolf Steininger: Tirol und der Anschluß. Voraussetzungen, Entwicklungen, Rahmenbedingungen 1918–1938, 75–112, hier 90–91. Die Studienkosten in Innsbruck waren deutlich niedriger als an deutschen Universitäten. Vgl. auch Carl-August von Drechsel: In Memoriam Max Ulrich, 1911–1944, Köln 1991, 46. Carl-August Drechsel schrieb die Erinnerungen an seinen Sohn im Juni 1945 nieder. Alle Zitate sind der Neuauflage durch die Familie 1991 entnommen.
7. Drechsel: In Memoriam, 46. Drechsel betont auch an anderer Stelle die Zurückhaltung des Sohnes in politischen Fragen. Ebd., 51.
8. Ebd., 66 und 73.
9. Ebd., 82.
10. Ebd., 112.
11. Alfred Friedrich Delp SJ (1907–1945) wurde am 2.2.1945 hingerichtet. Wehrle, verhaftet am 18.8.1944, war ebenso wie Drechsel angeklagt, keine Anzeige gegen die Verschwörer erstattet zu haben. Drechsel wohnte in dieser Zeit am Maximiliansplatz, in geringer Entfernung von der Pfarre Heilig Blut. VGH 1L 321/44 (Urteil gegen Hermann Wehrle u. a.).
12. Drechsel: In Memoriam, 121. Bri H. war eine Kusine Max Ulrichs.
13. VGH 1L 229/44, 14 (Urteil gegen Ludwig Leonrod u. a.). Tatsächlich wurden in über 50 Prozessen im Zusammenhang mit dem Attentat über 100 Todesurteile gefällt. Die Hinrichtungen durch den Strang fanden in der Mehrheit der Fälle in Berlin-Plötzensee statt. Der Anstaltsgeistliche war wohl Harald Poelchau (1903–1972), selbst Mitglied im Kreisauer Kreis und zuständig für die Haftanstalten Tegel, Plötzensee und Brandenburg.
14. VGH 1L 229/44, 14 (Urteil gegen Ludwig Leonrod u. a.).
15. Brief an die Eltern vom 3.9.1944, zit. nach Drechsel, In Memoriam, 129. Es handelte sich um einen längeren Brief und zwei offizielle und kurze Abschiedsbriefe vom 4.9. an Eltern und Geschwister, möglicherweise, wie in vielen anderen Fällen, von einem der beiden Anstaltsgeistlichen aus der Zelle befördert und weitergeleitet. Vgl. Gisela Hormayr: „Wenn ich wenigstens von euch Abschied nehmen könnte." Letzte Briefe und Aufzeichnungen von Tiroler NS-Opfern aus der Haft, Innsbruck 2017, 33–34.
16. Brief an die Eltern vom 4.9.1944, zit. nach Drechsel: In Memoriam, 133.
17. Paul Torggler: Alois Flatscher. Opfer der nationalsozialistischen Gewaltherrschaft, in: *Unsere Sternkorona* 100, Nr. 2/3, April 1988, S. 106. Die Biografie Flatschers weist mehrere nicht dokumentierte Lücken auf, auf die hier nicht näher eingegangen wird.
18. Für die Jahre 1915 bis 1919 (Studienbeginn) liegen keine Informationen über Flatscher vor.

19 Beamte aus den westlichen Bundesländern wurden für die neu einzurichtende Landesverwaltung im Burgenland dringend gesucht. Sie wurden in der Regel in Wiener Neustadt untergebracht, weil Wohnraum in Eisenstadt zunächst nicht verfügbar war. Auskunft Burgenländische Landesbibliothek, Oktober 2013.
20 Personalakt Alois Flatscher, Burgenländische Landesbibliothek.
21 Alois Flatscher: Internes Dokument zur Aufgabe des B.O.-Referenten, in: Robert Kriechbaumer: Österreich! und Front Heil! Aus den Akten des Generalsekretariats der Vaterländischen Front; Innenansichten eines Regimes, Wien 2005, 207–209.
22 Wojciech Lenarcyk: Lublin-Lipowastraße, in: Wolfgang Benz (Hg.): Der Ort des Terrors, Bd. 7, München 2008, 92–96, hier 94 und Liste des Arbeitskommandos Lindenstraße, Archiv KZ Gedenkstätte Majdanek.
23 TLA, OF Marianne Flatscher, Todeserklärung durch das Landesgericht Innsbruck, 31.10.1950. Der Sohn Flatschers wurde bei Kriegsende als vermisst gemeldet.
24 Austrier-Blätter Nr. 15 (1946), 54.
25 Johann Holzner/Anton Pinsker/Johann Reiter/Helmut Tschol: Zeugen des Widerstandes. Eine Dokumentation über die Opfer des Nationalsozialismus in Nord-, Ost- und Südtirol, Innsbruck 1977, 42–43. Hörhager übernahm u. a. in der Zeit der Wirtschaftskrise die Leitung der Zillertalbahn und war an der Gründung verschiedener Genossenschaften im Zillertal beteiligt.
26 Der überwiegende Teil der politischen Häftlinge dieses Transports wurde 1938 und 1939 entlassen. Nicht alle überlebten: Richard Glier (1879–1939), Leiter des Gefangenenhauses Innsbruck, und Polizeirevierinspektor Alois Lechner (1893–1940) starben wie Hörhager im KZ Mauthausen.
27 Austrier-Blätter Nr. 15 (1946), 62–63. Der Bericht stammt von Karl Maria Stepan (1894–1972), von 1934 bis 1938 Landeshauptmann der Steiermark, wie Hörhager Rechtsanwalt und Funktionär der Vaterländischen Front.
28 Vgl. die Biografie von Rechtsanwalt Karl Pickert in diesem Band, 52–55.
29 DÖW (Hg.): WiVerf Tirol, Bd. 2, 400.
30 Holzner u. a., Zeugen des Widerstandes, 43.
31 Theodor Hörhager flüchtete nach der Verhaftung seines Vaters und überlebte die NS-Zeit in England. Ob er vor 1938 politisch tätig war, konnte nicht festgestellt werden.
32 DÖW 51640 (Niederschrift der Aussage von Hans Spurk).
33 DÖW 8915 (Sammlung von Kopien mit Berichten in französischen Zeitungen vom November 1980: Ehrung von Krajnc und Kranzniederlegung an seinem Grab in Les Angles bei Avignon).
34 Walter Krajnc: „Letzte Aufzeichnungen für meine Mutter, Maria Berger, Hall in Tirol, Stadtgraben", 20.7.1944, 8–9. Brenner-Archiv Innsbruck, Nachlass Theiner-Haffner, Signatur 125-6-18 (Abschrift). In dem 16-seitigen Bericht erinnert sich Krajnc auch dankbar an viele glückliche Episoden seiner Kindheit und die liebevolle Aufnahme durch den Stiefvater. Den Bericht schickte Krajnc zusammen mit einigen persönlichen Gegenständen vor seiner Hinrichtung an die Eltern.
35 DÖW 51.429 (Bericht Albrecht Englert, Juli 2005).
36 Krajnc erwähnt in dem Bericht an seine Mutter Verhörprotokolle. Weder diese Protokolle noch Anklage und Feldurteil sind erhalten.
37 Zeitzeuge Albrecht Englert, Morsefunker in der Einheit von Krajnc, bestritt in seinen Erinnerungen vehement, dass irgendein Mitglied dieser Einheit je den Befehl zu Geiselerschießungen erhalten hätte (DÖW 51.429). Auch der umfangreiche Bericht an die Mutter enthält keine diesbezüglichen Hinweise. Vgl. David H. Kitterman: Those Who said ‚No!': Germans Who Refused To Execute Civilians during World War II, in:

German Studies Review 11, No. 2, May 1988, 241–253 und Wolfram Wette: „Wo man es am wenigsten erwartet hätte …" Handlungsspielräume im Vernichtungskrieg der Wehrmacht. Vortrag bei der 3. Internationalen Konferenz zur Holocaustforschung: Helfer, Retter und Netzwerker des Widerstandes, Berlin 27./28.1.2011. Online https://dieschwelle.de/fileadmin/user_upload/Dokumente/PDFs_UEber_uns/Wette_-_Handlungsraeume_fuer_Retter_im_Vernichtungskrieg_der_Wehrmacht.pdf (aufgerufen am 1.3.2019). Geiselerschießungen werden auch in den Berichten von Mitgliedern der Résistance über Krajnc nicht erwähnt (DÖW 51.498).

38 Krajnc, Bericht, 2.
39 Ebd., 8–9.
40 Ebd., 9.
41 Wortlaut der Neufassung von § 175 und ergänztem § 175a bei Günter Grau: Homosexualität in der NS-Zeit. Dokumente einer Diskriminierung und Verfolgung, Frankfurt am Mai 2004, 95–96.
42 Richtlinien zur Bekämpfung der Homosexualität und der Abtreibung, 11.5.1937, zit. nach Grau, Homosexualität, 130.
43 Vortrag von Josef Meisinger (1889–1947), SS-Standartenführer, Kriminaldirektor und bis 1940 berüchtigter Leiter der Reichszentrale zur Bekämpfung der Homosexualität und Abtreibung, anlässlich einer Dienstversammlung am 5./6.4.1937, zit. nach Grau, Homosexualität, 147–153, hier 153.
44 Die genaue Studienzeit Mayers in Innsbruck konnte nicht eruiert werden.
45 Als „Prädikatsexamen" gilt an deutschen Universitäten eine Prüfung mit überdurchschnittlicher Punktezahl. Sie ist Bedingung für die Aufnahme als Gerichtsassessor („Proberichter"), der in der Regel nach drei bis fünf Jahren die Ernennung zum Richter auf Lebenszeit folgt.
46 Vgl. die Biografie von Franz Finke in diesem Band, 115–118.
47 ITS Bad Arolsen, Zugangsliste Auschwitz vom 30.5.1941 (1.1.2.1/494102 ITS Digital Archive), Sterbezweitbuch des Standesamts Auschwitz (1.1.2.1/601363 ITS Digital Archive), Krematoriumsverzeichnis Auschwitz, 236 (1.1.2.1/516402 Digital Archive).
48 Kufstein galt in den Jahren vor Beginn des Ersten Weltkriegs als liberale und deutschfreiheitliche Stadt, in der sich viele Familien niederließen, die, wie Karl und Dolores Pickert, der evangelischen Kirche angehörten. Zwischen 1906 und 1911 lebte die Familie erneut in Leitmeritz. Der Grund für diese vorübergehende Rückkehr ist nicht bekannt.
49 Ab Ende der 1920er Jahre vertrat Sohn Harald, früh anerkannt als Maler und Graphiker, den Vater in der Leitung des Familienunternehmens in Leitmeritz.
50 Bereits 1933 setzte sich Pickert öffentlich gegen Gerüchte, die Familie sei jüdischer Abstammung, zur Wehr (Tiroler Sonntagsblatt „Unterland", 7.5.1933, 8). Ob es sich dabei um den Versuch einer gezielten Diffamierung durch einheimische Nationalsozialisten handelte, muss offenbleiben. Dolores Pickert, geborene Blumentritt und aus alter Leitmeritzer Familie, führte nach 1945 die Entstehung des Gerüchts auf ihren in Kufstein „fremd" klingenden Mädchennamen zurück. Es erwies sich als hartnäckig: Auch in einer aktuellen Publikation wird Harald Pickert fälschlich als ein aus rassischen Gründen verfolgter Künstler erwähnt (Carl Kraus: Expression, Sachlichkeit und der Angriff der Diktaturen – Zur Kunst in Tirol 1918–1945, in: Wolfgang Meighörner (Hg.): Studiohefte 34. Tiroler Moderne? Tiroler Kunst 1900 bis 1960, Innsbruck 2018, 69–75, hier 74.
51 Heimatmuseum Kufstein, Fritz Kirchmair: Chronik des Bezirks Kufstein 1933–1945, Bd. II, S. 81.
52 „Dritte Verordnung über Angelegenheiten der Rechtsanwälte, Rechtsanwaltsanwärter und Verteidiger in Strafsachen in Österreich", 27. September 1938, zit. nach Barbara

Sauer/Ilse Reiter-Zatloukal: Advokaten 1938: das Schicksal der in den Jahren 1938 bis 1945 verfolgten österreichischen Rechtsanwältinnen und Rechtsanwälte, Wien 2010, 49.
53   TLA, Opferfürsorgeakt Dolores Pickert.
54   TLA, Opferfürsorgeakt Harald Pickert. Pickert überlebte seine Internierung in den KZs von Mauthausen und Dachau und kehrte im Juni 1945 nach Kufstein zurück.
55   Gebietsarchiv Litoměřice/Leitmeritz, Chronik, Eintragung 10. Dezember 1940.
56   Kopie des Originals: Privatarchiv Werner Bundschuh, Dornbirn.
57   Witebsk liegt im Norden Weißrusslands. Verhörprotokolle und Urteil sind nicht erhalten. Auskunft Bundesarchiv Berlin/Militärarchiv 26.1.2018.
58   Brief vom 10.12.1943. Privatarchiv Werner Bundschuh, Dornbirn.
59   BA Berlin/Militärarchiv, RW 60/3811.
60   Herbert Parson an Hilde Sinz, 3.4.1944. Kopie im Stadtarchiv Bregenz.
61   Austrier-Blätter Nr. 15 (1946), 65. In seinem Lebenslauf auf der Homepage des Parlaments wird als Jahr der Eröffnung einer eigenen Anwaltspraxis 1918 genannt: https://www.parlament.gv.at/WWER/PAD_01879/index.shtml.
62   Allgemeiner Tiroler Anzeiger, 21.11.1918, 1.
63   Richard Schober: „Ein politisch verführter junger Mann?" Werner von Alvensleben und das Attentat auf Richard Steidle (11. Juni 1933), in: Tiroler Heimat 76 (2012), 398–414.
64   Wiener Zeitung, 2.1.1934, 4.
65   Richard Schober: Tirol zwischen den Weltkriegen. Teil 2: Politik, Parteien, und Gesellschaft, Innsbruck 2009, 360.
66   DÖW 9333 (Schreiben Bundespolizeidirektion Innsbruck an die Staatsanwaltschaft Innsbruck, 13.12.1947, 6). Othmar (auch: Ottmar) Steidle war am 30. Mai 1938 in das KZ Dachau und weiter nach Buchenwald überstellt worden. Ende August 1940, also unmittelbar vor oder nach dem Tod des Vaters, erfolgte die Rücküberstellung nach Dachau. Othmar Steidle wurde entgegen den Wünschen Gauleiter Hofers schließlich im März 1943 entlassen und zur Wehrmacht eingezogen.

Medizinische Fakultät

Melanie Karoline Adler

geboren 12.1.1888 in Prag
gestorben 26.5.1942 in Maly Trostinec

Am 5. August 1938 emigrierte der Wiener Arzt Dr. Hubert J. Adler gemeinsam mit Ehefrau Marianne und den beiden Kindern Evelyn und Thomas in die Vereinigten Staaten. Einflussreiche Freunde des Vaters Guido Adler, des bedeutendsten österreichischen Musikwissenschaftlers seiner Zeit,[1] hatten nicht nur für ihn, sondern auch für den Vater und die Schwester Melanie Karoline Bürgschaftserklärungen besorgt. Beide blieben zurück und ließen die rettenden Einreisegenehmigungen verfallen. Für die Gründe dieser Entscheidung gibt es Vermutungen, die auf überlieferte Äußerungen Guido Adlers zurückgehen. Er habe sich für einen Neubeginn zu alt gefühlt und schon vor dem „Anschluss" einem Besucher gegenüber erklärt: „The old Adler (i. e. eagle) has grown tired of flying."[2] Den Aufzeichnungen Hubert Adlers zufolge habe der Vater die Bürgschaftserklärungen in einer Schreibtischschublade vor seiner Tochter versteckt und der Ernst der Lage sei ihm nicht wirklich bewusst gewesen.[3] Sein Enkel Tom, der sich Jahre später mit der Familiengeschichte auseinandersetzte,

Abb. 21:
Melanie Adler

vermutete, dass Melanie und Guido Adler an ein baldiges Ende der NS-Herrschaft geglaubt hatten.[4]

Melanie Adler war 1938 aus München in das Haus der Familie in der Lannerstraße 9 im 19. Wiener Gemeindebezirk zurückgekehrt, um ihren Vater zu unterstützen.

Ihre Lebensgeschichte ist nur in Bruchstücken zu rekonstruieren. Mit 21 Jahren begann sie ein Medizinstudium an der Universität München, das sie im Sommersemester 1927 in Wien unter unrichtiger Angabe ihrer tatsächlichen Studiendauer fortsetzte.[5] Im Wintersemester 1927/28 wechselte sie erneut den Studienort und inskribierte an der Medizinischen Fakultät der Universität Innsbruck, angeblich im 5. Semester.[6] Ab dem Wintersemester 1930/31 bis zum Sommersemester 1933 studierte sie in Graz, der Studienabschluss erfolgte schließlich 1936 in Wien. Tom Adler zufolge übte sie ihren Beruf nie aus, war ständig auf Reisen und erschien der Familie als „strange bird".[7] Neuere Forschungen korrigieren dieses Bild einer verschrobenen Einzelgängerin in vielfacher Hinsicht. Melanie Adler arbeitete nach ihrer Promotion als ausgebildete Homöopathin für verschiedene Ärzte in München und blieb, wie es scheint, von den Nationalsozialisten unbehelligt, weil ihr Onkel, der Kunstmaler Ernst Berger, 1919 von Rotgardisten ermordet worden war und der Partei als „Blutzeuge der Bewegung" galt.[8] Kontakte nach München bestanden auch über einen Schüler Guido Adlers und engen Vertrauten Melanies, den Musikhistoriker Rudolf von Ficker.[9]

Nach dem „Anschluss" geriet Guido Adler durch die Forderungen im Zusammenhang mit der Judenvermögensabgabe rasch in eine prekäre finanzielle Lage. Seine Ansuchen an das zuständige Finanzamt in Wien-Döbling um Stundung der in Raten zu begleichenden Summe wurden abgelehnt und Anwaltskosten konnten nicht mehr beglichen werden.[10] Noch bewohnten Melanie und Guido Adler die Villa in der Lannerstraße, hatten jedoch bereits den größeren Teil des Wohnraums an die Witwe eines Kreisleiters und an ein NSDAP-Parteimitglied abgeben müssen. Als im Jänner 1941 die endgültige Delogierung drohte, konnten Freunde und ehemalige Schüler dies durch ihre Intervention verhindern. Am 15. Februar 1941 starb Guido Adler. Es war der Tag, an dem der erste Transport von Wiener Jüdinnen und Juden nach Polen den Bahnhof Wien-Aspang verließ. In den folgenden Monaten bemühte sich Melanie Adler um den Verkauf der umfangreichen und wertvollen Bibliothek des Vaters. Rudolf v. Ficker vermittelte in Verhandlungen mit der Stadtbibliothek München, während in Wien von mehreren Seiten Druck ausgeübt und NS-Parteistellen eingeschaltet wurden, um den Nachlass Adlers zu beschlagnahmen.[11] Die Briefe Melanie Adlers an den Freund in München lassen die

Bedrängnis erahnen, in denen sie sich befand, umso mehr, als sich auch die Hoffnung auf eine Ausreise zu Verwandten in Florenz zerschlagen hatte:

> „Die Besichtigung am Dienstag wurde mir durch den Anwalt aufgedrungen, der sich in meiner Abwesenheit des Schlüssels der Bibliothek bemächtigt hatte. Er droht mit der Gestapo, um mich einzuschüchtern und die Sache den anderen in die Hände zu spielen.
> Ich habe seit Wochen keine ruhige Stunde mehr und kann nicht mehr weiter. Es wäre höchste Zeit, dass von Frau W(agner) etwas geschieht, dass ich Ruhe bekomme.[12] In den letzten Tagen war ich 3 mal bei der Gestapo vorgeladen, heute wurde ich nach zweistündigem Verhör und Protokoll von 3 Beamten wüst beschimpft, weil ich das Protokoll nicht unterschreiben wollte, was zu tun ich von meinem Anwalt verboten bekommen hatte. Ich bin aber umgefallen, weil es mir zu viel war, und habe es doch getan. (…) Ich bin vollkommen fertig und weiss nicht, ob ich Ihnen aus dem Wirrwarr, das mich umgibt, ein so klares Bild machen kann, dass mir geholfen werden kann.
> Es ist hier so: man wird ganz plötzlich aus der Wohnung geholt, gar nicht mehr allein gelassen. … Dann wird man in einen Viehwagen gesperrt u. von dort nach Polen geschickt. … Frau Wagner hat natürlich von alledem keine Ahnung, meint, es ist zu allem Zeit."[13]

Am 9. Dezember 1941 fuhr Melanie Adler zu Winifred Wagner nach Bayreuth, um sie zur Ausstellung eines Schutzbriefes zu bewegen. Wagner versprach schließlich, bei einem Besuch in Wien konkrete Schritte zur Rettung

Einziehungserkenntnis. Das gesamte bewegliche und unbewegliche Vermögen sowie alle Rechte und Ansprüche der Dr. Melanie Sara Adler, geboren am 12. 1. 1888 in Prag, wohnhaft Wien, 19., Lannerstraße 9, werden gemäß § 1 der Verordnung über die Einziehung volks- und staatsfeindlichen Vermögens im Lande Österreich vom 18. 11. 1938 (RGBl. I S. 1620) zu Gunsten des Deutschen Reiches (Reichsfinanzverwaltung) eingezogen. Mit der Einziehung erlöschen alle Rechte und Ansprüche des bisherigen Eigentümers und gehen auf das Deutsche Reich über.
Geheime Staatspolizei. Staatspolizeileitstelle Wien. Gez.: Huber.

Abb. 22: Völkischer Beobachter, 6.3.1942, 5

Melanie Adler.
48 T 2027/46. Melanie Adler, geboren am 12. Jänner 1888 in Prag, österreichische Staatsangehörige (heimatberechtigt in Wien), ledig, Private, zuletzt wohnhaft in Wien, XIX., Lannerstraße 9, wurde im Mai 1942 nach Minsk gebracht. Seither fehlt jede Nachricht.
Auf Ansuchen des Bruders Dr. Hubert Joachim Adler wird das Verfahren zur Todeserklärung eingeleitet und die Aufforderung erlassen, dem Gerichte Nachricht über die Vermißte zu geben.
Melanie Adler wird aufgefordert, vor dem gefertigten Gerichte zu erscheinen oder auf andere Weise von sich Nachricht zu geben.
Nach dem 10. April 1947 wird das Gericht auf neuerliches Ansuchen über die Todeserklärung entscheiden.
Landesgericht für Z. R. S., Abt. 48, Wien (I., Justizpalast), am 28. Oktober 1946.   8581

Abb. 23: Amtsblatt zur Wiener Zeitung, 23.11.1946, 7

Melanie Adlers zu unternehmen. Dazu sollte es nicht mehr kommen: Kurz vor Weihnachten verließ Melanie Adler ihr Haus und ging in den Untergrund.[14] Am 6. März 1942 zeigte der Völkische Beobachter die Einziehung des gesamten „volks- und staatsfeindlichen" Vermögens von Melanie Adler an. Ob sie zu diesem Zeitpunkt bereits in Haft war, ist unklar. Rudolf v. Ficker suchte vergeblich nach ihr:

> „Als längere Zeit keine Mitteilung mehr einlangte, erbat ich im März 1942 brieflich eine Antwort über den Stand der Angelegenheit, erhielt jedoch keine Rückantwort. Anfang Mai fuhr ich nach Wien, um selbst Erkundigungen einzuziehen. Bei einem Besuch im musikwissenschaftlichen Seminar am 8. Mai war ich zufällig Zeuge, wie dort gerade die Bibliothek Adlers samt allen persönlichen Dokumenten und Zubehör abgeladen und aufgestapelt wurde. Prof. Schenk,[15] den ich vorher nicht kannte, teilte mir zur Aufklärung mit, Frl. Dr. Adler habe sich ‚saudumm' benommen, sie habe sich gegen das Gesetz vergangen, weil sie gegen die von ihm bei der Gestapo bewirkte Beschlagnahmung der Bibliothek protestiert hätte. Sie sei geflüchtet, wäre jedoch von der Gestapo schon gefunden worden und dann heiße es: ‚Marsch, nach Polen!'"[16]

Wo Melanie Adler in diesen Wochen Zuflucht suchte, ist unbekannt, ebenso wie die Umstände ihrer Verhaftung oder eines möglichen Verrats. Am 20. Mai 1942 wurde sie mit dem 22. „Abwanderungstransport" nach Minsk deportiert und am 26. Mai in Maly Trostinec ermordet.

Quellen und Literatur:

DÖW 4662 (Materialien zu den Steuerangelegenheiten von Guido und Melanie Adler).
ÖNB, Musiksammlung, Signatur F 13 Wellesz 1240.

Adler, Tom/Scott, Anika: Lost to the world, Philadelphia 2003.
Stumpf, Markus: Raub und Rückgabe der Bibliothek und des Nachlasses Guido Adlers – Anmerkungen und Aktualisierungen, in: Stumpf, Markus/Posch, Herbert/Rathkolb, Oliver (Hg.): Guido Adlers Erbe. Restitution und Erinnerung an der Universität Wien, Göttingen 2017, 83–202.

Munisch Heuer

geboren 11.4.1899 in Storozynetz
gestorben 16.4.1945 im KZ Dachau (Außenlager Kaufering)

Am 16. September 1923 heiratete Munisch Heuer, zu dieser Zeit Medizinstudent in Wien, die um zwei Jahre ältere Selda Lea Weiner. Wenig später übersiedelten beide nach Innsbruck, wo Heuer sein Studium fortsetzte. Im Oktober 1928 eröffnete er eine Privatpraxis in der Pradler Straße 41, in der er „modernste Therapien" anbot.[17] Im gleichen Jahr wurde sein Sohn Ernst David geboren, drei Jahre später dessen Bruder Hans. Heuer war erfolgreich und über die Landesgrenzen hinaus bekannt als Spezialist für die Behandlung von Krampfadern. Er betreute bis zu vierzig PatientInnen pro Tag und machte in den Abendstunden Hausbesuche. Ab 1930 war Heuer im Ausschuss der zionistischen Ortsgruppe tätig, 1935 kandidierte er als Ersatzmitglied des Kultusrats der Innsbrucker jüdischen Gemeinde.[18]

Die Ehe mit Selda Weiner war nicht glücklich: Heuer schlug seine Frau, die er für ihre ostjüdische Herkunft verachtete und die sich seiner Meinung nach zu wenig bemühte, die deutsche Sprache ausreichend zu erlernen. Vor der Geburt der Kinder arbeitete Selda Heuer als „Directrice" in einem Innsbrucker Kaufhaus und verdiente mehr als ihr Mann. Dass es sich um das jüdische Warenhaus Bauer & Schwarz handelte, kann vermutet werden. Mehr als drei Jahrzehnte nach Kriegsende entschloss sich Ernst Heuer, der einzige Überlebende der Familie und seit 1948 in Israel wohnhaft, die Fragen seiner Tochter mit einem Bericht über das Schicksal der Familie zu beantworten.[19] In ihm erscheint Munisch Heuer als jähzorniger, selbstgerechter Ehemann und Vater, den der Sohn zugleich hasst und bewundert.

Die Befürchtungen seiner Frau nach dem „Anschluss" ignorierte Heuer zunächst in der vermeintlichen Gewissheit, dass sein Ansehen in Innsbruck und die Tatsache, dass sich unter seinen Patienten auch illegale Nationalsozialisten befunden hatten, Schutz vor Verfolgung gewährleisten würden. In den folgenden Monaten beschloss er dann doch, die Hilfe eines weiteren ehemaligen Patienten in Anspruch zu nehmen und sich ein Visum für die Ausreise nach Litauen zu beschaffen.[20] Selda Heuer blieb mit den Kindern zurück, versehen mit dem Auftrag, die medizinischen Geräte und Teile der Wohnungseinrichtung zu verkaufen. Die Pogromnacht im November 1938 erlebten Ernst und Hans versteckt bei der befreundeten Familie Landauer in der Salurnerstraße 8, während ihre Mutter sich in Wien um die Beschaffung von Visa bemühte. Die brutale Behandlung von Siegfried Landauer durch unbekannte

SA- oder NSKK-Männer, die in der Nacht in die Wohnung eindrangen, prägte die spätere Erinnerung von Ernst ebenso wie der Selbstmord der Nachbarin Rosa Goldenberg wenige Tage zuvor.[21]

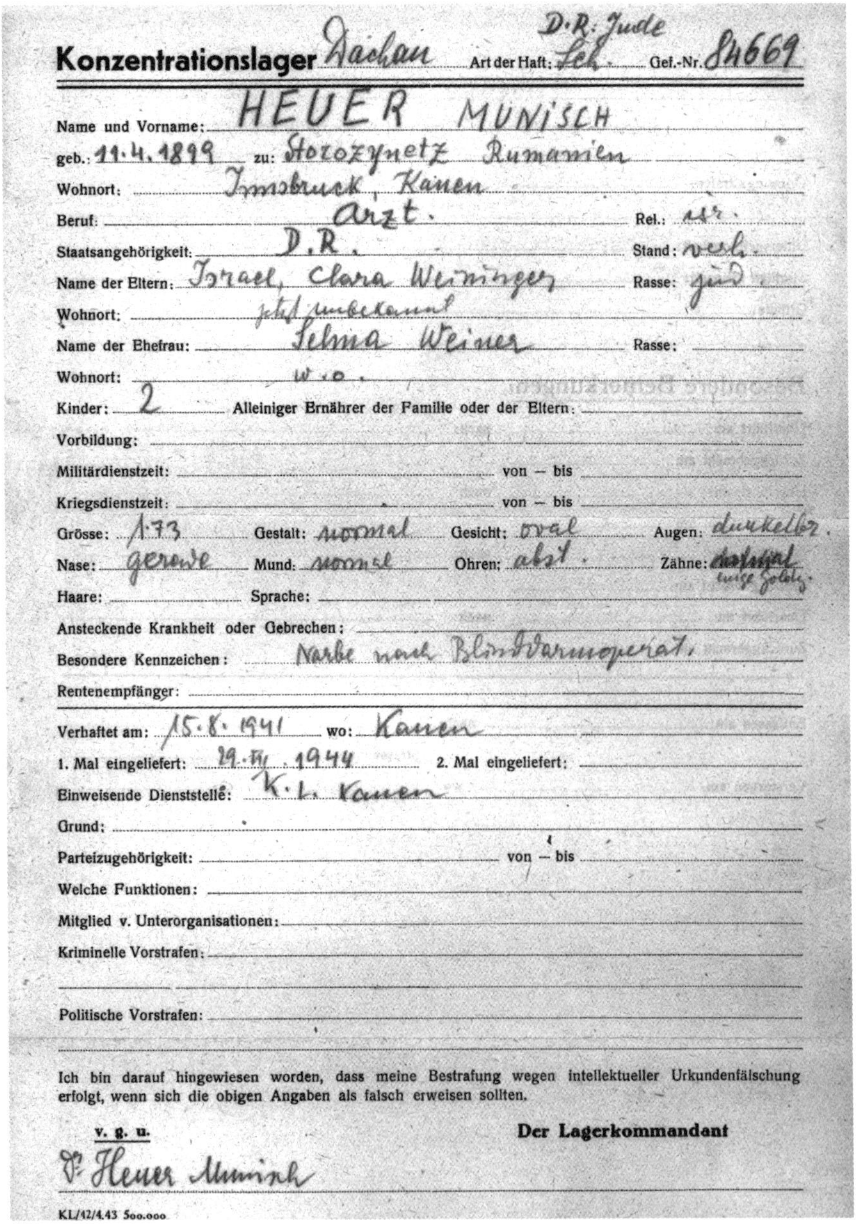

Konzentrationslager Dachau Art der Haft: Sch. D.R.: Jude Gef.-Nr. 84669

Name und Vorname: HEUER MUNISCH
geb.: 11.4.1899 zu: Storozynetz Rumanien
Wohnort: Innsbruck, Kauen
Beruf: Arzt. Rel.: isr.
Staatsangehörigkeit: D.R. Stand: verh.
Name der Eltern: Israel, Clara Weininger Rasse: jüd.
Wohnort: jetzt unbekannt
Name der Ehefrau: Selma Weiner Rasse:
Wohnort: w. o.
Kinder: 2 Alleiniger Ernährer der Familie oder der Eltern:
Vorbildung:
Militärdienstzeit: von – bis
Kriegsdienstzeit: von – bis
Grösse: 1.73 Gestalt: normal Gesicht: oval Augen: dunkelbr.
Nase: gerade Mund: normal Ohren: abst. Zähne: defekt, einige Goldz.
Haare: Sprache:
Ansteckende Krankheit oder Gebrechen:
Besondere Kennzeichen: Narbe nach Blinddarmoperat.
Rentenempfänger:
Verhaftet am: 15.8.1941 wo: Kauen
1. Mal eingeliefert: 29.VII.1944 2. Mal eingeliefert:
Einweisende Dienststelle: K.L. Kauen
Grund:
Parteizugehörigkeit: von – bis
Welche Funktionen:
Mitglied v. Unterorganisationen:
Kriminelle Vorstrafen:
Politische Vorstrafen:

Ich bin darauf hingewiesen worden, dass meine Bestrafung wegen intellektueller Urkundenfälschung erfolgt, wenn sich die obigen Angaben als falsch erweisen sollten.

v. g. u. Der Lagerkommandant

Dr. Heuer Munisch

KL/12/4.43 500.000

Abb. 24: Häftlingsfragebogen KZ Dachau

Die Angst, seine Mutter könnte einen ähnlichen Schritt setzen, blieb auch in späteren Jahren lebendig. Am 24. November 1938 verließ Selda mit den Kindern Innsbruck und reiste über Wien nach Litauen. Munisch Heuer hatte in Kaunas/Kovno rasch Fuß gefasst und sich als Arzt der wohlhabenden jüdischen Oberschicht etabliert. Der Ankunft der deutschen Truppen im Juni 1941 sah er gelassen entgegen: Er sei deutscher Staatsbürger und als Arzt unentbehrlich. Selda Heuer drängte erneut zur Flucht, ohne Erfolg.[22] Auch die von SD und Gestapo organisierten „spontanen" öffentlichen Angriffe litauischer Nationalisten auf jüdische StadtbewohnerInnen in den ersten Tagen der Besatzung konnten Heuer nicht umstimmen. Gemeinsam mit Josef Kaspi-Serebrowicz, einem jüdischen Journalisten, entschloss er sich zur Kollaboration und konnte so die Übersiedlung der Familie in das im August 1941 errichtete Ghetto von Kaunas/Kovno vorläufig verhindern. Als SS-Standartenführer Karl Jäger eine Liste mit den Namen von 500 gut ausgebildeten „Intelligenz-Juden" anforderte, die angeblich für besondere Verwaltungsaufgaben benötigt wurden, lieferten Serebrowicz und Heuer die verlangten Informationen. In einem „Memorandum" hob Heuer die absolute Loyalität der ausgesuchten Männer gegenüber den deutschen Behörden hervor. Viele von ihnen hätten an deutschen Universitäten studiert und würden ihr „kulturelles Erbe" nicht verraten.[23]

Ein Jahr später konnte Heuer die Einweisung in das Ghetto, ab 1943 offiziell als „KZ Kauen" bezeichnet, nicht mehr abwenden. Der Großteil des Hausrats musste zurückgelassen werden und die Familie lebte fortan in zwei winzigen Zimmern. Heuer durfte zunächst noch litauische PatientInnen von außerhalb des Ghettos behandeln und erwarb sich beim Ältestenrat Respekt und Ansehen. Die Zusammenarbeit mit der Gestapo, die er fortsetzte, blieb unentdeckt. Weder der Abtransport der Kinder aus dem Ghetto (dem Hans Heuer mit viel Glück entging), noch die Massenerschießungen von Juden und Jüdinnen in Stadtnähe oder Gerüchte über die Vernichtung deportierter jüdischer „Schutzhäftlinge" in den Gaskammern polnischer Lager konnten Munisch Heuer dazu bewegen, sich in Sicherheit zu bringen. Als er seinen Sohn eines Tages beim Studium einer Landkarte zur Erkundung von Fluchtwegen ertappte, zerrte er ihn mit Gewalt auf die Straße. Nur das Einschreiten einer Nachbarin verhinderte, dass er Ernst der Gestapo auslieferte.[24]

Angesichts des Vormarsches der sowjetischen Truppen, begann am 8. Juli 1943 die Evakuierung des Ghettos. Die Transporte, vorgeblich organisiert zur Rückführung der BewohnerInnen ins Deutsche Reich, führten in das Konzentrationslager Stutthof in Polen. Männer und Frauen wurden unmittelbar nach ihrem Eintreffen voneinander getrennt. Der zwölfjährige Hans blieb bei der Mutter, die Ernst und sein Vater noch einige Male über einen Zaun hinweg sahen. Von ihrer Deportation und Ermordung in Auschwitz kurze Zeit später erfuhren sie nicht. Im Juli 1944 erfolgten größere Transporte arbeitsfähiger Lagerinsassen in Außenlager des KZ Dachau in der Umgebung von Kaufering, wo Munisch Heuer am 1. August 1944 mit der Haftnummer 84669 registriert wurde. Ernst Heuer hatte sich zu diesem Zeitpunkt vom Vater längst losgesagt und nutzte seine Deutschkenntnisse und die in Kaunas/Kovno begonnene Ausbildung zum Schlosser, um die Zuteilung zum vergleichsweise sicheren Arbeitseinsatz in einer Werkstätte zu erreichen. In seinem Bericht beschreibt er das eigene Verhalten in nunmehr privilegierter Position, ohne Skrupel nur am eigenen Überleben interessiert. Die Bitte des Vaters um ein Stück Brot bei einer zufälligen Begegnung im Lager wies er ab:

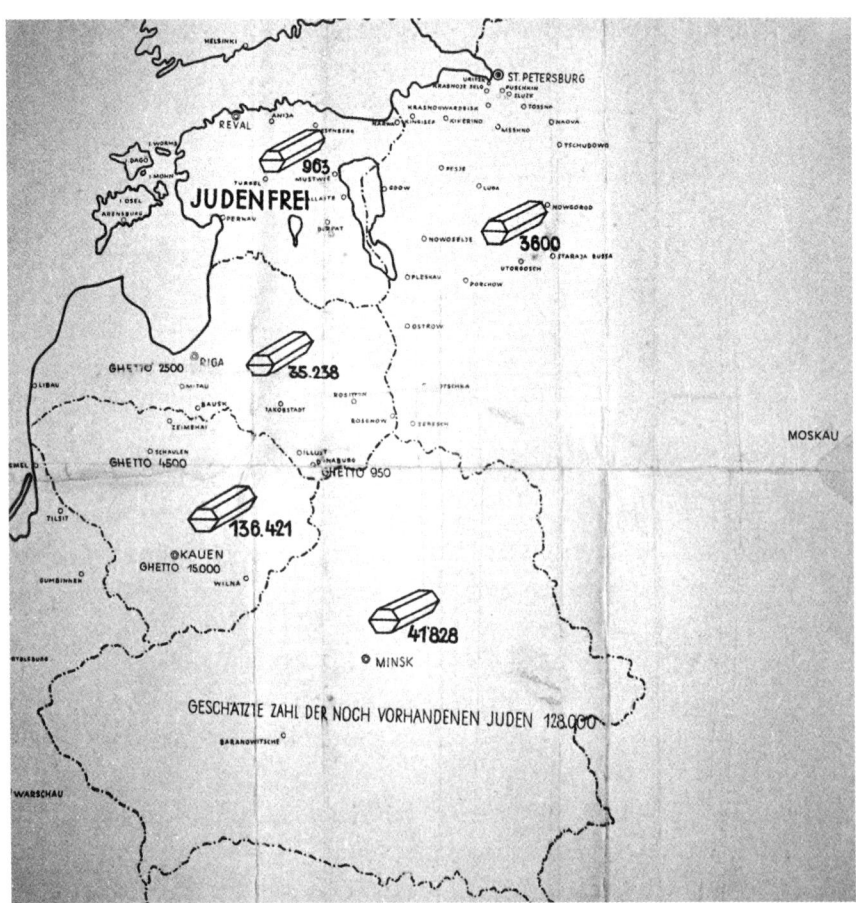

Abb. 25: „Judenfrei": Beilage zum Bericht von SS-Brigadeführer Walter Stahlecker (Leiter der Einsatzgruppe A für die baltischen Staaten und Gebiete westlich von Leningrad), 31.1.1942

„Weil ich ihn hätte verhungern lassen – weil ich wünschte, er wäre verhungert – habe ich viele Jahre lang stets geantwortet, er sei verhungert, wenn mich jemand nach ihm fragte. Doch das stimmt nicht. Er wurde ins Arbeitslager Vier verlegt und half dort als Kapo bei der Evakuierung des Lagers in den letzten Kriegstagen mit. Der Zug, der die Überlebenden des Lagers in den Süden bringen sollte, wurde von alliierten Flugzeugen beschossen; mein Vater kam zusammen mit seinen Bewachern und anderen Häftlingen ums Leben."[25]

Quellen und Literatur:

ITS Bad Arolsen, Dokumente Ernst Heuer.
Archiv der IKG Wien, Trauungsbuch.

Albrich, Thomas (Hg.): Jüdisches Leben im historischen Tirol, Bd. 3: Von der Teilung Tirols 1918 bis in die Gegenwart, Innsbruck 2013.
Ben-Dor, David: Die schwarze Mütze. Geschichte eines Mitschuldigen, Leipzig 2000.
Wette, Wolfram: Karl Jäger, Mörder der litauischen Juden, Frankfurt am Main, 2011.

Stefan Kudera

geboren 8.9.1916 in Žnin/Dietfurt
gestorben 19.7.1944 im KZ Dachau

Marian Kudera

geboren 5.8.1923 in Mysłowice/Myslowitz
gestorben 19.7.1944 im KZ Dachau

Die Brüder Stefan und Marian Kudera lebten seit Herbst 1941 in Innsbruck. Stefan setzte hier nach Einlangen der erforderlichen Genehmigung des zuständigen Reichsministers in Berlin ab Oktober 1941 sein 1935 in Posen begonnenes Pharmaziestudium in Innsbruck fort. Die Rektoratsverwaltung seiner ehemaligen Universität bestätigte den bisherigen Studienverlauf und teilte mit, dass Kudera sich „zum polnischen Volkstum" bekannt habe.[26] Aus den im Universitätsarchiv Innsbruck erhaltenen Unterlagen sind nur wenige Informationen über ihn zu entnehmen. Die Familie lebte in Mysłowice/Myslowitz (in der Nähe von Katowice/Kattowitz), wo Stefan die Reifeprüfung am klassischen polnischen Gymnasium ablegte. Der Vater Bruno Kudera war Rechtsanwalt und dürfte bald nach der Übersiedlung der Söhne nach Tirol verstorben sein. Am 26. Juli 1943 bestand Stefan Kudera die pharmazeutische Diplomprüfung „mit dem Gesamturteil gut". Er wohnte zu dieser Zeit in der Anichstraße 44, gemeinsam mit seinem um sieben Jahre jüngeren Bruder Marian, dessen

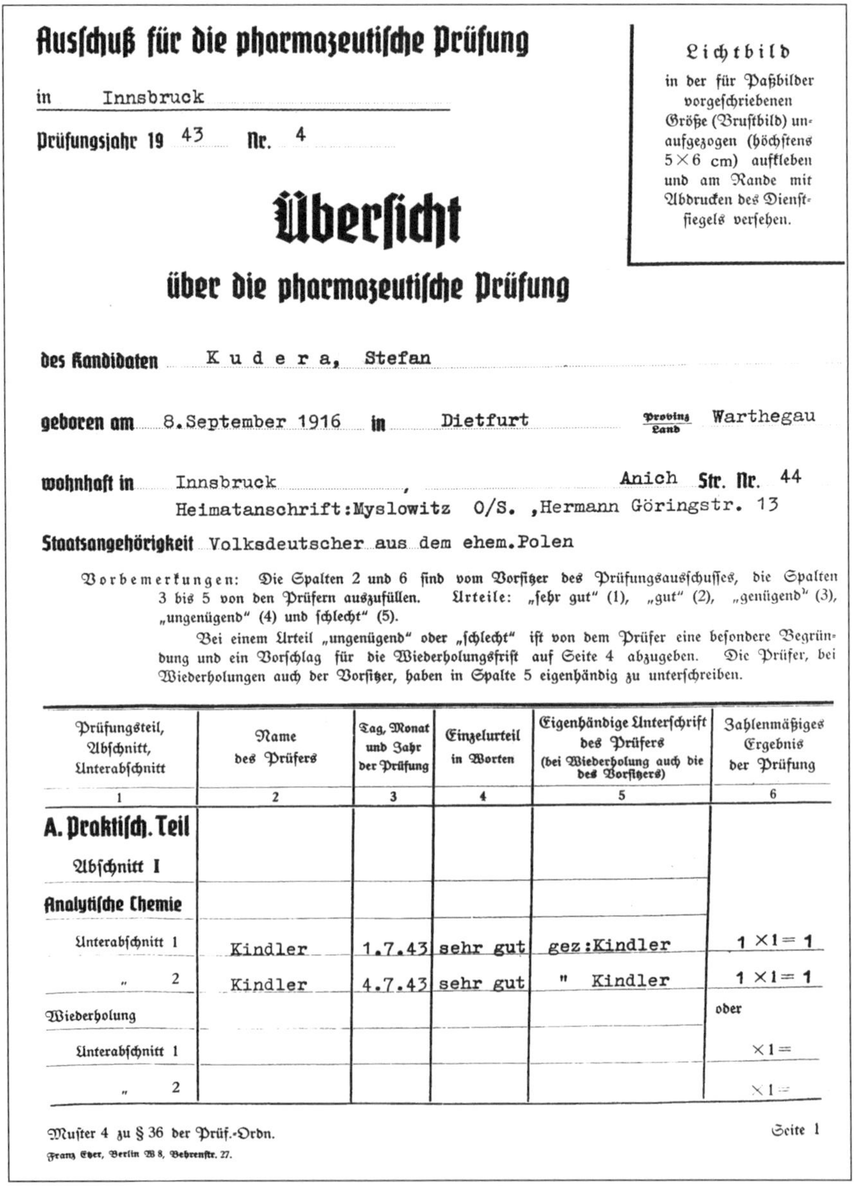
Ausschuß für die pharmazeutische Prüfung

in Innsbruck

Prüfungsjahr 19 43 Nr. 4

Lichtbild
in der für Paßbilder vorgeschriebenen Größe (Brustbild) unaufgezogen (höchstens 5×6 cm) aufkleben und am Rande mit Abdrucken des Dienstsiegels versehen.

Übersicht
über die pharmazeutische Prüfung

des Kandidaten K u d e r a, Stefan

geboren am 8. September 1916 in Dietfurt Provinz/Land Warthegau

wohnhaft in Innsbruck, Anich Str. Nr. 44
Heimatanschrift: Myslowitz O/S., Hermann Göringstr. 13

Staatsangehörigkeit Volksdeutscher aus dem ehem. Polen

Vorbemerkungen: Die Spalten 2 und 6 sind vom Vorsitzer des Prüfungsausschusses, die Spalten 3 bis 5 von den Prüfern auszufüllen. Urteile: „sehr gut" (1), „gut" (2), „genügend" (3), „ungenügend" (4) und schlecht" (5).
Bei einem Urteil „ungenügend" oder „schlecht" ist von dem Prüfer eine besondere Begründung und ein Vorschlag für die Wiederholungsfrist auf Seite 4 abzugeben. Die Prüfer, bei Wiederholungen auch der Vorsitzer, haben in Spalte 5 eigenhändig zu unterschreiben.

Prüfungsteil, Abschnitt, Unterabschnitt	Name des Prüfers	Tag, Monat und Jahr der Prüfung	Einzelurteil in Worten	Eigenhändige Unterschrift des Prüfers (bei Wiederholung auch die des Vorsitzers)	Zahlenmäßiges Ergebnis der Prüfung
1	2	3	4	5	6
A. Praktisch. Teil					
Abschnitt I					
Analytische Chemie					
Unterabschnitt 1	Kindler	1.7.43	sehr gut	gez: Kindler	1 ×1= 1
" 2	Kindler	4.7.43	sehr gut	" Kindler	1 ×1= 1
Wiederholung					oder
Unterabschnitt 1					×1=
" 2					×1=

Muster 4 zu § 36 der Prüf.-Ordn. Seite 1
Franz Eher, Berlin W 8, Behrenstr. 27.

Abb. 26: Stefan Kudera: Protokoll Abschlussprüfung Pharmazie

Immatrikulation an der Medizinischen Fakultät Innsbruck möglicherweise beabsichtigt war, aber nicht nachzuweisen ist. Am 21. Februar 1944 wurde er als mutmaßlicher Führer einer polnischen Widerstandsgruppe verhaftet, der auch sein Bruder Stefan angehört haben soll. Über ihre Zusammensetzung und Tätigkeit liegen keine Informationen vor. Aus den Erinnerungen einer Mitgefangenen geht hervor, dass auch die Mutter und die Schwester Maria Kudera festgenommen, zu Verhören nach Innsbruck überstellt und mit den Brüdern konfrontiert wurden.[27] Am 28. April 1944 erfolgte die Überstellung der Brüder Kudera in das Konzentrationslager Dachau, wo beide am 19. Juli 1944 hingerichtet wurden.

In den Nachkriegsprozessen gegen Beamte der Gestapo Innsbruck vor dem Volksgericht Innsbruck bewiesen Aktenvermerke und Aussagen des Justizwachebeamten Wilhelm Steneck sowie Protokolle des Amtsarztes des Landesgerichtlichen Gefangenenhauses Dr. Robert Kapferer, was insbesondere

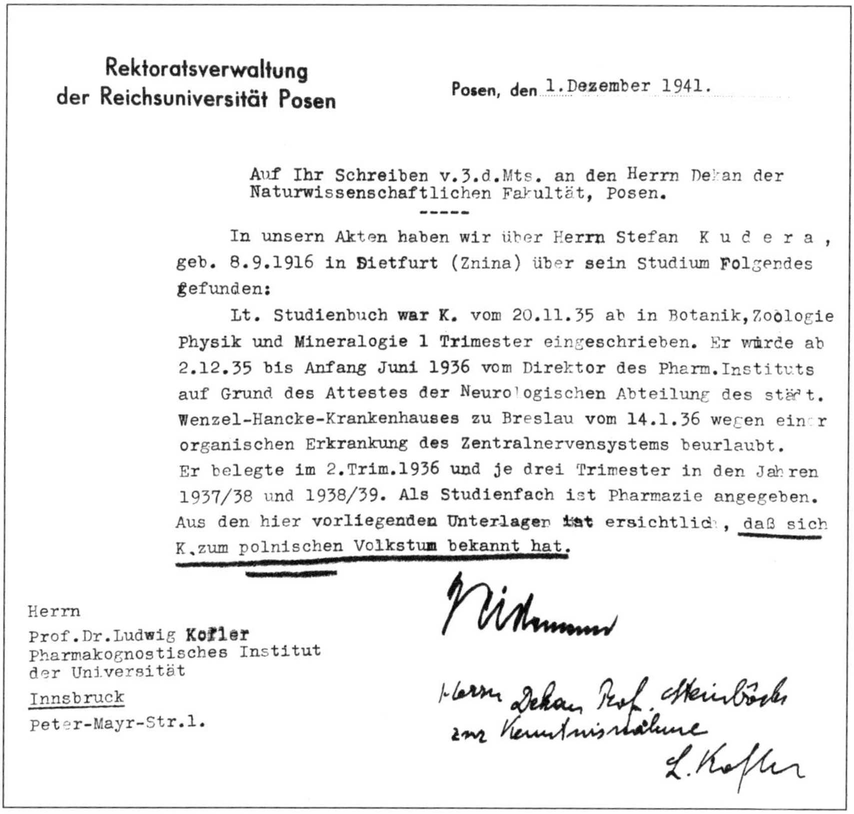

Rektoratsverwaltung der Reichsuniversität Posen

Posen, den 1.Dezember 1941.

Auf Ihr Schreiben v.3.d.Mts. an den Herrn Dekan der Naturwissenschaftlichen Fakultät, Posen.

In unsern Akten haben wir über Herrn Stefan K u d e r a , geb. 8.9.1916 in Dietfurt (Znina) über sein Studium Folgendes gefunden:

Lt. Studienbuch war K. vom 20.11.35 ab in Botanik,Zoologie Physik und Mineralogie 1 Trimester eingeschrieben. Er wurde ab 2.12.35 bis Anfang Juni 1936 vom Direktor des Pharm.Instituts auf Grund des Attestes der Neurologischen Abteilung des städt. Wenzel-Hancke-Krankenhauses zu Breslau vom 14.1.36 wegen einer organischen Erkrankung des Zentralnervensystems beurlaubt. Er belegte im 2.Trim.1936 und je drei Trimester in den Jahren 1937/38 und 1938/39. Als Studienfach ist Pharmazie angegeben. Aus den hier vorliegenden Unterlagen ist ersichtlich, daß sich K.zum polnischen Volkstum bekannt hat.

Herrn
Prof.Dr.Ludwig Kofler
Pharmakognostisches Institut
der Universität
Innsbruck
Peter-Mayr-Str.1.

Herrn Dekan Prof. Steinböck
zur Kenntnisnahme
L. Kofler

Abb. 27: Stefan Kudera: Bekenntnis zum „polnischen Volkstum"

Gestapochef Werner Hilliges in seinen Vernehmungen energisch zu bestreiten versuchte: Die brutale und systematische Folter von Häftlingen im Zuge „verschärfter Vernehmungen", angeblich nur in Ausnahmefällen und mit ausdrücklicher Genehmigung aus Berlin angewandt.[28] Schwere Verletzungen wurden bereits bei der ersten Einlieferung von Marian Kudera in das Gefangenenhaus festgestellt:

> „Dr. Kapferer als Anstaltsarzt hat das Protokoll mitunterfertigt. Er hat am 13.3.1944 einen Befund abgegeben, aus dem der ganze Umfang der Misshandlungen des Marian Kudera ersichtlich ist. Einige Tage nach der Einlieferung dieses Häftlings fragte der SS-Untersturmführer Hinterhuber […], ob in den Räumen der Haftanstalt eine sogenannte verschärfte Vernehmung durchgeführt werden könne. Dies wurde von der Haftanstalt abgelehnt. Am 6.3.1944 teilte Kriminalsekretär Güttner[29] von der Gestapo mit, dass Kudera bei der Gestapo durch 2 Stunden ‚verschärft unter Anwendung aller Schikanen' vernommen worden sei. Falls Kudera ärztliche Hilfe brauche, würde diese nicht durch den Arzt des Gefangenenhauses gegeben werden, sondern einzig und allein durch den Lagerarzt der Gestapo. Güttner verlangt, dass Kudera nach seiner Rücklieferung in das Gefangenenhaus nicht nur an den Füssen, sondern auch an den Händen gefesselt werden müsse. […] In einer Notiz vom 8.3.1944 habe ich festgehalten: ‚musste nach der Einvernahme durch 2 Organe der Gestapo gestützt aus dem Auto gehoben und in die Tobzelle geführt werden. Kudera war durch die neuerliche verschärfte Vernehmung nicht mehr gehfähig. Das Gesicht des Kudera ist leichenblass. Der ganze Körper des Kudera ist blutunterlaufen.'"[30]

Die Folter Marian Kuderas endete am 8. März 1944, nachdem er ein Geständnis unterzeichnet hatte.[31] An Einzelheiten konnte und wollte sich Gestapochef Max Nedwed[32] nach 1945 nicht erinnern:

> „Durch V-Leute erhielten wir Nachricht vom Bestehen einer polnischen Widerstandsbewegung mit dem Ziel, das Regime zu stürzen. Um kleinere Angehörige dieser Bewegung kümmerten wir uns wenig, andere wurden in das KZ mit dem Vermerk ‚für Kriegsdauer' abgegeben, da es sich um Angehörige der polnischen Widerstandsbewegung handle. Der Antrag auf Abgabe in KZ ging an das Reichssicherheitshauptamt […], von wo dann der Auftrag kam, in welche Stufe des KZ der Betreffende einzuliefern sei (Stufen 1–3) […]. Die wichtigsten Führer der polnischen

Widerstandsbewegung wurden nach Feststellung des Tatbestandes zur Sonderbehandlung beantragt. Die 2 oder 3 Erhängten waren Führer der polnischen Widerstandsbewegung in Tirol, die etwa 60 Mann stark gewesen sein dürfte. Von welcher Arbeitsstätte die Leute waren und sonst näheres über diesen Sachverhalt, vermag ich nicht anzugeben."[33]

Quellen und Literatur:

TLA, 10 Vr 1745/47.
TLA, 10 Vr 2515/47.

Oberkofler, Gerhard: Das Martyrium eines polnischen Widerstandskämpfers in Tirol, in: Weg und Ziel, 37. Jg., Nr. 1, 1980, 32–33.

Ludwig Mooslechner

geboren 20.8.1910 in Wels
gestorben 10.4.1945 auf der Hebalm (Steiermark)

Nach Ablegung der Reifeprüfung am Stiftsgymnasium Kremsmünster 1928 begann Mooslechner sein Medizinstudium in Innsbruck und trat hier 1930 der K.Ö.H.V. Austria bei. Ab dem Wintersemester 1932/33 setzte er seine Studien in Wien und schließlich Graz fort, wo er 1934 promovierte und eine fachärztliche Ausbildung als Zahnarzt anschloss. Im März 1938 verlor er seine Stelle am Landeskrankenhaus Graz und eröffnete eine Praxis in Schwanberg in der Weststeiermark. Seine Gegnerschaft zum Nationalsozialismus war im Ort bekannt und führte, nach dem Fund eines Flugblatts, zu seiner vorübergehenden Verhaftung im September 1944.[34] Sie hinderte ihn nicht daran, seine Unterstützung von Deserteuren und Partisanen, die im Bereich der nahegelegenen Koralpe seit 1943 aktiv waren, fortzusetzen, indem er ihnen Medikamente und Lebensmittel zukommen ließ und medizinische Behandlungen durchführte. Zu seiner neuerlichen Verhaftung im März 1945 kam es durch eine Denunziation. Die Ermordung eines Gendarmen während der Durchsuchung eines Verdächtigen hatte eine Suchaktion durch SS-Männer und Angehörige des Volkssturms nach dem flüchtigen Täter ausgelöst. Er wurde in Begleitung einer Frau festgenommen, die während des Verhörs zehn Namen preisgab – Einwohnerinnen und Einwohner von Schwanberg, die mit den Partisanen sympathisierten und untergetauchte Familienangehörige unterstützten. Unter ihnen war auch Ludwig Mooslechner. Beim Abtransport der Verhafteten soll es auf

Abb. 28:
Ludwig Mooslechner

dem Marktplatz von Schwanberg zu lautstarken Freudenkundgebungen der regimetreuen Bevölkerung gekommen sein.[35] Einige der Beschuldigten wurden nach wenigen Tagen aus dem Bezirksgefängnis Deutschlandsberg entlassen, andere weiter verhört und, wie Mooslechner, schwer misshandelt. Ludwig Mooslechner blieb in Haft und sollte am 10. April 1945 gemeinsam mit 18 weiteren Gefangenen vorgeblich nach Wolfsberg überstellt werden. Auf der 16 km entfernten Hebalm erschossen SS-Männer, Gestapobeamte und Mitglieder des Reichsarbeitsdiensts die Häftlinge auf ausdrücklichen Befehl des berüchtigten Kreisleiters von Deutschlandsberg, Hugo Suette, in einem Bombenkrater.

Am 29. März war es Mooslechner gelungen, einen Brief an seine Frau aus dem Gefängnis zu schmuggeln:

„Meine liebe Dory!

Zum dritten Mal schreibe ich Dir. Das letztemal vor drei Tagen. Nun schreibe ich den dritten Brief und hoffe zu Gott, daß er Dich erreicht. Aus Deutschlandsberg werden wir ja fortkommen, aber wann, weiß ich nicht. Ich habe Dich gebeten, mir wenigstens ein warmes Hemd, eine warme Hose und wärmere Socken zu bringen. Ich weiß nicht, was ich verbrochen habe, daß ich so schwer büßen muß. Es ist entsetzlich und furchtbar. An Dich und die Kinder darf ich gar nicht denken, da bricht mir das Herz entzwei. Ich bitte Dich, schaue gut auf sie und erziehe sie sorgfältig. Du weißt, daß mir die Kinder alles sind, und wenn mir der Herrgott eine glückliche Heimkehr schenkt, werde ich Dir alles vergelten. Erst jetzt erkenne ich, wie schön es war, als ich in Eurem Kreis sein konnte. Lasse die Kinderlein beten, daß ich sie wiedersehen möge. Obwohl ich mir nicht weiß Gott welcher Schuld bewußt bin, befinde ich mich in großer Sorge. Ich bete zu Gott und hoffe, daß alles halbwegs gut ausgeht. Ich habe schon Schreckliches mitgemacht und kann Dir dies gar nicht mitteilen. Kinder, ich sage Euch nur eines, steht zusammen und helft Euch gegenseitig. Es werden furchtbare Zeiten kommen und Ihr werdet es sehr zu schätzen wissen, wie gut Euch allen es ergangen ist. Ich habe mir jedenfalls nicht gedacht, daß ich Ostern 1945 im Gefängnis verbringen werde. Gott sei Dank ist das Verhör bei der Gestapo vorbei. Es ist nicht zu schildern, was man hier mitmacht. Man hat mir das

Abb. 29: Gedenkstein Friedhof Deutschlandsberg

linke Trommelfell eingeschlagen, so daß ich dermalen taub bin. Ich bitte Dich, sage es niemandem. Es ist einfach entsetzlich. Für heute, Gründonnerstag, küsse ich Dich und die Kinder herzlichst. In der Hoffnung auf ein Wiedersehen Euer Euch innigst liebender Vater."[36]

Der Bauer, dem er diesen Brief anvertraute, übergab ihn der Witwe erst drei Jahre nach Kriegsende. Hugo Suette, verantwortlich für weitere Verbrechen in den letzten Kriegswochen, gelang Anfang November 1946 die Flucht aus dem britischen Internierungslager Wetzelsdorf. Er starb 1949 in Erlangen, ohne je für seine Verbrechen belangt zu werden.[37]

Quellen und Literatur:

Fleck, Christian: Koralmpartisanen: über abweichende Karrieren politisch motivierter Widerstandskämpfer, Wien 1986, 129–131.
Hartmann, Gerhard: Im Gestern bewährt. Im Heute bereit. 100 Jahre Carolina – Zur Geschichte des Verbandskatholizismus (Grazer Beiträge zur Theologiegeschichte und Kirchlichen Zeitgeschichte, Bd. 2), Graz 1988, 395–397.

Christoph Probst

geboren 6.11.1919 in Murnau
gestorben 22.2.1943 in München-Stadelheim

Wie keine andere Widerstandsgruppe, von den Attentätern des 20. Juli 1944 und ihrem Umfeld abgesehen, wurde die „Weiße Rose" nach 1945 weit über die Landesgrenzen hinaus zum Symbol für das andere, bessere Deutschland. Dazu trug ihre frühe Würdigung in der bekannten Rundfunkansprache Thomas Manns im Mai 1943 ebenso bei wie die Darstellung der Widerstandstätigkeit von Hans und Sophie Scholl durch deren Schwester Inge Scholl, die 1952 erschien und weltweit übersetzt und verbreitet wurde. Die in den folgenden Jahrzehnten publizierte Literatur ist in ihrem Umfang kaum überschaubar. Sie wuchs besonders seit Beginn der 1990er Jahre an, nachdem bis dahin unzugängliche Dokumente aus ostdeutschen Archiven ausgewertet werden konnten. Die Rolle der Mitglieder des engeren Kreises um die Geschwister Scholl erschien nun in neuem Licht und Kontroversen um deren jeweiligen Anteil an der Widerstandsarbeit und die im einzelnen wirksamen Motive des Handelns blieben nicht aus.[38] Auch der Persönlichkeit Christoph Probsts wurde so erst vergleichsweise späte Aufmerksamkeit zuteil. Die Universität Innsbruck ist der Erinnerung an ihn besonders verpflichtet. Im Jahr 1984 wurde am Ehrenmal vor dem Hauptgebäude der Universität eine Tafel mit seinem Namen angebracht und zehn Jahre später auf Antrag der Österreichischen HochschülerInnenschaft der Universitätsplatz in „Christoph-Probst-Platz" umbenannt – eine Ehrung, die Tiroler Opfern des Widerstands gegen das NS-Regime bislang nur an wenigen Orten widerfuhr.

Christoph Probst kam 1919 in Murnau zur Welt und wuchs mit seiner Schwester Angelika in einer Atmosphäre großer kultureller und religiöser Offenheit auf. Den überwiegenden Teil seiner Schulzeit verbrachte er in den Landschulheimen Marquartstein und Schondorf, in denen der Unterricht auf der Grundlage reformpädagogischer Ansätze erteilt wurde. Der nationalsozialistische Anspruch auf die Erfassung aller Kinder und Jugendlichen wurde dennoch im Schulalltag spürbar. Probst trat 1934 in die HJ ein, blieb aber auf Distanz: „Wie gerne wäre ich am Sonntag auch in Zell/Ruhpolding erschienen, aber der Dienst, der wichtiger als Schule und alles ist, geht vor. (Ha, ha, ha)."[39] Nach Reifeprüfung und Arbeitsdienst leistete Probst ab Herbst 1937 seinen Wehrdienst bei der Luftwaffe, aus dem er im März 1939 als ausgebildeter Sanitätssoldat entlassen wurde. Das Medizinstudium in München brachte Probst in Kontakt mit den späteren Mitgliedern des Widerstandskreises, vor allem mit Hans Scholl, der in der gleichen Studentenkompanie diente wie Probsts enger Freund Alexander Schmorell. Im Oktober 1939 erhielt er seine Einberufung zur Luftgausanitätsabteilung, konnte jedoch das Studium in München und Straßburg fortsetzen. Über die Versetzung nach Innsbruck im Spätherbst 1942 berichtete er in ausführlichen Briefen an die Familie.

Abb. 30: Christoph Probst

„Dass ich sehr betrübt war von München fortzukommen, habe ich Dir ja schon gesagt, zumal jetzt die Freunde doch dorthin zurückgekommen sind. Dazu kam, dass die ersten Tage in Innsbruck mehr als trübe für uns Umsiedler waren. Nun erst, da ich endlich einen geheizten Raum habe und einen Tisch zum schreiben kann ich Dir etwas davon berichten! Wer hätte gedacht, dass ich nun am Fusse des Patscherkofels wohne, mit herrlichem Südbalkon, in traumhaft schöner Umgebung? Heute nachmittag zog ich hier ein, nachdem ich in Innsbruck selbst u. der näheren Umgebung nichts finden konnte. Die Wohnungssuche war einfach trostlos. Innsbruck ist vollkommen überfüllt."[40]

„Die letzte Woche war wieder recht ausgefüllt. Ich musste auch unbedingt alle Collegs, die ich diesesmal belegt habe, hören, da man am Anfang u. Ende des Semesters eine Unterschrift des Dozenten braucht. Ich habe viel Freude am Studium und werde mich bemühen nun einmal wieder richtig hineinzukommen. Vor allem möchte ich mir einmal in der inneren Medizin eine wirkliche Grundlage schaffen, die innere ist ja doch das A u. O. Trotz schlechter Schneeverhältnisse bin ich am Mittwoch zweimal vom Patscherkofel abgefahren […], das erste Mal auf Skiern in diesem Jahr, aber es ging ganz gut. […] Aber es ist keine Zeit, in der man innerlich zur Ruhe kommen kann, das Weltgeschehen erregt mich tief und ohne Unterlass."[41]

Zu näheren persönlichen Kontakten zu Mitstudenten scheint es in den wenigen Wochen von Probsts Aufenthalts in Tirol nicht gekommen zu sein und er beklagte sich in Briefen über seine Einsamkeit. An den Wochenenden besuchte er Ehefrau Herta und die Kinder in Lermoos.[42] Wann immer möglich, traf Probst in diesen Wochen auch die Freunde in München und nahm an den wiederaufgenommenen Lese- und Diskussionsabenden teil. Neben Erörterungen der politischen Lage und des Kriegsverlaufs setzten Scholl und Probst auch ihre Auseinandersetzung mit religionsphilosophischen Fragen fort und die gemeinsame Lektüre christlich-katholischer Autoren verstärkte beider Hinwendung zur christlichen Religion.[43] Dass sich die unbestreitbare Gegnerschaft zum NS-Regime auf diese intensive Beschäftigung mit Glaubens- und Sinnfragen reduzieren lässt, darf dennoch bezweifelt werden.[44] Die Bitte Hans Scholls, Probst möge ein Flugblatt mit aktuellem politischem Inhalt entwerfen, dürfte Ende November oder Anfang Dezember 1942 ausgesprochen worden sein.[45] Der Text, den er Scholl dann Ende Jänner 1943 übergab, bedeutete einen flammenden Appell zum Widerstand:

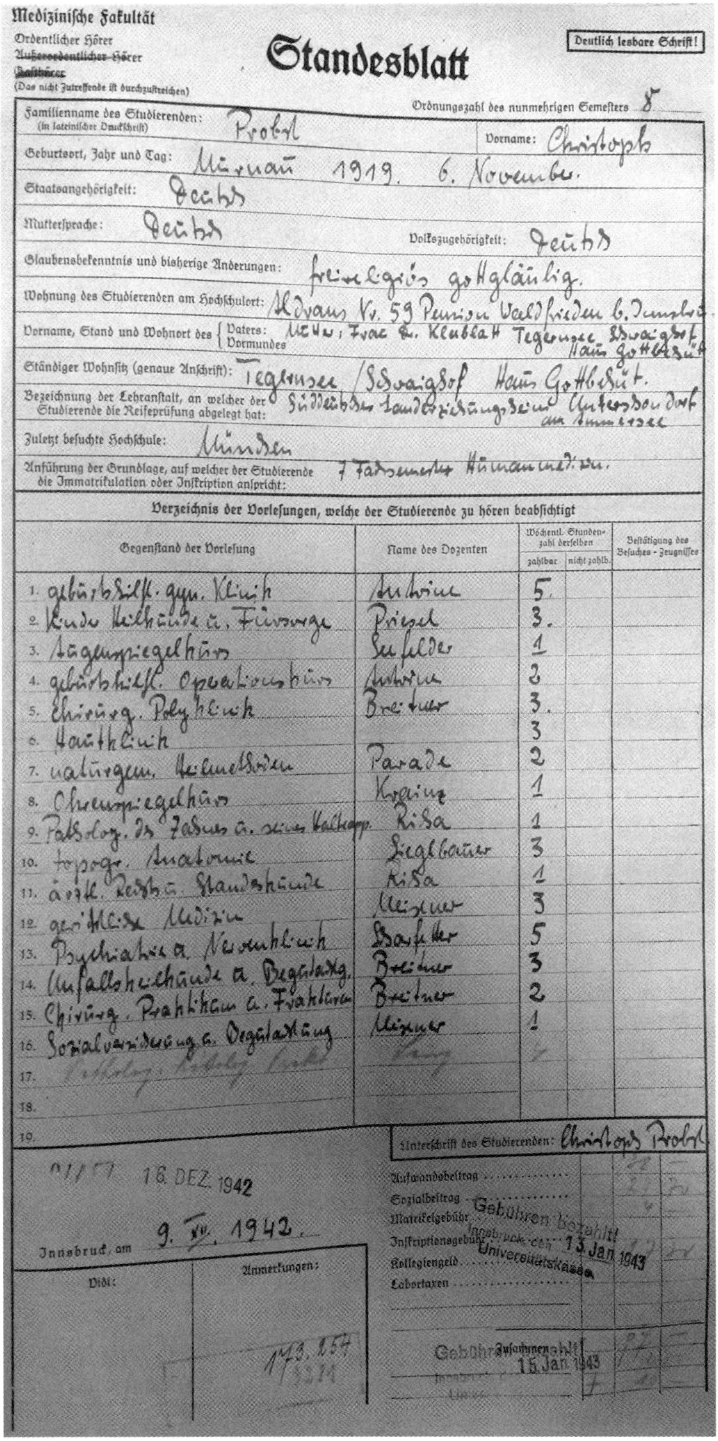

Medizinische Fakultät
Ordentlicher Hörer
~~Außerordentlicher Hörer~~
~~Gasthörer~~
(Das nicht Zutreffende ist durchzustreichen)

Standesblatt

Deutlich lesbare Schrift!

Ordnungszahl des nunmehrigen Semesters 8

Familienname des Studierenden: (in lateinischer Druckschrift) Probst
Vorname: Christoph
Geburtsort, Jahr und Tag: Murnau 1919. 6. November.
Staatsangehörigkeit: Deutsch
Muttersprache: Deutsch
Volkszugehörigkeit: Deutsch
Glaubensbekenntnis und bisherige Änderungen: freireligiös gottgläubig.
Wohnung des Studierenden am Hochschulort:
Vorname, Stand und Wohnort des Vaters: / Vormundes
Ständiger Wohnsitz (genaue Anschrift): Tegernsee / Schwaigthof Haus Gottbehüt.
Bezeichnung der Lehranstalt, an welcher der Studierende die Reifeprüfung abgelegt hat:
Zuletzt besuchte Hochschule: München
Anführung der Grundlage, auf welcher der Studierende die Immatrikulation oder Inskription anspricht: 7 Fachsemester Humanmedizin.

Verzeichnis der Vorlesungen, welche der Studierende zu hören beabsichtigt

	Gegenstand der Vorlesung	Name des Dozenten	Wöchentl. Stundenzahl derselben: zahlbar	nicht zahlb.	Bestätigung des Besuches - Zeugnisses
1.	geburtshilfl.-gyn. Klinik	Antoine	5.		
2.	Kinderheilkunde u. Fürsorge	Priesel	3.		
3.	Augenspiegelkurs		1		
4.	geburtshilfl. Operationskurs	Antoine	2		
5.	Chirurg. Polyklinik	Breitner	3.		
6.	Hautklinik		3		
7.	naturgem. Heilmethoden	Parade	2		
8.	Ohrenspiegelkurs		1		
9.		Risa	1		
10.	topogr. Anatomie	Sieglbauer	3		
11.		Risa	1		
12.	gerichtliche Medizin	Meixner	3		
13.	Psychiatrie u. Nervenklinik		5		
14.	Unfallheilkunde u. Begutachtg.	Breitner	3		
15.	Chirurg. Praktikum u. Frakturen	Breitner	2		
16.	Sozialversicherung u. Begutachtung	Meixner	1		
17.					
18.					
19.					

Unterschrift des Studierenden: Christoph Probst

16. DEZ. 1942

Innsbruck, am 9. XII. 1942.

Vidi:

Anmerkungen:

Aufwandsbeitrag
Sozialbeitrag
Matrikelgebühr
Inskriptionsgebühr
Kollegiengeld
Labortaxen

Gebühren bezahlt! Innsbruck, den 13. Jan 1943 Universitätskasse

Zusammen 15. Jan 1943

Abb. 31: Standesblatt Christoph Probst

„Sollen dem Sendboten des Hasses und des Vernichtungswillens alle Deutschen geopfert werden! Ihm, der die Juden zu Tode marterte, die Hälfte der Polen ausrottete, Rußland vernichten wollte, ihm, der Euch Freiheit, Frieden, Familienglück, Hoffnung und Frohsinn nahm und dafür Inflationsgeld gab. Das soll, das darf nicht sein! Hitler und sein Regime muss fallen (sic), damit Deutschland weiterlebt. Entscheidet Euch, Stalingrad oder Untergang […]. Und wenn Ihr Euch entschieden habt, dann handelt."[46]

Seine Verhaftung in Innsbruck am 20. Februar 1943 traf Probst völlig überraschend. Er war weder über die spontane Flugblattaktion der Geschwister Scholl in der Münchner Universität zwei Tage zuvor noch über ihre Festnahme informiert und gerade dabei, sich in der zuständigen Dienststelle einen Urlaubsschein zu besorgen, als er zum Kompaniechef beordert wurde. Der sofortige Ausschluss aus der Wehrmacht erklärt sich aus dem Wunsch des Münchner Gauleiters Paul Giesler nach einer möglichst raschen Abwicklung des Prozesses vor dem Volksgerichtshof, der auch gegen Sophie Scholl verhandeln sollte.[47]

Unmittelbar nach seiner Ankunft in München wurde Probst verhört, ohne zu wissen, wie viel die Freunde inzwischen möglicherweise preisgegeben hatten. Die Urheberschaft des Flugblattentwurfs zu leugnen, erschien ihm wohl zu Recht sinnlos: „Das mir vorgezeigte Manuskript in Original erkenne ich als mein Werk an. Es ist eigenhändig von mir geschrieben."[48] In seiner Verteidigung argumentierte Probst auf zwei Ebenen. Zum einen beteuerte er immer wieder, grundsätzlich unpolitisch zu sein und keinen anderen Lebensinhalt zu kennen als seine Familie – eine Haltung, die Roland Freisler zwei Tage später mit der bekannten höhnischen Bemerkung kommentierte, dass er also „überhaupt kein Mann" sei. Das Flugblatt habe er in einem Zustand tiefer Depression verfasst, hervorgerufen durch den schlechten Gesundheitszustand seiner Frau nach der Geburt des dritten Kindes am 21. Jänner 1943 und die Niederlage von Stalingrad, die ihn für seine Familie das Schlimmste befürchten ließ. Jedes Wissen über die Widerstandsaktionen der Freunde bestritt er vehement. Er habe zwar den besagten Text Hans Scholl gegeben, aber keine Ahnung von einer möglichen Verwendung für ein Flugblatt gehabt: „Ich habe auch nicht damit gerechnet, dass Hans Scholl diesen Entwurf verwertet, da er ein sehr selbständiger Denker ist."[49] Die im Text enthaltenen Informationen zwangen Probst am nächsten Tag zuzugeben, dass er englische Radiosendungen in deutscher Sprache abgehört hatte. Weiteres Beweismaterial gegen ihn konnte nicht gefunden werden. In der am gleichen Tag rasch fertiggestellten Anklageschrift behandelt nur ein Absatz seine Beteiligung an der Widerstandstätigkeit der

„Weißen Rose." Dennoch wurde er in gleichem Ausmaß wie die Geschwister Scholl des Hochverrats, der Feindbegünstigung und der Wehrkraftzersetzung beschuldigt.⁵⁰ Verzweifelt versuchte Probst, sich gegen diese Gleichsetzung zu wehren und schrieb unmittelbar nach Zustellung der Anklageschrift an Roland Freisler: „Mein Freund Hans Scholl wusste im übrigen zu genau, dass mein Leben durch meine Familie und die Vorbereitung auf meinen Beruf völlig ausgefüllt war, als dass er mit der Erwartung, dass ich mich politisch betätigen sollte, sich an mich gewandt hätte. Auch kannte er meine Abneigung gegen jeden Aktionismus dieser Art."⁵¹ Bereits am nächsten Tag, den 22. Februar 1943, fand unter Vorsitz von Volksgerichtshofpräsident Roland Freisler die Verhandlung statt. Ihr Verlauf ist in der Literatur vielfach beschrieben worden. Probst bat am Ende um seiner Kinder willen um sein Leben, ein angesichts der wütend-verächtlichen Ausfälle Freislers seiner Person gegenüber kaum realistisches Ansinnen.⁵² Um 12.45 Uhr wurden die Todesurteile verlesen und wenig später die Hinrichtung für 17 Uhr angekündigt. Vor seinem Tod spendete der Gefängnisgeistliche Heinrich Sperr Probst die Sakramente der Taufe und der Heiligen Kommunion. Herta Probst erfuhr erst am nächsten Tag, dass ihr Mann nicht mehr am Leben war.

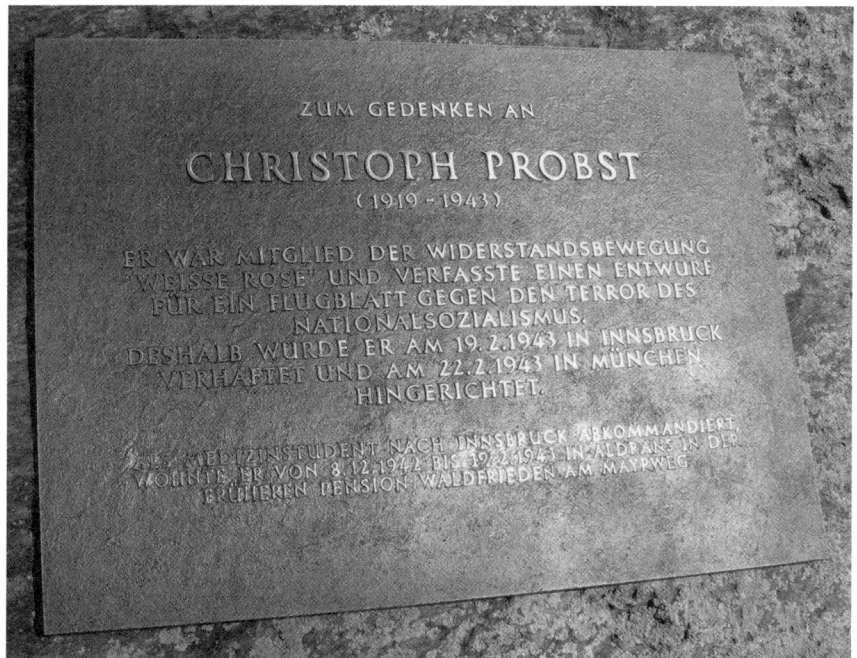

Abb. 32: Gedenktafel in Aldrans

Die Verantwortlichen an der „Deutschen Alpen-Universität" in Innsbruck handelten rasch. Noch am Tag des Urteils wurde Probst mit bemerkenswerter Begründung – er habe „aktive kommunistische Propaganda" zugegeben – auf Dauer vom Studium an allen deutschen Hochschulen ausgeschlossen.[53]

Quellen und Literatur:

Moll, Christiane (Hg.): Alexander Schmorell, Christoph Probst. Gesammelte Briefe, Berlin 2011.
Chaussy, Ulrich/Ueberschär Gerd R.: „Es lebe die Freiheit!" Die Geschichte der Weißen Rose und ihrer Mitglieder in Dokumenten und Berichten, Frankfurt am Main 2013.
Christoph-Probst-Gymnasium Gilching (Hg.): „… damit Deutschland weiterlebt." Christoph Probst 1919–1943, Gilching 2000.
https://www.uibk.ac.at/ipoint/dossiers/archiv-1938-2008-vertriebene-wissenschaft/1581549.html (zum 75. Todestag Christoph Probsts 2018).

Anmerkungen

1. Guido Adler (1855–1941). Neue Deutsche Biographie, online https://www.deutsche-biographie.de/gnd118500694.html#ndbcontent (aufgerufen am 15.1.2019).
2. Tom Adler/Anika Scott: Lost to the world, Philadelphia 2003, 74 („Der alte Adler ist des Fliegens müde" – Übersetzung der Zitate durch die Verfasserin).
3. Ebd.
4. Adler/Scott: Lost to the world, 65 („Er und meine Tante Melanie dachten, die Nazis würden kommen und gehen, und Österreich würde zur Normalität zurückkehren.").
5. Auskunft Universitätsarchiv Wien, 29.11.2018. Melanie Adler gab an, im 4. Semester ihres Medizinstudiums zu sein. Das Semester in Wien wurde wegen fehlender Prüfungen nicht angerechnet. Ihr Studium in München vom Wintersemester 1921/22 bis zum Wintersemester 1926/27 ist im Archiv der Ludwig Maximilians-Universität München (LMU) nachweisbar.
6. Auskunft Universitätsarchiv Graz, 17.12.2018.
7. Adler/Scott, Lost to the world, 57.
8. ÖNB, Musiksammlung, Signatur F 13 Wellesz 1240, Auszüge aus den Briefen von Prof. Dr. v. Ficker an Sektionschef Dr. Freih. v. Skribensky, 25.2.1946, zit. nach Stumpf, Raub und Rückgabe, 105. Ernst Berger (1857–1919), Universitätsprofessor und Maler, war eine von 10 Geiseln, die am 30.4.1919 im Münchner Luitpoldgymnasium erschossen wurden. Berger gelangte nach Ficker zur „unverdienten Ehre" der Vereinnahmung durch die Nationalsozialisten, weil er versucht hatte, einen Anschlag der Rotarmisten zu entfernen und wohl eher zufällig in deren Hände geriet.
9. Markus Stumpf: Raub und Rückgabe der Bibliothek und des Nachlasses Guido Adlers – Anmerkungen und Aktualisierungen, in: Markus Stumpf/Herbert Posch/Oliver Rathkolb (Hg.): Guido Adlers Erbe. Restitution und Erinnerung an der Universität Wien, Göttingen 2017, 105.
10. DÖW 4662.
11. Eine besonders unrühmliche Rolle spielte dabei Erich Schenk (1902–1974), seit 1940 Inhaber der Lehrkanzel für Musikwissenschaft an der Universität Wien. Dazu ausführlich: Stumpf, Raub und Rückgabe.
12. Melanie Adler wandte sich mehrmals an Winifred Wagner (1897–1980), Schwiegertochter des Komponisten Richard Wagner. Sie leitete nach dem Tod ihres Ehemanns Siegfried Wagner 1930 die Bayreuther Opernfestspiele. Seit den frühen 1920er Jahren begeisterte Nationalsozialistin, wurde sie zur engen Vertrauten Adolf Hitlers, der Bayreuth regelmäßig besuchte. Die Verbindung Melanie Adlers zur Familie Wagner ging auf die frühe Verehrung Richard Wagners durch Guido Adler zurück.
13. ÖNB, Musiksammlung, Signatur F13.Wellesz.1240. Briefausschnitte vom 4.5.1941, 16.7.1941 und 9.11.1941. Die Briefe liegen nur in Abschrift vor. Die Originale gingen nach 1945 im Zuge der Restitutionsverhandlungen verloren.
14. Stumpf, Raub und Rückgabe, 130. Winifred Wagner kam am 13.12.1941 nach Wien und besuchte eine Konzert der Wiener Philharmoniker sowie deren Archiv. Ein Treffen mit Melanie Adler ist nicht nachweisbar. Kleine Volks-Zeitung, 15.12.1941, 3; Stumpf, Raub und Rückgabe, 129–130.
15. Vgl. Anmerkung 8.
16. DÖW 4662 (Memorandum Rudolf v. Ficker, Igls bei Innsbruck, 29.10.1945, 2–3).
17. Archiv der IKG Wien, Trauungsbuch 53-1923.
18. Mitteilungen für die jüdische Bevölkerung der Alpenländer Nr. 83, 28.3.1930, 2.

19 David Ben-Dor: Die schwarze Mütze, Leipzig 2000. In dem Bericht trägt Munisch Heuer den Namen Moses Haber. Ernst David Heuer selbst änderte in Israel seinen Namen und verfasste den Bericht in englischer Sprache unter dem Titel „The Darkest Hour". Vgl. dazu die Einleitung der deutschen Ausgabe.
20 Es handelte sich um Antanas Merkys (1887–1955), Bürgermeister von Kaunas/Kovno 1934–1939, Premierminister von Litauen 1939/1940. Er hatte Heuer während eines Aufenthaltes in der Schweiz als Spezialist für die Behandlung von Krampfadern konsultiert.
21 Thomas Albrich (Hg.): Die Täter des Judenpogroms 1938 in Innsbruck, Innsbruck – Wien 2016, 361–363.
22 Die Flucht auf einem bereitstehenden Lastwagen gemeinsam mit einer Nachbarsfamilie wurde von Heuer gewaltsam verhindert. Ben-Dor: Die schwarze Mütze, 50.
23 Ben-Dor: Die schwarze Mütze, 59–60; Wolfram Wette: Karl Jäger, Mörder der litauischen Juden, Frankfurt am Main, 2011, 99–101. Die 534 Männer, die am Morgen des 18. August 1941 das Ghetto verließen, wurden noch am gleichen Tag erschossen.
24 Ben-Dor: Die schwarze Mütze, 86.
25 Ebd., 125. Die schwarze Mütze, auf die sich der Titel der deutschen Übersetzung bezieht, wurde zum Symbol seiner privilegierten Stellung.
26 UAI, Akt Stefan Kudera, Schreiben an das Reichsministerium für Wissenschaft, Erziehung und Volksbildung, 15.11.1941 (mit handschriftlichem Vermerk der Genehmigung); Schreiben der Rektoratsverwaltung der Reichsuniversität Posen, 1.12.1941. Aus dem Schreiben geht hervor, dass Stefan Kudera sein Studium 1936 aus gesundheitlichen Gründen unterbrechen musste.
27 Lorraine Justman-Wisnicki, In Quest for Life – Ave Pax, o. O. 2003, 287–301. Justman war eine polnische Jüdin, die mit Vater und Bruder als katholische Arbeiterin getarnt in Innsbruck lebte. Sie kannte mehrere Mitglieder der Widerstandsgruppe und berichtet in ihren Erinnerungen vom Verrat der Gruppe durch einen Gestapospitzel. Ebd., 297. Maria Kudera und ihre Mutter wurden nach einigen Wochen aus der Polizeihaft entlassen.
28 TLA, 10 Vr 1745/47 (Verfahren gegen Werner Hilliges). In diesem Akt finden sich sowohl das Protokoll Dr. Kapferers als auch die Amtsvermerke und Aussagen von Wilhelm Steneck.
29 Der Berliner Gestapobeamte Walter Güttner stand 1957 vor einem Münchner Schwurgericht, angeklagt u. a. wegen des Todes von Robert Moser nach Misshandlungen im April 1945, wurde jedoch aus Mangel an Beweisen freigesprochen. Wilfried Beimrohr: Die Gestapo in Tirol und Vorarlberg, in: Tiroler Heimat 64, Innsbruck 2000, 183–236, hier 227–229.
30 TLA, 10 Vr 1745/47 (Aussage Wilhelm Steneck, 25.6.1947, 3–4). Auszüge aus dem Untersuchungsbericht Dr. Kapferers abgedruckt in DÖW (Hg.): Widerstand und Verfolgung in Tirol, Bd. 1, Wien 1984, 401.
31 TLA, 10 Vr 1745/47 (Amtsvermerk Wilhelm Steneck, 13.3.1944, abgedruckt in WiVerf Tirol, Bd. 1, 401).
32 Nedwed leitete die Gestapostelle Innsbruck von Oktober 1944 bis zum Kriegsende. Beimrohr: Gestapo, 200–201.
33 TLA, 10 Vr 2515/47 (Aussage Nedwed abgedruckt in DÖW (Hg.): WiVerf Tirol, Bd. 1, 417–418).
34 Christian Fleck: Koralmpartisanen: über abweichende Karrieren politisch motivierter Widerstandskämpfer, Wien 1986, 129.
35 Ebd., 131.

36 Heimo Halbrainer (Hg.): „In der Gewißheit, daß Ihr den Kampf weiterführen werdet." Briefe steirischer WiderstandskämpferInnen aus Todeszelle und KZ, Graz 2000, 167.
37 Martin F. Polaschek: Im Namen der Republik Österreich! Die Volksgerichte in der Steiermark 1945 bis 1955 (Veröffentlichungen des Steiermärkischen Landesarchivs, Bd. 23), Graz 1998, 160.
38 Vgl. die Diskussion über die These, dass erst die Frontfamulatur von Hans Scholl, Alexander Schmorell und Willy Graf in Russland ausschlaggebend für den aktiven Widerstand geworden sei, bei Johannes Tuchel: Neues von der „Weißen Rose"? Kritische Überlegungen zu „Detlef Bald: Die Weiße Rose. Von der Front in den Widerstand", In: POLHIST, Arbeitshefte des Bereichs Historische Grundlagen der Politikwissenschaft am Otto-Suhr-Institut für Politikwissenschaft, Berlin 2003.
39 Brief an Hermann und Elise Probst, 11.12.1934, zit. nach Christiane Moll: Die Schulzeit von Christoph Probst in den Landerziehungsheimen Marquartstein und Schondorf im Spiegel seiner Briefe, in: Christoph-Probst-Gymnasium Gilching (Hg.), „… damit Deutschland weiterlebt." Christoph Probst 1919–1943, Gilching 2000, 55–82, hier 61. Elise Probst war die zweite Frau seines Vaters Hermann Probst.
40 Christiane Moll (Hg.): Alexander Schmorell, Christoph Probst. Gesammelte Briefe, Berlin 2011, 827–828 (Brief an Elise Probst, 8.12.1942). Probst fand schließlich ein Zimmer in der Pension Waldfrieden in Aldrans.
41 Ebd., 868 (Brief an Elise Probst, 22.1.1943). Probst war erschüttert über die Nachrichten aus Stalingrad und verfasste wenig später das von Scholl erbetene Flugblatt.
42 Ebd., 879 (Brief an Elise Probst, 5.2.1942). In Lermoos hatten Christoph und Herta Probst im November 1942 eine Wohnung in einem Bauernhaus gefunden, die Herta Probst bis zum Kriegsende bewohnte. Siehe Moll, Gesammelte Briefe, 836, Anmerkung 862, zu den Erinnerungen seines damaligen Innsbrucker Kommilitonen Walter Koch, dem er angeblich von der Existenz der Widerstandsgruppe in München erzählte. Einer anderen Erinnerung zufolge habe Probst auch an Treffen der verbotenen katholischen Hochschulgemeinde in Innsbruck teilgenommen. Beide Berichte wurden allerdings erst Jahrzehnte nach der Hinrichtung Probsts verfasst.
43 Moll, Gesammelte Briefe. Vgl. die Briefe an Halbbruder Dieter Sasse vom 13. und 18.12. und an Schwester Angelika am 28.12.1942.
44 Christiane Moll konstatiert in der Einleitung zur Gesamtausgabe der Briefe Alexander Schmorells und Christoph Probsts die weitgehende „Entpolitisierung" der Ziele und Aktionen der „Weißen Rose" in der öffentlichen Wahrnehmung zugunsten einer Fokussierung auf den „Opfermut" und das „Martyrium" ihrer Mitglieder. Moll, Gesammelte Briefe, 8. Die religiöse Motivation der Geschwister Scholl und Christoph Probsts wurde bereits unmittelbar nach Kriegsende von Familienmitgliedern hervorgehoben. Die Frage nach den ausschlaggebenden Motiven von Probsts Handeln führte auch im Vorfeld der Anbringung der Gedenktafel vor der Universität Innsbruck zu Diskussionen. Stefanie Gutschlhofer/Michael Kalb: Erinnerungskultur und Gedächtnispolitik an der Universität Innsbruck, in: Österreichische HochschülerInnenschaft (Hrsg.), Österreichische Hochschulen im 20. Jahrhundert. Austrofaschismus, Nationalsozialismus und die Folgen, Wien 2013, 403–414, hier 413. Ich danke Peter Goller (Universitätsarchiv Innsbruck) für diesen Hinweis.
45 Moll, Gesammelte Briefe, Anmerkung 930, 872–873.
46 Ulrich Chaussy/Gerd R. Ueberschär: „Es lebe die Freiheit!" Die Geschichte der Weißen Rose und ihrer Mitglieder in Dokumenten und Berichten, Frankfurt am Main 2013, 46.
47 Fernschreiben von M. Bormann an P. Giesler vom 19.2.1943, abgedruckt bei Chaussy/Ueberschär: „Es lebe die Freiheit", 326.

48 Verhör Christoph Probst, 20.2.1943, ebd., 315.
49 Ebd., 320.
50 VGH 8J 35/43 (Anklage Hans Scholl, Sophie Scholl und Christoph Probst).
51 Moll, Gesammelte Briefe, 243. Dass Probst auch im Sommer 1942 der Verteilung der Flugblätter der Weißen Rose kritisch gegenüberstand, wird durch einen Zeitzeugen bestätigt. Ebd., 192–193.
52 Inge Scholl: Die Weiße Rose, Frankfurt am Main 1993, 62.
53 Universitätsarchiv Innsbruck. Am 21.2.2019 gab Rektor Univ.-Prof. Dr. Tilmann Märk im Rahmen einer „Gedenkstunde der beiden Universitäten" bekannt, dass der Ausschluss Probsts „vom Studium an allen deutschen Hochschulen" rechtlich nichtig und damit aufgehoben sei (Rektoratsbeschluss vom 31.10.2018). https://www.uibk.ac.at/newsroom/uni-arbeitet-ns-geschichte-auf.html.de.

Philosophische Fakultät

Ferdinand Eberharter

geboren 25.2.1918 in Kaltenbach
gestorben 3.5.1945 in Schwaz

Ferdinand Eberharter war einer der Toten der letzten Kriegstage. Wie auch in anderen Fällen sind die Umstände seines Todes nicht mehr zweifelsfrei zu klären.

Lokale und oft spontan entstandene Widerstandsgruppen in Orten des Inntals waren Anfang Mai bemüht, die Sprengung von Brücken durch abrückende SS-Einheiten zu verhindern. Auch in Schwaz schien eine solche Sprengung der Innbrücke bevorzustehen. Eine Besprechung der weiteren Vorgangsweise gegenüber den noch in der Stadt unter SS-Kommando stationierten Scharfschützen fand in den späten Abendstunden des 2. Mai unter der Leitung von Bezirkskommandant Alois Egg statt. Als die Teilnehmer des Treffens den Gendarmerieposten verließen, kam es zu einer verhängnisvollen Begegnung. An einem Wagen, der gegenüber der Gendarmerie geparkt war, machten sich zwei Männer zu schaffen, wie es schien deutsche Offiziere, in Wahrheit Angehörige des Widerstandskreises in der Wehrmacht, der sich in Innsbruck seit dem Sommer 1944 gebildet hatte: Oberleutnant Ferdinand Eberharter und

Abb. 33:
Ferdinand Eberharter

Hans von Giannelia, sein Fahrer.[1] Eberharter stammte aus Kaltenbach im Zillertal. Seine Mutter ermöglichte ihm den Besuch des heutigen Akademischen Gymnasiums in Innsbruck, wo er im Juni 1937 die Matura mit Auszeichnung ablegte. Ende September 1937 trat er seinen Militärdienst im 136. Gebirgsjägerregiment an. Lebenszeugnisse aus den Jahren bis zu seinem Einsatz an der Nordfront fehlen. Wegen einer schweren Verwundung wurde Eberharter von der Wehrmacht beurlaubt und kehrte im Sommer oder Herbst 1941 nach Tirol zurück. Im Wintersemester 1941/42 inskribierte er an der Naturwissenschaftlichen Fakultät der Universität Innsbruck und belegte Lehrveranstaltungen aus unterschiedlichen Wissensgebieten, darunter eine fünfstündige Vorlesung über Algebra bei Leopold Vietoris.[2] Im Sommersemester 1942 übersiedelte Eberharter nach Wien und nahm das Studium der Forstwirtschaft an der Universität für Bodenkultur auf.[3] Ein durchaus mögliches Zusammentreffen mit seinem Landsmann Walter Caldonazzi, der bereits im Widerstand tätig war, ist nicht belegt.[4] Der Kontakt mit Tirol scheint vor allem über seinen ehemaligen Schulkameraden und Freund Emil Eckl[5] aufrecht geblieben zu sein. Eberharter befand sich Anfang 1945 kurz vor dem Abschluss seines Studiums, hatte aus diesem Grund von der Befreiung vom „Pflichtsport" angesucht und legte am 13. März eine letzte Prüfung ab. Unmittelbar vor dem Studienabschluss erfolgte aus unbekannten Gründen seine Exmatrikulation. Wann er endgültig nach Tirol zurückkehrte, ist nicht bekannt. Seine frühe Gegnerschaft zum NS-Regime bezeugt nicht zuletzt der Widerstandskämpfer Wolfgang Pfaundler. In den Tagen vor der Befreiung der Landeshauptstadt gehörte Eberharter jedenfalls zum besonders aktiven Kern des Widerstandes. Aus den Erinnerungen von Ludwig Steiner geht hervor, dass er an Lagebesprechungen teilnahm und an der Besetzung der Innsbrucker Klosterkaserne beteiligt war. Am 2. Mai erhielt er den Auftrag, im Zillertal Kontakt mit den dort agierenden Widerstandsgruppen aufzunehmen. Auf dem Rückweg machten Eberharter und Giannelia spät nachts in Schwaz Halt. Offenbar unsicher, um wen es sich bei der aus dem Gebäude der Gendarmerie kommenden Gruppe handelte, entfernten die beiden sich von ihrem Wagen, nachdem sie auf Zuruf erklärt hatten, einen Besuch im Lazarett machen zu wollen. Bezirkskommandant Egg folgte ihnen mit zwei Begleitern. Um die Verfolger abzuschütteln, entsicherte Giannelia eine Handgranate, forderte Eberharter auf, zum Auto zu laufen, warf die Handgranate hinter sich und versuchte, den Wagen zu erreichen. Dort angekommen wartete er vergeblich auf seinen Kameraden: Eberharter war von einem Granatsplitter am Hinterkopf getroffen worden und verstarb noch auf dem Transport ins Lazarett, wo kurze Zeit später auch der schwerverletzte Egg eingeliefert wurde. Dessen stark abweichende Schilderung des Vorfalls nach

1945 bestimmte die öffentliche Erinnerung: Die Handgranate, so Egg, sei von zwei SS-Männern gezündet worden, die im Begriff waren, die Innbrücke zu sprengen. Beide Versionen lassen viele Fragen offen.[6] Was auch immer sich in Schwaz in dieser Nacht ereignete – Ferdinand Eberharter bezahlte seinen Einsatz für die Widerstandsbewegung mit dem Leben.

Quellen und Literatur:

TLA, Opferfürsorgeakte Anna Eberharter und Alois Egg.
Archiv der Universität für Bodenkultur, Wien.
Tiroler Tageszeitung, 17.8.1945, 2.
Steiner, Ludwig: Überall schon rot-weiß-rote Fahnen, in: DÖW (Hg.): Erzählte Geschichte. Berichte von Männern und Frauen in Widerstand wie Verfolgung, Bd. 2, Wien 1992, 426–436.
Pfaundler, Wolfgang: Zum Problem des Freiheitskampfes 1938–1945 an Hand von Beispielen insbesondere des Widerstandes eines Tiroler Tales, phil. Diss. Innsbruck 1950.

Franz Mair

geboren 29.10.1910 in Niederndorf
gestorben 6.5.1945 in Innsbruck

Franz Mair verstarb am 6. Mai 1945 an den Folgen der Verletzungen, die er bei einem Schusswechsel in der Nähe des Innsbrucker Landhauses am 3. Mai erlitten hatte. Im Gegensatz zu anderen Todesopfern dieser letzten Kriegstage war Mair kein Widerstandskämpfer der letzten Stunde: Ab 1940 hatte er eine Gruppe junger Gegner des NS-Regimes um sich gesammelt, die ihre kritische Haltung Mairs Einfluss verdankten und die Kontakte mit unterschiedlichen Widerstandskreisen in der Stadt unterhielten.

Mair studierte ab 1930 an der Universität Innsbruck und schloss das Studium der Anglistik und Germanistik 1936 mit Promotion und Lehramtsprüfung ab. Das Probejahr und seine erste Anstellung führten an das Gymnasium Kufstein. Im Herbst 1938 kehrte er versehen mit ausgezeichneten Beurteilungen an das Akademische Gymnasium Innsbruck zurück, wo er selbst die Matura abgelegt hatte und das bis zu seinem Tod seine Wirkungsstätte blieb. Ehemalige Schüler beschrieben ihn einhellig als in jeder Hinsicht außergewöhnlichen und charismatischen Lehrer. Sein Unterricht begeisterte und ging weit hinaus über die Vermittlung fachbezogener Inhalte. Die Beliebtheit Mairs hatte ihren Grund nicht zuletzt in der Wertschätzung, die er allen Jugendlichen ohne Unterschied

Abb. 34:
Franz Mair

entgegenbrachte. Sie dürfte ihn lange Zeit vor Konflikten mit der Direktion, KollegInnen und NS-Schulbehörden bewahrt haben, die angesichts seiner oft genug unvorsichtig offenen Kritik am NS-Regime zu erwarten gewesen wären.

„Sein Mut, mit dem er seine politische Überzeugung verfocht, und die geistige Überlegenheit, mit der er den Mythos (sic) des zwanzigsten Jahrhunderts[7] der verdienten Absurdität überlieferte, gewannen ihm nicht nur die Sympathien der Gleichgesinnten, sondern auch die Achtung und Bewunderung derjenigen Schüler, die mit gläubigen Herzen und leeren Gehirnen Schirachs Fanfaren bliesen oder in die großdeutschen Kindertrommeln schlugen."[8]

Viele seiner ehemaligen Schüler erinnerten sich an lebhafte politische Diskussionen in der Wohnung des Lehrers, aber auch an nächtliche Sabotageaktionen und die Störung von NSDAP-Versammlungen.[9] Eine „laute und ungenierte Unterhaltung" mit SchülerInnen in der Seilbahn von der Hungerburg zur Seegrube – dem Schigebiet in der Innsbrucker Nordkette – wurde ihm Ende Jänner 1944 beinahe zum Verhängnis. Der Denunziant begründete seine Anzeige mit der für ihn offensichtlichen „geistigen Sabotage von Schulkindern", einer „unheilvollen Beeinflussung", die durch das gegenseitige Duzen von Lehrer und SchülerInnen noch verstärkt werde.[10] Mair wurde am 22. März 1944 verhaftet und musste sich schließlich am 15. Dezember 1944 in Passau vor einem Senat des nationalsozialistischen Volksgerichtshofs wegen angeblich wehrkraftzersetzender Aussagen verantworten. Das Verfahren endete nur durch eine Reihe glücklicher Umstände (so war etwa der wichtigste Zeuge der Anklage nicht erschienen) und seine überaus geschickte Verteidigung mit einem Freispruch. Zurück in Innsbruck, setzte Mair seine Aktivitäten trotz des nun deutlich größeren persönlichen Risikos fort und unterstützte nach Kräften die Widerstandsbewegung. Die Ereignisse des 3. Mai wurden später von Zeugen in widersprüchlichen Versionen geschildert. Fest steht, dass es in der Maria-Theresien-Straße im Stadtzentrum zu bewaffneten Auseinandersetzungen zwischen SS-Angehörigen und Mitgliedern der Widerstandsbewegung kam und Mair von mehreren Schüssen getroffen wurde.[11] Sein tragischer Tod war bald darauf Mittelpunkt dramatischer Schilderungen angeblich „blutiger Gefechte" um das Landhaus, das zu diesem Zeitpunkt bereits kampflos besetzt worden war. Ein Artikel in der Tiroler Tageszeitung aus Anlass des ersten Jahrestags der Ereignisse präsentierte Mair als christlichen Märtyrer der Befreiung seiner Heimat. „Wie ein gehetztes Wild" habe er die letzten Tage vor seinem Tod versucht, der Gestapo zu entkommen. Als ihn die Kugeln seiner Verfolger trafen, brach er, so der Bericht, mit dem Ausruf „Es lebe Österreich" zusammen. „Noch am Totenbette stand auf seinem Antlitz jenes sieghafte Lächeln, das ihm stets zu eigen war. Sein letzter Wunsch war es, das Requiem von Verdi zu hören. Mit dem Kruzifix in der Hand und mit der Bitte, den Schuldigen zu verzeihen, verschied er in die Ewigkeit."[12] Als „Bannerträger für ein neues Österreich" wurde Franz Mair in den ersten Nachkriegsjahren so zum Symbol des Tiroler Widerstandes schlechthin.

Eine Gedenktafel am Alten Landhaus, die Umbenennung eines Teils der zu seiner ehemaligen Schule führenden Angerzellgasse und die Übernahme seines Grabs als Ehrengrab durch die Stadt Innsbruck sind heute sichtbare Zeichen der ehrenden Erinnerung an Franz Mair. Die wenig ruhmreiche Geschichte dieser Erinnerungszeichen (und der Versuche, sie zu verhindern) ist in Horst Schreibers biografischer Studie nachzulesen.

Lebensbeschreibung

Geboren am 29. Oktober 1910 zu Niederndorf bei Kufstein, besuchte ich die erste Volksschule in Amras, wohin mein Vater vor Kriegsausbruch als Gendarmerie-Revier-Inspektor versetzt worden war. Die übrigen Volksschulklassen machte ich

Lebensbeschreibung

Geboren am 29. Oktober 1910 zu Niederndorf bei Kufstein, besuchte ich die erste Volksschulklasse in Innsbruck, wohin mein Vater vor Kriegsausbruch als Gendarmerie-Revier-Inspektor versetzt worden war. Die übrigen Volksschulklassen machte ich in Hall-Innsbruck durch. Nach acht Jahren fortgesetzter Gymnasialstudien am Landesrealgymnasium in Innsbruck absolvierte ich daselbst die Reifeprüfung.

Nachdem ich infolge der durch den Kriegsausbruch bedingten Mittellosigkeit der Ihren mich nicht der unübersehbaren Kunst zuwenden konnte, mußte ich jenes Gebiet, das noch die intensivste Beschäftigung mit der Kunst zuließ: die Literaturgeschichte. Hier fesselten mich vor allem die Literatur deutscher und englischer Sprache, deren Medium ich mit Interesse betrat.

Franz Mair

Abb. 35: Lebenslauf Franz Mair (Ansuchen um Zulassung zur Lehramtsprüfung)

in Pradl-Innsbruck durch. Nach acht Jahren fortgesetzter Gymnasialstudien am Bundesrealgymnasium in Innsbruck absolvierte ich dortselbst die Reifeprüfung.

Nachdem ich infolge der durch den Kriegsausgang bedingen Mittellosigkeit der Eltern mich nicht der ausübenden Kunst zuwenden konnte, wählte ich jenes Gebiet, das noch die intensivste Beschäftigung mit der Kunst zuließ: die Literaturgeschichte. Hier fesselte mich vor allem die Literatur deutscher und englischer Sprache, deren Studium ich mit Interesse betrieb.

Franz Mair

Quellen und Literatur:

VGH 4J 1626/44 (Anklage), VGH 3L 475/44 (Urteil).
DÖW (Hg.): Widerstand und Verfolgung in Tirol, Bd. 2, Wien 1984.

Schreiber, Horst: Widerstand und Erinnerung in Tirol 1938–1998: Franz Mair – Lehrer, Freigeist, Widerstandskämpfer, Innsbruck 2000.
Schreiber, Horst: Die Kontroverse um die Prof.-Franz-Mair-Gasse 1980/81 (= Kapitel aus Schreiber, Widerstand und Erinnerung, aufgerufen am 2.1.2019): https://www.horst schreiber.at/texte/die-kontroverse-um-die-prof-franz-mair-gasse-1980-81/.

Heinrich Pühringer

geboren 22.11.1914 in Ried im Innkreis
gestorben 18.12.1944 in Nystad (Norwegen)

Widersetzlichkeitsdelikte nahmen im deutschen Militärstrafgesetzbuch (MStGB) breiten Raum ein und umfassten so unterschiedliche Vergehen wie Feigheit, Wachverfehlungen, Meuterei, Befehlsverweigerung, Beleidigung eines Vorgesetzten und viele mehr. Geringfügigere Verstöße konnten mit Gefängnis oder Festungshaft bestraft werden, bei „schweren Fällen" und Begehung der Tat „im Feld" waren lebenslängliche Zuchthausstrafen oder die Todesstrafe vorgesehen. Der immense Ermessensspielraum der Wehrmachtsgerichte machte es im konkreten Fall für den Betroffenen unmöglich, das zu erwartende Strafausmaß vorherzusehen. Die Einschätzung der Begleitumstände und Motive einer Handlung war ebenso willkürlich wie die der Persönlichkeit des Angeklagten. Dies galt auch für die in § 84 und § 85 MStGB vorgesehene Unterscheidung von Dienstpflichtverletzungen „aus Furcht" und solchen aus „Feigheit": „Den Begriff der Feigheit behält das Gesetz besonderen Fällen vor, die nach ihrem Unrechtsgehalt eine schwere und entehrende Strafe nach sich ziehen müssen." Zwar gesteht der Kommentar dem Soldaten zu, dass seine Tapferkeit vom „Zustand der Nerven" abhängig war, verpflichtete ihn aber auch dazu, „das Gefühl der Schwäche oder Furcht durch Einsatz aller Willenskräfte niederzukämpfen und zu überwinden." Auf individuelle Befindlichkeiten könne jedenfalls keine Rücksicht genommen werden. Ein „besonders schwerer Fall" konnte vom Gericht angenommen werden, wenn die Tat während oder vor einer zu erwartenden Kampfhandlung begangen wurde. Erschwerend wirkte sich auch die nicht näher definierte „schimpfliche Weise" der Handlung oder die Herbeiführung „erheblicher Nachteile" aus. Keines dieser Merkmale für sich begründete jedoch zwingend die Einordnung eines Vergehens als „Feigheit" und damit die Verhängung der Todesstrafe. Im Dezember 1944 fällte das Gericht der 2. Gebirgsdivision in Norwegen gleich acht derartige Urteile in sechs Verfahren gegen Angehörige des 136. und 137. Gebirgsjägerregiments, unter ihnen Heinrich Pühringer. Nur wenige Tage später wurde die Einheit, die sich nach dem fehlgeschlagenen Durchbruch nach Murmansk auf dem Rückzug befand, nach Dänemark verlegt.[13]

Heinrich Pühringer wuchs in Ried im Innkreis auf, besuchte das dortige Gymnasium und legte am 23. September 1935 seine Reifeprüfung ab, zu diesem Zeitpunkt deutlich älter als seine Mitschüler. Nach einjährigem Dienst beim Bundesheer begann er im Wintersemester 1936/37 ein Lehramtsstudium für die Fächer Turnen und Geografie in Innsbruck.[14] Im Herbst 1939 war

Abb. 36:
Heinrich Pühringer

Pühringer für ein Trimester an der Universität München inskribiert, bevor er sich im Jänner 1940 für die Lehramtsprüfung anmeldete. Die Hausarbeiten waren ihm erlassen worden, für die insgesamt fünf Klausurarbeiten erhielt er durchwegs gute Noten. Zu den zu behandelnden Themen gehörten Aufsätze über die „Erziehung zur Wehrhaftigkeit im Hallenturnen" und „Die wichtigsten Kolonialsysteme und ihre Verbreitung auf der Erde."[15] Aus Anlass seiner Ernennung zum Studienreferendar wenige Monate später bemühte sich die Gauleitung Tirol-Vorarlberg vergeblich um eine Beurteilung Pühringers durch die NSDAP-Ortsgruppe des Münchner Stadtteils, in dem er im Herbst 1939 gewohnt hatte: Über Pühringer lagen keinerlei Informationen vor.[16]

Kurz vor den abschließenden Prüfungen im März 1940 erfolgte seine Einberufung zur Wehrmacht, zunächst zum Bau-Bataillon Landeck und ab dem

Zl 745 Innsbruck,27.März 1940.

Herr P Ü H R I N G E R ,Heinrich,geb. am 22.November 1914 in Ried im Innkreis,Oberdonau,heimatsberechtigt in Ried,deutscher Staatsangehöriger,röm.kath.hat auf Grund des Reifezeugnisses Nr.18 vom23.Sept. 1935 des Gymnasiums in Ried im Innkreis an der phil Fak. der Univ. in Innsbruck vom W/S 1936/37 bis einschl. S/S 1939,im Trimester Sept -Dez. 1940 an der phil.Fak. der Univ in München,ferner im Trim. Jan.-März 1940 an der phil.Fak. der Univ. in Innsbruck studiert.Er besuchte die für seine Fächer eingerichteten Lehrgänge und Übungen.
Am 9.Januar 1940 meldete er sich bei der unterzeichneten Prüfungkommission zur Ablegung der Lehramtsprüfung aus

T U R N E N und G E O G R A P H I E als Hauptfächern,
wofür die Zulassungsbedingungen erfüllt waren. (13. Jän. 1938 Zl 19035-2/c 84)

Die Prüfung wurde nach der Prüfungsordnung B.G.Bl.271/1937 abgehalten undhatte folgende Ergebnisse:
Hausarbeiten:Erlassen nach Schnellbrief--------
Klausurarbeiten:
Turnen:Kl.1. 2. ---
Geographie:1. 2. 3. ------
Mündliche Prüfungen:
Turnen: Medizinische Prüfung:--------
Hauptprüfung:genügend.
Geographie: noch gut.

Die phil.päd.Prüfung konnte------------

Herr P Ü H R I N G E R ,Heinrich hat somit die Lehramtsprüfung für höhere Schulen aus

T U R N E N und G E O G R A P H I E als Hauptfächern in allen jenen Teilen ,für die die unterzeichnete KOmmission zuständig ist,mit Erfolg abgelegt.

Für die Prüfungskommission:

dzt. Direktor

Abb. 37: Heinrich Pühringer: Abschluss des Lehramtsstudiums in Leibesübungen

10. April 1941 zum Bau-Ersatz-Bataillon 17. Am 4. Juni 1941 wurde er mit dem Gebirgsjäger-Ersatz-Regiment 136 nach Norwegen verlegt, kurz nachdem er in Kitzbühel geheiratet hatte. Von Dezember 1942 bis Ende März 1943 unterrichtete Pühringer während eines Wehrmachtsurlaubs an der Oberschule für Jungen in Schwaz, der er im Mai 1943 als Studienassessor dienstzugeteilt wurde.[17]. Das Urteil vom 11. November 1944 berief sich auf „uneidliche glaubhafte Zeugenaussagen" zum Einsatz von Pühringers Einheit, die ab 7. Oktober in schwere Kämpfe mit der vorrückenden Roten Armee verwickelt war. Pühringer habe die in ihn gesetzten Erwartungen schwer enttäuscht:

„Der Angeklagte wird als hervorragender Friedenssoldat beurteilt. Als Führer im Gefecht zeigt er jedoch zu wenig Härte gegen sich und seine Untergebenen. Die Fähigkeit, Vertrauen auszustrahlen und seine Leute mitzureißen, mangelt ihm völlig. Alle guten Eigenschaften, die ihn als hervorragenden Friedenssoldaten kennzeichnen, treten unter Feindeinwirkung stark in den Hintergrund."[18]

Pühringer habe seine Kompanie verlassen und sich unerlaubt von der Frontlinie entfernt:

„Der Angeklagte marschierte befehlsgemäß, kehrte aber [...] wieder um, da ihm andere planlos zurückgehende Soldaten seines Bataillons begegneten, die vom Verbleib seiner Kompanie nichts wussten und angeblich äußerten, Teile seines Bataillons seien schon über den Petsamojoki zurückgegangen. Ohne sich einer der zahlreichen in diesem Raum eingesetzten Einheiten anzuschließen, ging der Angeklagte [...] bis er am Abend des 12. Oktober bei der Versprengten-Sammelstelle mehr als 50 km hinter der kämpfenden Front eintraf. [...] Der Angeklagte bestreitet, aus Furcht vor persönlicher Gefahr/Feigheit seine Einheit verlassen zu haben. [...] Er behauptet, er habe immer und immer wieder versucht, Anschluss an seine Kompanie zu gewinnen, jedoch habe ihm niemand etwas über deren Einsatzort sagen können."[19]

Gottlieb Fankhauser aus Tux im Zillertal, dessen Bruder Georg ebenfalls zum Tod verurteilt wurde, bestätigte nach 1945 den Vorfall: Eine Gruppe von Kameraden habe den Auftrag erhalten, eine Stellung zu besetzen, um den Rückzug ihrer Einheit zu decken. Beim Heranrücken der russischen Armee hätten sie diese Stellung befehlswidrig verlassen und sich erst zwei Tage später bei ihren Vorgesetzten gemeldet. Dem Armeerichter erschien die Verteidigung Pühringers wenig glaubhaft. Sein Rückzug sei umso verwerflicher, als von ihm als Unteroffizier „vorbildliches Verhalten" zu erwarten gewesen wäre, er zudem als Lehrer zur „Führung der Jugend" berufen sei und jederzeit Härte gegen sich und andere zu zeigen hätte. Das Todesurteil sei unumgänglich, weil viele Kameraden ihr Leben im Kampf gelassen hätten. „Schwächlichen Naturen" müsse zur ihrer Abschreckung gezeigt werden, was sie erwarte, wenn sie „die ehrliche Kugel im Kampf" scheuten. Generaloberst Lothar Rendulic, seit dem 28. Juni 1940 Befehlshaber der 20. Gebirgsarmee in Finnland, lehnte ein Gnadengesuch Pühringers „im Interesse der Aufrechterhaltung der Manneszucht" am 3. Dezember 1944 ab.[20] Seine Hinrichtung wurde für den 18. Dezember 1944 festgesetzt. Die Grabstelle war nach Kriegsende nicht mehr auffindbar.

Quellen und Literatur:
DÖW 20.857.
Bundesarchiv Berlin, Abteilung Bereitstellung.
Privatarchiv Gottfried Gansinger, Ried i. Innkreis.

Austrier-Blätter Nr. 15, 1946, 50.
Austrier-Blätter Nr. 25, 1956, 201–202.
Gansinger, Gottfried: Nationalsozialismus im Bezirk Ried im Innkreis. Widerstand und Verfolgung 1938–1945, Innsbruck 2016, 251–256.

Emmerich Übleis

geboren 9.1.1912 in Gösseling/St. Martin
gestorben 1942 in Chimki/Moskau (?)

Der Wechsel von der Universität Wien nach Innsbruck zu Beginn des Sommersemesters 1933 bedeutete für den Chemiestudenten Emmerich Übleis mehr als nur die Veränderung des Studienortes. Übleis war in Wien Mitglied der Vereinigung sozialistischer Hochschüler, wohnte im sozialdemokratischen Studentenheim Säulengasse und gehörte dort auch zu einer Abteilung des Republikanischen Schutzbunds.[21] Als Vertrauensmann der Sozialdemokratischen Arbeiterpartei (SDAP) in der Hochschülerschaft setzte er sich in Auseinandersetzungen mit der Heimleitung für seine Studienkollegen ein und sah sich mit dem Vorwurf kommunistischer Agitation konfrontiert. Mit Jahresende 1932 musste Übleis das Heim verlassen. Wenig später teilte ihm ein Schiedsgericht der SDAP mit, dass er für die Dauer von drei Jahren von jeder

Parteifunktion ausgeschlossen sei. Übleis ging auf Distanz: „Ich habe bei den Parteistellen keine Hilfe gefunden und stand dann so ziemlich alleine da. Da fasste ich den Entschluss, nach Innsbruck zu fahren. Ich war erbittert, weil ich von der Partei schlecht behandelt wurde.“[22] Gegenüber den ihn vernehmenden Polizeibeamten im Landesgerichtlichen Gefangenenhaus Innsbruck war Übleis naturgemäß daran gelegen, den angeblichen Rückzug von jeder politischen Betätigung glaubhaft zu machen. Seine private Korrespondenz relativierte die Gründe für die Übersiedlung nach Tirol:

> „Was mich gerade nach Innsbruck gezogen hat, sind nicht in erster Linie die Niederlagen in Wien, sondern wohl die Berge in der Umgebung. Da hoffe ich mich wieder ganz zu stärken. Ich gehe Sonntag irgendwo hinauf. Ich fühle mich schon viel freier und auch im Laboratorium u. bei der theoretischen Arbeit geht es mir gut.“[23]

Der Adressat dieser Mitteilung war Ludwig Erik Tesar, Direktor der Wiener Neustädter Bundeserziehungsanstalt „Schule am Turm“, sein Förderer und Vertrauter.[24] Tesar hatte die Schulleitung 1919 auf ausdrücklichen Wunsch

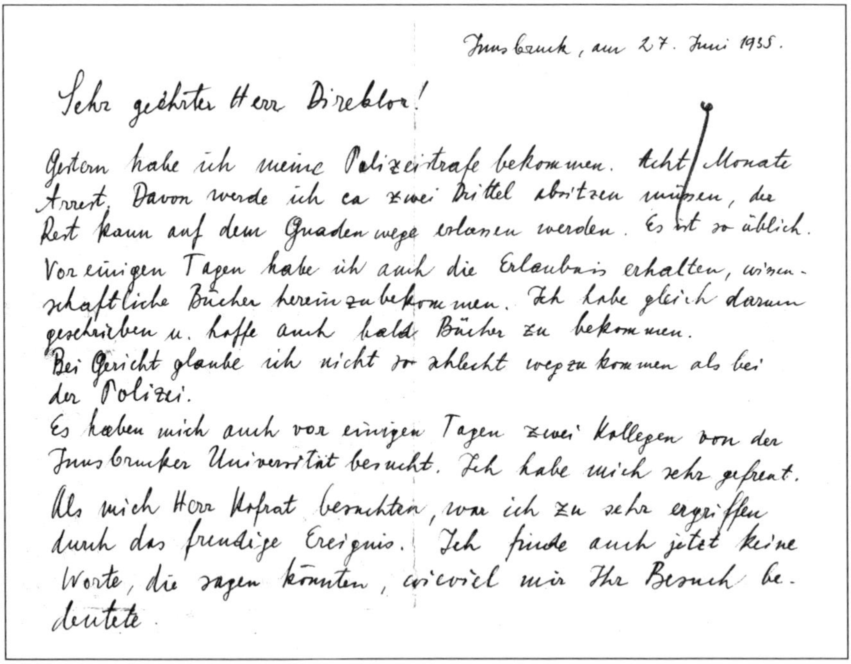

Innsbruck, am 27. Juni 1935.

Sehr geehrter Herr Direktor!

Gestern habe ich meine Polizeistrafe bekommen. Acht Monate Arrest. Davon werde ich ca zwei Drittel absitzen müssen, der Rest kann auf dem Gnadenwege erlassen werden. Es ist so üblich. Vor einigen Tagen habe ich auch die Erlaubnis erhalten, wissenschaftliche Bücher herein zu bekommen. Ich habe gleich darum geschrieben u. hoffe auch bald Bücher zu bekommen.

Bei Gericht glaube ich nicht so schlecht wegzukommen als bei der Polizei.

Es haben mich auch vor einigen Tagen zwei Kollegen von der Innsbrucker Universität besucht. Ich habe mich sehr gefreut. Als mich Herr Hofrat besuchten, war ich zu sehr ergriffen durch das freudige Ereignis. Ich finde auch jetzt keine Worte, die sagen könnten, wieviel mir Ihr Besuch bedeutete.

Abb. 38: Brief aus Innsbruck an seinen Lehrer Erik Tesar (Ausschnitt)

des sozialdemokratischen Unterstaatssekretärs im Unterrichtsministerium Otto Glöckel übernommen und sie nach den Grundsätzen der Reformpädagogik ausgerichtet. Seine besonderen Bemühungen galten Schülern aus ärmeren Familien, denen er die Ausbildung an einer höheren Schule zugänglich machte und von denen viele auch nach ihrem Abschluss in engem Kontakt mit ihm blieben. Übleis hatte in der „Schule am Turm" 1930 die Matura mit Auszeichnung abgelegt. Das katholisch-konservative Milieu an der Universität Innsbruck dürfte ihm wenig behagt haben. Viele Studenten, Dozenten und Professoren bekannten sich zudem auch nach dem Verbot der NSDAP 1933 mehr oder weniger offen zu ihrer nationalsozialistischen Überzeugung. Für das Chemische Institut und seine beiden Ordinarien Ernst Philippi und Josef Lindner galt dies in ganz besonderem Maß.[25] Mit dem Studienangebot hingegen war Übleis zufrieden: „Prof. Kofler (Innsbruck) ist auch berühmt im Gebiete: Mikrokristallisation, Mikrosublimation. Dann ist noch hier: March (theoretische Physik). Also hinreichend Möglichkeiten, zu studieren."[26]

Am 10. Mai 1935 wurde Emmerich Übleis im Zuge der Zerschlagung der illegalen KP Tirols verhaftet. Über seine Kontakte und Aktivitäten in den zwei Jahren seines Aufenthalts in Innsbruck ist wenig bekannt. In den Verhören im Mai und Juni 1935, die auf seine Festnahme folgten, gelang es Übleis überzeugend, seine Rolle in der KP als völlig unbedeutend darzustellen: Er sei erst Anfang 1935 von einem gewissen „Josef Grün" angesprochen worden, erinnere sich sonst an keine Namen oder Treffen und habe sich weder in Wien noch in Innsbruck in irgendeiner Weise für die KP betätigt. Seine politische Überzeugung sei allerdings unverändert: „Ich blieb aber innerlich weiter Sozialist und habe mit Interesse den Kampf des Proletariats verfolgt."[27] Einziges Zugeständnis an „Grün" sei ein Bericht über eine Veranstaltung im Hotel Maria Theresia im März 1935 gewesen, bei dem er den Referenten wegen dessen kritischer Schilderung der Lebensverhältnisse der Arbeiterschaft in der Sowjetunion angegriffen hatte. Diesen Bericht habe er Josef Wuggenig in dessen Wohnung übergeben, ohne sich an der Herstellung der dort gedruckten Roten Volkszeitung in irgendeiner Weise zu beteiligen.[28] Prof. Philippis Einschätzung seines Studenten war durchaus ernst gemeint: Übleis sei überaus begabt, habe sich im Studium vielfach ausgezeichnet und könne deshalb (!) auf keinen Fall Kommunist sein. Er sei „arm wie eine Kirchenmaus" und gezwungen, sich in den Ferien Geld zu verdienen – als „Emissär Moskaus" hätte er das wohl, so Philippi, nicht notwendig gehabt. Sollte Übleis sich politisch betätigt haben, so könne das nur mit seiner „im ganzen Labor bekannten Gutherzigkeit" zu erklären sein. „Er war immer hilfsbereit gegen alle Kollegen, derart, dass vielleicht seine eigene Arbeit darunter gelitten hat. Auch nach seiner Verhaftung soll er irgendwie bekanntgegeben haben, dass sich andere Studenten seine Sachen ruhig weiter ausleihen könnten.“[29]

Ludwig Tesar besuchte seinen ehemaligen Schüler im Juni 1935 und erfuhr wenig später von der achtmonatigen Arreststrafe, die am 26. Juni verhängt worden war. Übleis schien gefasst: Die Genehmigung, wissenschaftliche Bücher zu beziehen, habe er erhalten und er sei zuversichtlich, vor Gericht mit geringerer Strafe davonzukommen.[30] Ein Drittel der Strafe wurde im Oktober erlassen, Übleis jedoch zur Verfügung des Landesgerichts weiter in Haft gehalten. Bereits am 25. August 1935 hatte Otto Baron von Skrbensky, „Kommissär für die Aufrechterhaltung der Disziplin unter den Studierenden an den Hoch-

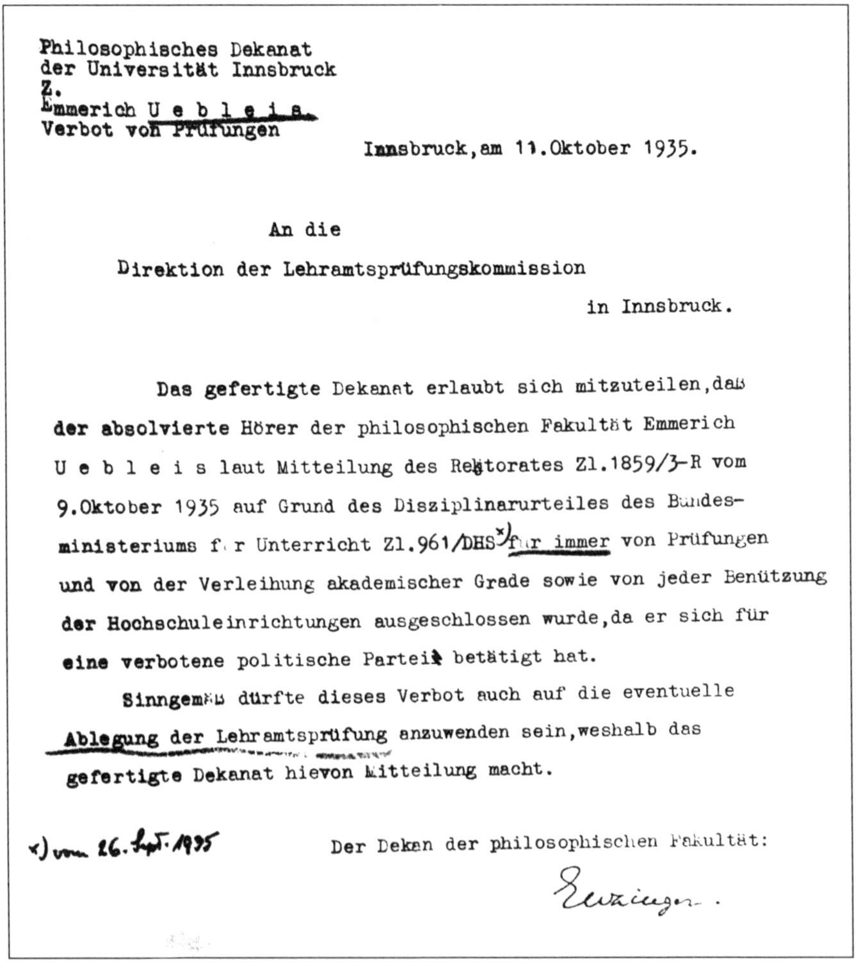

Philosophisches Dekanat
der Universität Innsbruck
Z.
Emmerich U e b l e i s.
Verbot von Prüfungen

Innsbruck, am 11. Oktober 1935.

An die
Direktion der Lehramtsprüfungskommission
in Innsbruck.

Das gefertigte Dekanat erlaubt sich mitzuteilen, daß der absolvierte Hörer der philosophischen Fakultät Emmerich U e b l e i s laut Mitteilung des Rektorates Zl. 1859/3-R vom 9. Oktober 1935 auf Grund des Disziplinarurteiles des Bundesministeriums für Unterricht Zl. 961/DHS x) für immer von Prüfungen und von der Verleihung akademischer Grade sowie von jeder Benützung der Hochschuleinrichtungen ausgeschlossen wurde, da er sich für eine verbotene politische Partei betätigt hat.

Sinngemäß dürfte dieses Verbot auch auf die eventuelle Ablegung der Lehramtsprüfung anzuwenden sein, weshalb das gefertigte Dekanat hievon Mitteilung macht.

x) vom 26. Sept. 1935

Der Dekan der philosophischen Fakultät:

Abb. 39: Ausschluss vom Studium: „für immer“

schulen", Erkundigungen über ihn eingezogen und am 26. September 1935 den Bescheid erlassen, der Übleis „auf immer" vom Studium an einer österreichischen Hochschule ausschloss.[31] Ein Einspruch gegen diesen Bescheid war nicht möglich. Übleis stand kurz vor Abschluss seines Studiums und hatte Pläne für eine Dissertation, an die im Inland nicht mehr zu denken war. Am 7. November 1935 wurde nun zudem von Staatsanwalt Ernst Grünewald Anklage nach § 65a StGB erhoben: Übleis habe sich durch den von ihm verfassten Zeitungsartikel des „Verbrechens der Störung der öffentlichen Ruhe" schuldig gemacht. Der Schöffensenat des Landesgerichts Innsbruck verurteilte Übleis am 5. Dezember 1935 zu fünfzehn Monaten schweren Kerkers. Das Urteil konnte in seiner Schwere kaum mit den Ermittlungsergebnissen begründet werden und bezog sich daher ausdrücklich auf seine „Gesinnung". Es ist vor dem Hintergrund der Bemühungen von Polizei und Justiz um die endgültige Zerschlagung linker Opposition in Tirol zu sehen, die auch in anderen Fällen zu harten Urteilen für mutmaßliche KP-AktivistInnen führten. Seine Strafe verbüßte Übleis im Zuchthaus Garsten, von wo er Ludwig Tesar über seine Mithäftlinge, ausnahmslos illegale Nationalsozialisten, berichtete. Am 7. April 1936 wandte sich sein Vater unter Verweis auf die positive Einschätzung des Sohnes durch Prof. Philippi an den Bundespräsidenten. Rechtsanwalt Norbert Hermann hatte bereits am 2. März in einem Gnadengesuch auf den jugendlichen Idealismus von Übleis hingewiesen, der den „Verführungskünsten kommunistischer Agitatoren" erlegen und mit dem Ausschluss von allen österreichischen Universitäten genügend bestraft sei.[32] Erst im Zuge der allgemeinen Amnestie im Juli 1936 erfolgte schließlich die Entlassung und Übleis wandte sich sofort (und vergeblich) an Skrbensky mit der Bitte, das Studienverbot aufzuheben. Bald war auch klar, dass er weiterhin unter Beobachtung der Sicherheitsbehörden stand und eine Überstellung in das Anhaltelager Wöllersdorf zu befürchten war.[33] Versehen mit diversen Empfehlungsschreiben hoffte Übleis, sein Studium an der Universität Prag fortsetzen zu können, eine Hoffnung, die sich rasch zerschlug.[34] Im April 1937 verließ er die Tschechoslowakei und Ludwig Tesar erhielt einen letzten Kartengruß: „Ich werde mich jetzt längere Zeit in Paris aufhalten und Ihnen bald Näheres berichten."[35]

Nur wenige gesicherte Fakten über sein Schicksal in den folgenden Jahren sind zu ergänzen. Übleis nahm als „Kurt Seifert" am Kampf der Internationalen Brigaden im Spanischen Bürgerkrieg teil, flüchtete nach dem Sieg der Faschisten unter General Franco nach Südfrankreich und wurde dort gemeinsam mit anderen Österreichern im Lager Argelès-sur-Mer festgehalten.[36] Unter welchen Umständen die Ausreise in die Sowjetunion glückte, ist unbekannt. Sie erfolgte anscheinend gemeinsam mit dem Tiroler Max Bair, der Übleis allerdings weder gegenüber Egon Erwin Kisch noch in einem späteren Interview in Tirol erwähnte.[37] Bair und eine Gruppe deutscher, spanischer und österreichischer Spanienkämpfer konnten Frankreich im April 1939 mit Hilfe der französischen KP auf dem sowjetischen Schiff „Siber" verlassen. Sie trafen am 13. April in Leningrad ein und wurden zunächst zur Erholung in Chimki bei Moskau untergebracht.[38] Ob Übleis sich dort tatsächlich bis 1942 aufhielt, muss offenbleiben. Die Information über seinen Unfalltod während einer Partisanenausbildung kann durch Dokumente nicht belegt werden.

Quellen und Literatur:

DÖW (Hg.): Widerstand und Verfolgung in Tirol 1934–1945, Bd. 1, Wien 1984, 22, 77–80, 84, 94, 97–98, 609.

TLA, 11 Vr 927/35.

Forschungsinstitut Brenner-Archiv der Universität Innsbruck, Nachlass Ludwig Erik Tesar.

Goller, Peter/Oberkofler, Gerhard: Emmerich Übleis. Kommunistischer Student der Universität Innsbruck – Antifaschist – Spanienkämpfer – Sowjetpartisan, Innsbruck 2000.

Anmerkungen

1. Hans von Giannelia (1918–1977). Giannelia war seit 1942 aufgrund einer schweren Erkrankung dienstunfähig und hielt sich ab 1944 (?) in Innsbruck auf. Email von Melina Giannelia an die Verfasserin, 18.8.2014.
2. UAI, Standesblatt Ferdinand Eberharter. Die Naturwissenschaftliche Fakultät existierte von 1940 bis 1948. Auskunft Dr. Peter Goller, UAI, 26.9.2018. Leopold Vietoris (1891–2002) lehrte von 1930 bis 1961 an der Universität Innsbruck.
3. Matrikelschein Universität für Bodenkultur Wien, 7.5.1942.
4. Caldonazzi war Assistent bei Univ. Prof. Wilhelm Tischendorfer, bei dem auch Eberharter studierte.
5. Dr. Emil Eckl (1918–2000), Truppenarzt des Gebirgsjäger-Ersatzbataillons 136 und aktiv im Widerstandsnetz um Ludwig Steiner.
6. Die ausführliche Schilderung der Ereignisse findet sich bei Wolfgang Pfaundler: Zum Problem des Freiheitskampfes 1938–1945 an Hand von Beispielen insbesondere des Widerstandes eines Tiroler Tales, phil. Diss. Innsbruck 1950, 75–85. Pfaundler kannte Eberharter offensichtlich persönlich, nennt allerdings keine Quelle für seine Informationen. Unklar ist, ob Hans Giannelia je zum Tathergang einvernommen wurde. TLA, Opferfürsorgeakt Anna Eberharter, Aussage Alois Egg.
7. Alfred Rosenberg: Der Mythus des 20. Jahrhunderts, München 1930.
8. Welt am Montag, 3.2.1958, Leserbrief Karl Probst. Probst war ein Schüler Mairs. Der Leserbrief erschien in Zusammenhang mit der Auseinandersetzung um die Ehrentafel für Franz Mair am Landhaus in Innsbruck 1957/58. Horst Schreiber: Widerstand und Erinnerung in Tirol 1938–1998. Franz Mair – Lehrer, Freigeist, Widerstandskämpfer, Innsbruck 2000, 137–150.
9. Schreiber: Widerstand und Erinnerung, 56–57.
10. TLA, LSR f. Tirol, Zl. 202-00/287 (Abschrift der Anzeige gegen Franz Mair, 22.2.1944), zit. nach Schreiber: Widerstand und Erinnerung, 58.
11. Ebd., 84–92 mit einer Gegenüberstellung der verschiedenen Zeugenaussagen.
12. Tiroler Tageszeitung, 3.5.1946, 4.
13. DÖW 20.857 (Bericht des Armeerichters vom 12.1.1945).
14. Gottfried Gansinger: Nationalsozialismus im Bezirk Ried im Innkreis. Widerstand und Verfolgung 1938–1945, Innsbruck 2016, 251.
15. UAI, Prüfungsprotokoll 7.3.1940.
16. Bundesarchiv Berlin, Abteilung Bereitstellung, NS 12/11081.
17. TLA, Landesschulrat für Tirol, Personalakt Heinrich Pühringer.
18. Feldurteil vom 11.11.1944, 3, in beglaubigter Abschrift in Familienbesitz. Gottfried Gansinger: Nationalsozialismus im Bezirk Ried im Innkreis. Widerstand und Verfolgung 1938–1945, Innsbruck 2016, 251–256. Ich danke Gottfried Gansinger für ergänzende Informationen.
19. Ebd.; Gansinger 253. An anderer Stelle wird die Entfernung mit nur 5 km angegeben.
20. Abschrift im Archiv Gottfried Gansinger. Begnadigungen waren nicht gänzlich ausgeschlossen: Das Todesurteil gegen Rudolf Musek, einen der acht der Feigheit angeklagten Soldaten, wurde laut Bericht (Anm. 13) in eine Zuchthausstrafe umgewandelt. Die Gräber einiger der Hingerichteten, unter ihnen Georg Fankhauser, konnten auf dem Friedhof von Botn-Rognan im nördlichen Norwegen identifiziert werden. Lothar Rendulic (1887–1971) wurde 1948 zu 20 Jahren Haft verurteilt, jedoch bereits 1951 entlassen.
21. TLA, 11 Vr 927/35 (Vernehmung Emmerich Übleis 15.5.1935).
22. Ebd.

23 Forschungsinstitut Brenner-Archiv der Universität Innsbruck, Nachlass Ludwig Erik Tesar, Brief an Tesar, 20.5.1933.
24 Erik Ludwig Tesar (1879–1968). Tesar ersuchte nach längerem Krankenurlaub 1934 um frühzeitige Versetzung in den Ruhestand. Seine Mitgliedschaft in der SDAP legte er 1933 zurück, nach den Vorfällen im Studentenheim ebenso enttäuscht von der Parteiführung wie Übleis. Den Vorwurf seines Freundes Otto Glöckel, die Partei im Stich zu lassen, wies er zurück: „Es kann darum auch der Austritt aus einer Partei nicht ohne weiteres mit einem Überbordwerfen einer Weltanschauung gleichgesetzt werden." Brief an Otto Glöckel, 8.5.1933, zit. nach Eberhard Sauermann: Ludwig Tesar, der rote Hofrat in Schwaz. Ein Schulmann ohne Furcht vor der Obrigkeit, in: Das Fenster 18 (1976), 1862–1869, hier 1867.
25 Peter Goller/Gerhard Oberkofler: Emmerich Übleis. Kommunistischer Student der Universität Innsbruck – Antifaschist – Spanienkämpfer – Sowjetpartisan, Innsbruck 2000, 7–8. Philipp betonte in einem Bericht 1940 den „bekannten nationalsozialistischen Geist des Instituts." Ebd., 8.
26 Brenner-Archiv, Nachlass Tesar, Schreiben an Ludwig Tesar, 30.5.1933. Ludwig Kofler (1891–1951) war international anerkannter Pharmakologe, nach 1938 Gaudozentenbundführer und SS-Mitglied; Arthur March (1891–1957), Physiker.
27 TLA, 11 Vr 927/35 (Vernehmung Emmerich Übleis 14.6.1935).
28 Josef Wuggenig (1901–1965), Bundesbahnbediensteter, 1934 zwangspensioniert, wurde am 5.12.1935 wegen seiner Mitarbeit an der illegalen Roten Volkszeitung zu 15 Monaten Kerker verurteilt. TLA, Opferfürsorgeakt Josef Wuggenig (hier Abschrift des Urteils 5 Vr 596/35).
29 TLA, 11 Vr 927/35 (Schreiben von Prof. Ernst Philippi an RA Dr. Norbert Herrmann, 8.6.1935).
30 Brenner-Archiv, Nachlass Tesar, Schreiben an Ludwig Tesar, 27.6.1935. Philippi versorgte Übleis in seiner Haftzeit mit wissenschaftlicher Literatur.
31 Goller/Oberkofler: Emmerich Übleis, 12–13. Original des Bescheids im UAI.
32 TLA, 11 Vr 927/35 (Schreiben von RA Norbert Hermann, 2.3.1936 und Gnadengesuch von Emmerich Übleis sen., 7.4.1936).
33 Brenner-Archiv, Nachlass Tesar, Schreiben an Ludwig Tesar, 15.8.1936.
34 Übleis wurde im Wintersemester an der Universität Prag vorläufig aufgenommen, erhielt jedoch im Jänner 1937 einen negativen Bescheid, den er auf seine Vorstrafe zurückführte.
35 Brenner-Archiv, Nachlass Tesar, Ansichtskarte an Ludwig Tesar, undatiert, Frühjahr 1937.
36 Marie Tidl: Die Roten Studenten. Dokumente und Erinnerungen 1938–1945, Wien 1976, 189. Alfred Rettenbacher, der Übleis noch aus dem Wiener Studentenheim kannte, traf ihn hier wieder, verlor ihn jedoch nach einem gemeinsamen Fluchtversuch aus den Augen.
37 Egon Erwin Kisch: Die drei Kühe. Eine Bauerngeschichte zwischen Tirol und Spanien. Bozen 2012. Ich danke Joachim Gatterer und besonders Friedrich Stepanek für ihre Informationen zu Max Bair.
38 National Archives Washington, X 902 1040 (Bericht des amerikanischen CIC über Max Bair, 25.5.1949, Kopien im Archiv von F. Stepanek).

Theologische Fakultät

Franz Finke

geboren 23.4.1907 in Bochum-Werne
gestorben 3.7.1942 im KZ Sachsenhausen

Die so genannten „Devisenprozesse" waren eine der ersten Maßnahmen der Politik der „Entkonfessionalisierung des öffentlichen Lebens", die 1935 im Deutschen Reich eingeleitet wurden. Betroffen waren die Angehörigen verschiedener Orden, die internationale Kontakte unterhielten und denen vorgeworfen wurde, die komplizierten deutschen Devisenbestimmungen in krimineller Absicht umgangen zu haben. Insgesamt handelte es sich um annähernd vierzig Prozesse, die propagandistisch ausgeschlachtet wurden, in vielen Fällen mangels eines Nachweises konkreter Tatabsicht schlussendlich jedoch eingestellt werden mussten. Eine zweite Welle an Prozessen 1936 und 1937 betraf in der Hauptsache Priester und katholische Laienbrüder, denen Vergehen der Unzucht nach § 174 RStGB und § 175 RStGB zur Last gelegt wurden.[1] Unabhängig vom Wahrheitsgehalt einzelner Anschuldigungen verliefen die etwa 250 Prozesse abseits aller rechtstaatlichen Normen. Prozessunterlagen wurden an jede interessierte Parteistelle gesandt und gelangten in die Presse, die sich, von wenigen Ausnahmen abgesehen, in allen Einzelheiten in der Schilderung der klösterlichen „Brutstätten des Lasters" erging. Ihren Höhepunkt erreichte die Kampagne mit einer Rede von Propagandaminister Joseph Goebbels in der

Abb. 40:
Franz Finke

Berliner Deutschlandhalle am 28. Mai 1937, in der der „allgemeine Sittenverfall, wie er in diesem erschreckenden und empörenden Ausmaß kaum noch einmal in der gesamten Kulturgeschichte der Menschheit festzustellen sei" mit drastischen Worten angeprangert wurde. Die Kirche habe die „planmäßige sittliche Vernichtung Tausender von Kindern" nicht nur gedeckt. Es handle sich vielmehr um ein systemimmanentes Übel, das die Kirche für alle Zeiten in Fragen der Jugendarbeit und Kindererziehung disqualifiziere und die Loyalität der Gläubigen grundlegend in Frage stellen müsse.[2] Im Sommer 1936 wurden die Prozesse auf Anweisung Hitlers wegen der Olympischen Spiele in Berlin unterbrochen, 1937 zunächst fortgeführt, dann jedoch fast zur Gänze eingestellt: Die endgültige Auseinandersetzung mit den Kirchen war nach Kriegsbeginn bis auf weiteres aufgeschoben. Der Vorwurf „sittlicher Verfehlungen" und finanzieller Unregelmäßigkeiten blieb allerdings eine bis 1945 häufig angewandte Methode der Diffamierung und Verfolgung. Sie leistete auch in Tirol nützliche Dienste im Zuge der Aufhebung mehrerer Klöster.[3] So konnten die Leserinnen und Leser der Innsbrucker Nachrichten am 4. November 1938 einer Bekanntmachung des Presseamtes von Reichskommissar Gauleiter Josef Bürckel entnehmen, dass staatspolizeiliche Untersuchungen im Servitenkloster „sittenwidrige Zustände" ans Tageslicht gebracht hätten, die der Öffentlichkeit gar nicht zuzumuten seien.[4]

Der Tatvorwurf der „widernatürlichen Unzucht" traf auch Konviktpräses Franz Finke. Finke hatte nach dem Besuch des Gymnasiums Theodorianum in Paderborn 1927 das Studium der Theologie an der dortigen Universität begonnen und in Innsbruck fortgesetzt. Die Priesterweihe fand am 1. April 1933 im Hohen Dom zu Paderborn statt. Finke fand Anstellung als Vikar in einer Pfarre in Castrop-Rauxel, übernahm aber nach wenigen Monaten eine Stelle als Präfekt am Erzbischöflichen Knabenseminar in Werl, dessen Leitung ihm 1934 übertragen wurde. Der Beitritt zur HJ war den Internatsschülern strikt untersagt, ein Verbot, an dem Finke auch nach Interventionen von Parteistellen und staatlicher Schulaufsicht festhielt. Ob seine Verhaftung am 17. August 1939 den Versuch darstellte, den missliebigen Priester in den Augen der Öffentlichkeit zu diskreditieren oder Finke tatsächlich sexuelle Kontakte zu zwei Schülern unterhalten hatte, muss offen bleiben. Im Prozess vor dem Landgericht Arnsberg am 30. April 1940 bekannte sich Finke schuldig, betonte aber, dass es sich im Fall des ehemaligen Schülers um eine längere und enge freundschaftliche Beziehung gehandelt habe[5] und der zweite (einmalige) Kontakt unter Alkoholeinfluss zustande gekommen sei. Eine Verurteilung war unumgänglich, die Persönlichkeit Finkes ließ jedoch nach Ansicht des Gerichts die Berücksichtigung mildernder Umstände als gerechtfertigt erscheinen:

„Die Kammer nimmt nach den Erklärungen des Angeklagten und den Bekundungen der Zeugen [...] an, dass der Angeklagte seinen Beruf besonders nach der seelsorgerischen Seite ernst genommen hat und eifrig bemüht gewesen ist, seinen Amtspflichten mit aller Treue nachzukommen. In dieser Hinsicht ist es bezeichnend zu Gunsten des Angeklagten, dass (die Zeugen) übereinstimmend bekunden, der Angeklagte habe im Konvikt eine allgemein geachtete Stellung eingenommen und sei auch beliebt gewesen."[6]

Auf seine Entlassung nach Verbüßung der zweijährigen Gefängnisstrafe hoffte Finke vergeblich.[7] Die Gestapo veranlasste im Dezember 1941 seine Einweisung in das KZ Sachsenhausen, wo er dem berüchtigten „Schuhläufer-Kommando" und später einer Ziegelei zugeteilt wurde.[8] Diese Arbeitseinsätze überlebte er nur wenige Monate.

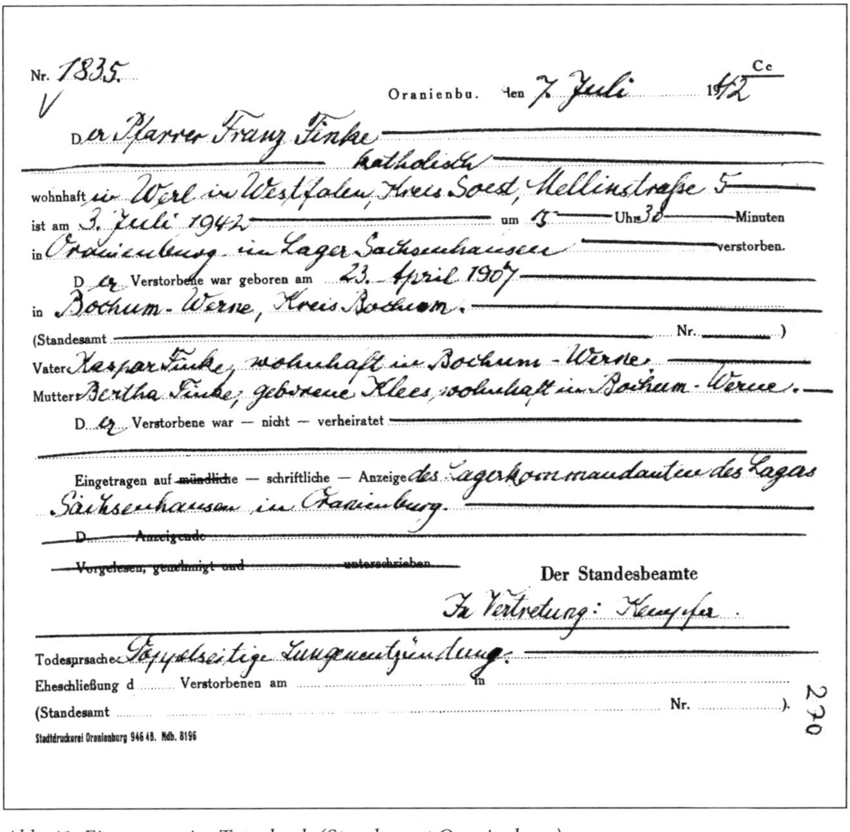

Abb. 41: Eintragung im Totenbuch (Standesamt Oranienburg)

THEOLOGISCHE FAKULTÄT 117

Dem Sterbebucheintrag des Standesamts Oranienburg zufolge starb Franz Finke am 3. Juli 1942 an einer „doppelseitigen Lungenentzündung".⁹

Quellen und Literatur:

Erzbistumsarchiv Paderborn, 4 KLs 7-40 (Urteil).

Möhring Peter: Konviktpräses Franz Finke, in: Moll, Helmut (Hg.): Zeugen für Christus. Das deutsche Martyrologium des 20. Jahrhunderts, Bd. 1, ⁴2006, 480–482.
Sternweiler, Andreas (Hg.): Homosexuelle Männer im KZ Sachsenhausen, Berlin 2000.
Stuttgarter Zeitung, 26.2.2011, Online https://zzf-potsdam.de/sites/default/files/presse/Bilderservice/26_2_2011_sudrow_rezension.pdf.

Hanns-Georg Heintschel-Heinegg

geboren 5.9.1919 in Kněžice/Knieschitz
gestorben 5.12.1944 in Wien

Heintschel-Heinegg kam auf dem Gut seiner Familie im südlichen Böhmen zur Welt, verbrachte aber Kindheit und Jugend ab 1925 in Wien. Seine Gymnasialzeit im Theresianum förderte vielfältige Begabungen und Interessen. Die mit Mitschülern geteilte Begeisterung für die Gedichte Rainer Maria Rilkes,

Abb. 42:
Hanns-Georg Heintschel-Heinegg

Stefan Georges und Nikolaus Lenaus regte zu eigenen Gedichten an. Nach Ablegung der Reifeprüfung 1937 unternahm der Maturant eine ausgedehnte Reise nach Frankreich und Oberitalien. Sein Wunsch, Priester zu werden, stand zu dieser Zeit bereits fest und im Oktober 1937 begann er sein Theologiestudium in Innsbruck. Der Grund für eine vorübergehende Inhaftierung durch die Gestapo in den Monaten nach dem „Anschluss" ist unklar, wenn man von der in der späteren Anklageschrift vermerkten Mitgliedschaft Heintschel-Heineggs im „Verband legitimistischer Studenten" in Wien zwischen 1934 und 1938 absieht.[10] Die Erinnerungen eines engen Freundes aus der Schulzeit, der ihn auch in Innsbruck öfter besuchte, vermitteln wenig Konkretes:

„Es ist klar, daß es für ihn keinen Zweifel gibt. Der Nationalsozialismus und alle Gedankengänge, die mit ihm zusammenhängen, sind den Lebensströmen, aus denen seine Kraft stammt, zu entgegengesetzt. Er nimmt den Kampf auf, den Kampf gegen die Mächte der Unterwelt, die hier mit harter Gewalt in sein Leben getreten sind. Er wirkt zunächst im kleinen Kreis für seine Ideale, für die Würde und Freiheit des Menschen, die das Canisianum ihm vermittelt hatte."[11]

Neben ersten Kontakten mit dem NS-Regime war das Erlebnis der Gebirgslandschaft in den zwei Jahren seines Aufenthalts in Tirol prägend. Schwärmerische Gedichte aus der langen Zeit seiner Haft im Zuchthaus Anrath am Niederrhein rufen Spaziergänge in Innsbruck und seiner Umgebung wach:

„Blick von der Hungerburg
Über der Stadt die Lichter,
Siehst du sie flimmern?
Tief unten die Schattengesichter,
Dazwischen sie schimmern – ?

Dunkel rauschen die Wälder
Ringsum am Hange –
Nacht kommt nun immer bälder.
Und sie macht bange.

Doch dort die Glocken, und wieder,
Künden vom Tale
Frieden und menschliche Lieder
Von Mal zu Male."

Nur vereinzelt finden sich Hinweise auf die Auswirkungen der veränderten politischen Verhältnisse, wie hier in einem Gedicht über das Stift Wilten, dessen Abt am 26. August 1939 von mehreren Gestapobeamten in Gegenwart eines Notars gezwungen wurde, das gesamte Stift dem Land zu verkaufen:

„Kalt sind die Lebenden, die rohen Knechte,
Von deren Stiefel jetzt der Marmor dröhnt.
Die ahnen nichts vom ewigen Geschlechte,
Das noch von Ferne in den Quadern tönt."[12]

Zu dieser Zeit hielt sich Heintschel-Heinegg allerdings nicht mehr in Innsbruck auf. Die Theologische Fakultät war bereits am 20. Juli 1938 geschlossen worden und auch die Weiterführung „in versteckter Form" im Gebäude des Canisianums wurde durch die erzwungene Vermietung des Gebäudes an das Oberfinanzpräsidium im November 1938 unmöglich gemacht. Proteste blieben in beiden Fällen erfolglos. Heintschel-Heinegg kehrte im Juni 1939 nach Wien zurück, nachdem er zunächst noch in einem Privatquartier in Innsbruck untergekommen war. Hinweise auf sein Leben in diesen Monaten fehlen fast zur Gänze.[13] In Wien erhielt er über Vermittlung eines Verwandten eine Stelle im Statistischen Zentralamt und erwartete seine Einberufung. Spätestens ab Oktober 1939 war Heintschel-Heinegg Mitglied der Widerstandsgruppe um Roman Scholz, in der er trotz seiner Jugend rasch wichtige Funktionen übernahm. Der erste Kontakt war über Gerhard Fischer-Ledenice erfolgt, einen befreundeten ehemaligen Mitschüler im Theresianum, der ihn mit Zielen und dem Aufbau der „Österreichischen Freiheitsbewegung" (ÖFB) vertraut machte und in seine „Reihe" (eine Untergruppe von jeweils 30 Mitgliedern) aufnahm. Die ihm in der Anklageschrift später zur Last gelegten Vergehen machen deutlich, welche Aktivität Heintschel-Heinegg in den wenigen Monaten bis zur Zerschlagung der Widerstandsgruppe im Juli 1940 entfaltete. Als besonderer Aufgabenbereich wurde ihm nach entsprechender Einschulung durch Roman Scholz die Information neuer Mitglieder zugewiesen: „Es haben auch sozusagen politische Schulungsveranstaltungen stattgefunden. Heintschel-Heinegg war ein politisch hochgebildeter und sehr eloquenter junger Mann."[14] Im Frühjahr 1940 konfrontierte er Scholz mit einem detaillierten Vorschlag zur Umorganisation der ÖFB, der die Schaffung von drei Ebenen der künftigen Widerstandsarbeit unter der Leitung eines fünfköpfigen Direktoriums vorsah. Neben eine für Schulung und organisatorische Arbeit zuständige politische Gruppe sollten Betriebsgruppen und spezialisierte Kampfgruppen treten – ein Vorschlag, den Scholz wohl nicht zuletzt aus persönlichen Gründen ablehnte.

Auch der Versuch, in Innsbruck Bekannte aus der Studienzeit zur Gründung eines Tiroler Standortes der ÖFB zu gewinnen, schlug offenbar fehl. Nach der Einberufung Fischer-Ledenices übernahm Heintschel-Heinegg schließlich im Mai 1940 dessen Funktion als Anführer einer „Reihe" und bemühte sich um die Rekrutierung neuer Mitglieder. Als besonders belastend erwiesen sich seine von der Gestapo beschlagnahmten Aufzeichnungen aus diesen Monaten:

> „Bei der Haussuchung wurden verschiedene handgezeichnete Entwürfe von Landkarten beschlagnahmt, in welchen Heintschel-Heinegg gebietsmäßig Deutschland als vollkommen zertrümmerten Kleinstaat und Österreich-Ungarn unter Einbeziehung Süddeutschlands als wiedererrichtete Großmacht festhält. Als letzte große Arbeit verfaßte Heintschel-Heinegg unter Voraussetzung des Zusammenbruchs des Deutschen Reiches, der militärischen Niederlage Italiens und des Zusammenbruchs Rumäniens und Jugoslawiens in ihrer jetzigen Form am 9.6.1940 einen ‚Friedensvoranschlag und Vorschlag', wonach Preußen und das Rheinland getrennt von einander als Rest des Dritten Reiches besehen bleiben sollten. […] Die gegnerische Einstellung des Heintschel-Heinegg zum Großdeutschen Reich wird am besten durch diesen Entwurf beleuchtet."[15]

Am 22. und 23. Juli 1940 setzte die Verhaftungswelle der Gestapo ein, die durch Burgschauspieler Otto Hartmann umfassend informiert war. Sie erfasste am Ende annähernd 140 Mitglieder der Widerstandsgruppen um Scholz, Lederer und Kastelic.[16] Ihre Aburteilung erfolgte in mehreren getrennten Verfahren vor dem Volksgerichtshof und dem Oberlandesgericht Wien. Heintschel-Heinegg wurde gemeinsam mit Scholz und drei weiteren Beschuldigten, unter ihnen die Führerin der Frauengruppe der ÖFB Luise Kanitz, am 1. Dezember 1941 wegen Vorbereitung zum Hochverrat und Feindbegünstigung angeklagt. Erst im Februar 1944 fand in Wien der Prozess statt, der für Scholz, Heintschel-Heinegg und Johann Zimmerl mit einem Todesurteil endete. Dazwischen lagen mehr als zwei Jahre Haft in Krefeld und dem nahegelegenen und gefürchteten Zuchthaus von Anrath:

> „Ich habe keine Erlaubnis zum Studium oder eigenem Schreibzeug, so daß der Tag, mit elf Arbeitsstunden und nächtlicher Unruhe von oben randvoll ausgefüllt, grau in grau dahinsinkt. Die wenigen Gedichte entstehen sehr behelfsmäßig und können nicht sorgsam niedergeschrieben werden. Lehrbücher habe ich keine, die hiesige Bibliothek ist trostlos."[17]

Im Herbst 1943 wurden die österreichischen Gefangenen in einem von Bombenangriffen immer wieder unterbrochenen wochenlangen Transport nach Wien zurückgebracht. Während Scholz und Zimmerl bereits wenige Wochen nach ihrer Verurteilung am 10. Mai 1944 hingerichtet wurden, erwirkten Gnadengesuche der Angehörigen im allerletzten Augenblick einen Aufschub für Heintschel-Heinegg. Sein Schicksal hatte die Familie allerdings tief gespalten: Nicht wenige Verwandte empfanden durchaus Sympathien für den NS-Staat und standen seiner Widerstandstätigkeit mit großer Distanz gegenüber.[18] Die Nachricht von seiner Hinrichtung am 5. Dezember 1944 erreichte die Eltern unerwartet, ohne vorherigen abschlägigen Bescheid der Gnadengesuche.[19] Am 17. Dezember 1949 enthüllten die überlebenden Mitglieder der Widerstandsgruppen um Roman Scholz, Karl Lederer und Jakob Kastelic, nach 1945 zusammengeschlossen im „Anrather Kreis", im Wiener Minoritenkonvent eine Gedenktafel zur Erinnerung an Hanns-Georg Heintschel-Heinegg und weitere 13 Opfer des Freiheitskampfes aus ihren Reihen.

Quellen und Literatur:

VGH 8 J 7/41 (Anklage), VGH 2H 166/43 (Urteil).
Heintschel-Heinegg, Hanns-Georg: Das Vermächtnis, Graz 1947.

Fux, Ildefons: Hanns Georg Heintschel-Heinegg. Student der Theologie, Dichter, Ordensgründer (1919–1944), in: Mikrut, Jan (Hg.): Blutzeugen des Glaubens, Bd. 1, Wien 1999, 107–117.

Bernhard Lichtenberg

geboren 3.12.1875 in Ohlau (Niederschlesien)
gestorben 5.11.1943 in Hof/Saale

Als die Nationalsozialisten 1933 in Deutschland die Macht übernahmen, sah Bernhard Lichtenberg voraus, was die Mehrheit seiner katholischen und evangelischen Amtsbrüder nicht sehen wollte. Er hatte Hitlers „Mein Kampf" gelesen und ausführlich kommentiert. Kompromisse waren von ihm nicht zu erwarten: „Ich habe schon oft von solchen, die es gut mit mir meinen, hören müssen: ,Laß dich in keinen Streit ein!' Ich gebe zu, daß auch die Richtung, die auf einen Angriff nicht antwortet, berechtigt ist. Ich gehöre aber meiner Natur nach einer anderen Richtung an."[20] Der aus Schlesien gebürtige Lichtenberg war seit 1913 Priester in der Herz-Jesu Pfarre Charlottenburg und ab

Abb. 43:
Bernhard Lichtenberg

1932 Domprobst an der Berliner St. Hedwigs-Kathedrale. Sein Theologiestudium hatte er im Sommersemester 1895 in Innsbruck begonnen. Zu den zwölf Lehrveranstaltungen, die er hier inskribierte, gehörte auch Franz Biederlacks Vorlesung zur „Sozialen Frage".[21] Zu einer ersten öffentlichen Auseinandersetzung mit den Nationalsozialisten kam es im Sommer 1931 anlässlich einer von Lichtenberg mitverantworteten Aufführung des Films „Im Westen nichts Neues". Die NS-Gaupresse griff Lichtenberg in mehreren Ausgaben ob dieser „frechen Provokation" scharf an und forderte ihre Leser auf, sich für eine Entfernung Lichtenbergs aus Berlin einzusetzen.[22] Weitere Diffamierungen und die Androhung der „Schutzhaft" durch die Gestapo folgten, als Lichtenberg im Juli 1935 Hermann Göring aufforderte, zu Berichten über die unmenschlichen Haftbedingungen im KZ Esterwegen Stellung zu nehmen. Diese Berichte, so eine Stellungnahme der Gestapo, seien von dem als „Hetzapostel" und „Greuellügner" bekannten Domprobst frei erfunden worden.[23] Lichtenberg blieb zunächst unbehelligt, geschützt nicht zuletzt durch Bischof Konrad Preysing.[24] Nachdem er am Morgen des 10. November 1938 die Überreste der brennenden Synagogen in Berlin gesehen hatte, beendete Lichtenberg fortan die tägliche Predigt in seiner Kirche mit einer Fürbitte für Juden, „nichtarische Christen" und alle Häftlinge in Konzentrationslagern. Erst die Denunziation durch zwei zufällige Besucherinnen der Kathedrale führte im Sommer 1941 zu seiner Verhaftung. Am 22. Mai 1942 wurde Lichtenberg vom Sondergericht I beim Landgericht Berlin wegen „Kanzelmißbrauchs" und Verstoß gegen das Heimtückegesetz zu zwei Jahren Haft verurteilt.[25] Im Urteil hieß es:

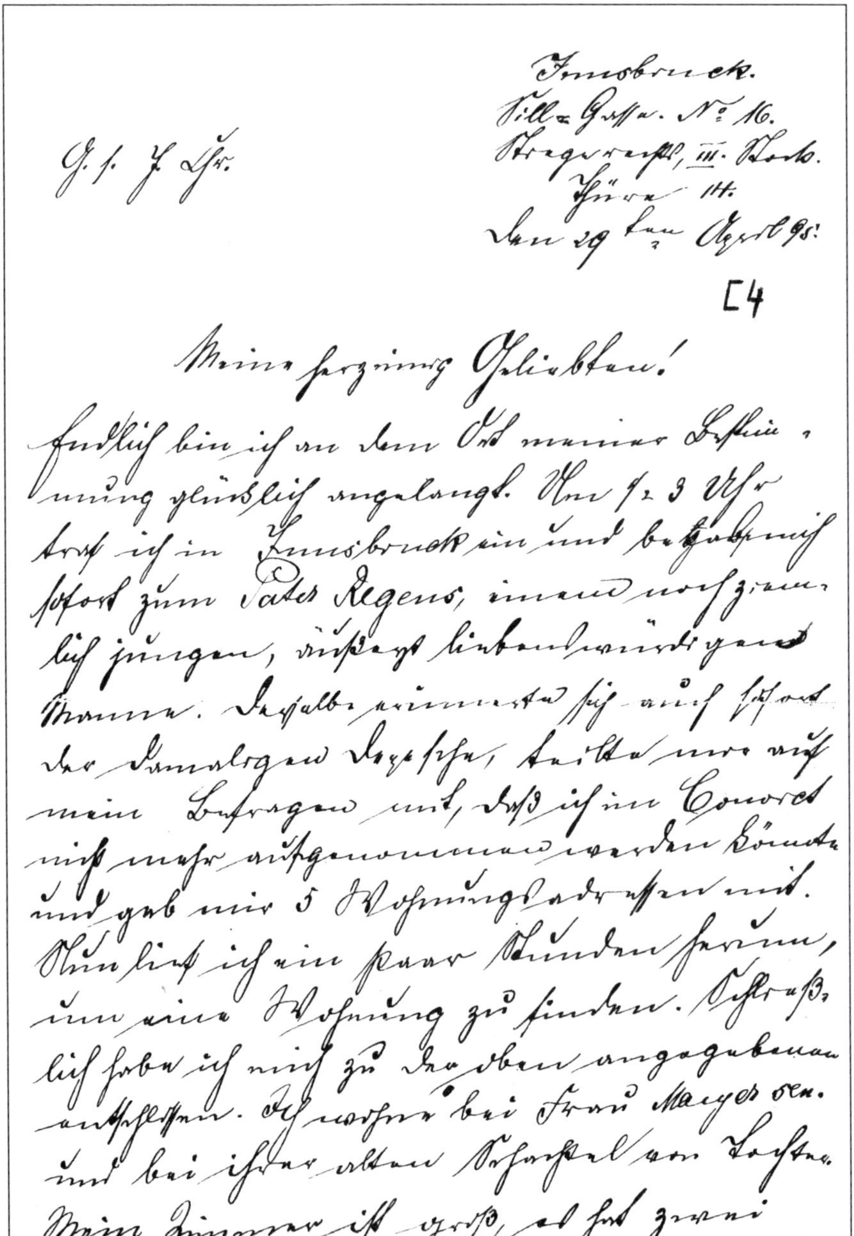

Abb. 44: Brief aus Innsbruck an die Eltern, 29.4.1895 (Ausschnitt)

„Er wußte wie jeder andere Volksgenosse, daß die Regelung der Judenfrage und die Einrichtung von Konzentrationslagern zu dem Aufgabenkreis des heutigen Staates gehört, daß er sich also mit Staatsangelegenheiten befaßte, wenn er in der geschehen Form für die Juden und Konzentrationslagerinsassen eintrat."[26]

Erschwerend machte das Gericht geltend, dass man bei Hausdurchsuchungen seine mit zahlreichen kritischen Anmerkungen versehene Ausgabe von „Mein Kampf" und den Entwurf eines Protestflugblattes gefunden hatte. Lichtenberg überlebte schwer erkrankt nach brutalen Misshandlungen und Demütigungen die Haftzeit in Berlin-Tegel. Die Gestapo war allerdings keineswegs gewillt, einer Freilassung des Priesters zuzustimmen und verfügte seine Einlieferung in das KZ Dachau. Es sei zu befürchten, dass Lichtenberg auch weiterhin „im staatsfeindlichen Sinne" in Erscheinung treten und hierdurch die Öffentlichkeit beunruhigen werde.[27] Wenige Tage später, am 5. November 1943, verstarb Bernhard Lichtenberg während des Transports nach Dachau in Hof an der Saale.

Innsbruck
Sill-Gasse No. 16
Den 29sten April 95

Meine herzinnig Geliebten!

Endlich bin ich an dem Ort meiner Bestimmung angelangt. Um ½ 3 Uhr traf ich in Innsbruck ein und begab mich sofort zum Pater Regens, einem noch ziemlich jungen, äußerst liebenswürdigen Mann. Derselbe erinnerte sich auch sofort der damaligen Depesche, teilte mir auf mein Befragen mit, daß ich im Convict nicht mehr aufgenommen werden könnte und gab mir 5 Wohnungsadressen mit. Nun lief ich ein paar Stunden herum, um eine Wohnung zu finden. Schließlich habe ich mich zu der oben angegebenen entschlossen. Ich wohne bei Frau Mayer sen. und bei ihrer alten <u>Schachtel von Tochter</u>. Mein Zimmer ist groß, es hat zwei Fenster und eine herrliche Aussicht. […].

Quellen und Literatur:

Hagemann, Friedrich: Prozess Bernhard Lichtenberg. Ein Leben in Dokumenten, Berlin 1977.

Feldmann, Christian: Wer glaubt, muß widerstehen – Bernhard Lichtenberg – Karl Leisner, Freiburg 1996.

Ogiermann, Otto: Bis zum letzten Atemzug. Das Leben und Aufbegehren des Priesters Bernhard Lichtenberg, Leutesdorf 1985.

Alfons Mersmann

geboren 7.3.1905 in Greven (Westfalen)
gestorben 12.(?)4.1945 während der Evakuierung des KZ Buchenwald

Die Spur Alfons Mersmanns verliert sich im April 1945. Er war einer von 9.280 Häftlingen, die am 10. April gezwungen wurden, das KZ Buchenwald zu verlassen.[28] Überlebende berichteten, der Priester sei während des unter SS-Bewachung durchgeführten Marsches in Richtung der im Osten von Weimar gelegenen Stadt Wohlau an Erschöpfung verstorben. Einer anderen Aussage zufolge wurde Mersmann am 12. April erschossen, Schicksal Tausender KZ-Insassen auf den so genannten „Todesmärschen" der letzten Kriegswochen.[29] Sein Tod stand am Ende einer fast zehn Jahre währenden Verfolgung des regimekritischen Priesters durch die Nationalsozialisten.

Mersmann wuchs auf dem Bauernhof seiner Eltern in Greven in Westfalen auf. Nach dem Abitur im städtischen Gymnasium in Rheine 1926 entschied er sich für das Studium der Theologie und verbrachte die folgenden fünf Jahre in Innsbruck. Persönliche Zeugnisse oder Erinnerungen von Studienkollegen fehlen. Am 22. März 1931 gehörte Mersmann zu einer Gruppe von 15 Diakonen, die in der Kapelle des Innsbrucker Canisianums zu Priestern geweiht wurden.[30] Die Chronik der Pfarre St. Joseph in Hammond im nordwestlichen Indiana erwähnt Mersmann 1932 und 1933 als Hilfspfarrer, eine Anstellung, die ein amerikanischer Studienkollege vermittelt haben dürfte.[31] Im Laufe des Jahres 1934 kehrte Mersmann nach Deutschland zurück. Wohl nicht zuletzt aufgrund seiner Kenntnisse des Polnischen wurde er im Dezember dieses Jahres der Pfarre Buschdorf in der Freien Prälatur Schneidemühl an der polnischen Grenze zugeteilt. Seine offene Kritik am NS-Regime führte schon nach wenigen Monaten zu Ermittlungen der dortigen Oberstaatsanwaltschaft auf Grundlage des Heimtückegesetzes. Ein Verfahren vor dem Sondergericht Schneidemühl wegen „Kanzelmißbrauchs" im Frühjahr 1937 – Mersmann hatte angeblich in einer Predigt vor der Beteiligung an einem Osterlager der Hitlerjugend gewarnt – wurde aus Mangel an Beweisen eingestellt. Erst in einem dritten Prozess 1942 gelang es, ausreichende Gründe für eine Verurteilung zu finden. Er habe sich abfällig über das Arbeitsamt in Münster und eine von ihm geforderte Spende geäußert und sich damit des Vergehens nach § 2 des Heimtückegesetzes schuldig gemacht.[32] Der Verurteiltenkartei der Sondergerichte beim Reichsjustizministerium zufolge ging es im Prozess am 31. Juli 1942 auch um öffentlich geäußerte Zweifel Mersmanns am Sinn des Reichsnährstands, der nur dazu diene, „dummen Bauern" ihr Geld abzunehmen.[33]

Abb. 45:
Alfons Mersmann

Mersmann wurde zu einer Gefängnisstrafe von vier Monaten verurteilt und anschließend aus seiner Pfarre ausgewiesen. Jede weitere bezahlte Tätigkeit als Priester war ihm untersagt. Vergeblich versuchte er in den folgenden Monaten, Aufnahme in einer anderen Diözese zu finden. Ein Brief an die Eltern vom Dezember 1944 lässt die verzweifelte Situation erahnen, in der er sich zwei Jahre später befand:

„Diese ständige Ungewißheit reibt auf; vor Kriegsende werde ich die Heimat wohl nicht wiedersehen. Und wer weiß, was man mit uns Priestern machen wird. Was ich am meisten vermisse, ist die geordnete Seelsorge in diesem Missionsleben, und das Wohnen hier tut weh und quält. Seit Wochen rechne ich damit, dass ich wieder weiterziehen muß – das schreckliche Gefühl, so von Tag zu Tag ins Ungewisse hineinleben zu müssen. Die Tränen stehen in den Augen. Und so segne ich Euch vielleicht zum letzten Mal."[34]

Zu einer neuerlichen Verhaftung Mersmanns kam es am 7. März 1945, dem Tag seines vierzigsten Geburtstags, nachdem ihn Bekannte seines Vermieters wegen angeblicher NS-kritischer Bemerkungen in privatem Kreis denunziert hatten. Nach Wochen der Haft im Zuchthaus Kassel-Wehlheiden und im

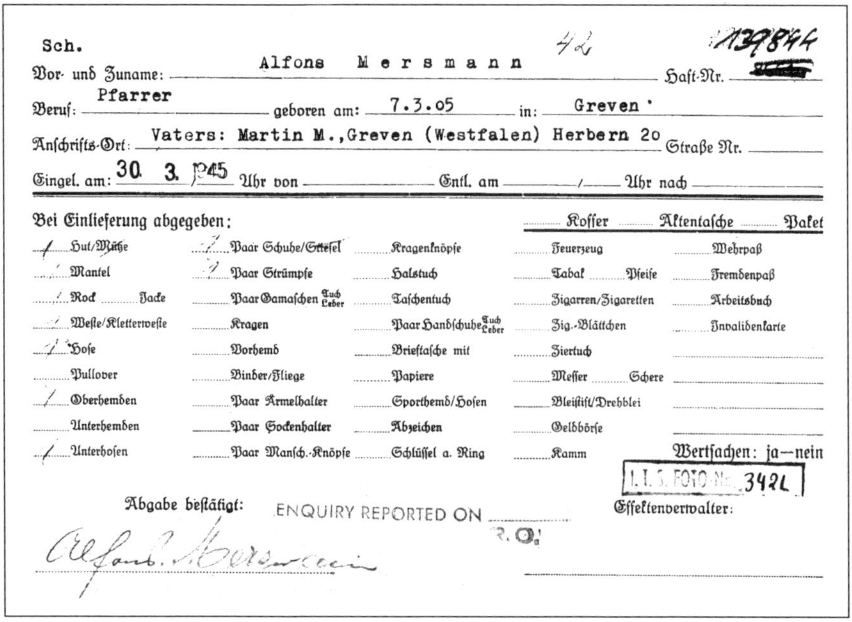

Sch. 42 139844

Vor- und Zuname: Alfons Mersmann Haft-Nr.

Beruf: Pfarrer geboren am: 7.3.05 in: Greven

Anschrifts-Ort: Vaters: Martin M., Greven (Westfalen) Herbern 20 Straße Nr.

Eingel. am: 30. 3. 1945 Uhr von Entl. am / Uhr nach

Bei Einlieferung abgegeben: Koffer Aktentasche Paket

1 Hut/Mütze	1 Paar Schuhe/Stiefel	Kragenknöpfe	Feuerzeug	Wehrpaß
1 Mantel	1 Paar Strümpfe	Halstuch	Tabak Pfeife	Fremdenpaß
1 Rock Jacke	Paar Gamaschen Tuch Leder	Taschentuch	Zigarren/Zigaretten	Arbeitsbuch
1 Weste/Kletterweste	Kragen	Paar Handschuhe Tuch Leder	Zig.-Blättchen	Invalidenkarte
1 Hose	Vorhemd	Brieftasche mit	Ziertuch	
Pullover	Binder/Fliege	Papiere	Messer Schere	
1 Oberhemden	Paar Ärmelhalter	Sporthemd/Hosen	Bleistift/Drehblei	
Unterhemden	Paar Sockenhalter	Abzeichen	Geldbörse	
1 Unterhosen	Paar Mansch.-Knöpfe	Schlüssel a. Ring	Kamm	Wertsachen: ja—nein

I. T. S. FOTO No. 3421

Abgabe bestätigt: ENQUIRY REPORTED ON

Effektenverwalter:

Alfons Mersmann

Abb. 46: Effektenkarte KZ Buchenwald

Arbeitserziehungslager Breitenau veranlasste die Gestapo Kassel am 30. März seine Überstellung in das Quarantänelager des KZ Buchenwald. Mersmann starb, während Einheiten der US-Armee bereits Weimar und das Lager erreicht hatten. Versuche der Familie, Gewissheit über sein Ende zu erhalten und seine Grabstätte ausfindig zu machen, blieben erfolglos.[35]

Quellen und Literatur:

ITS Bad Arolsen, Dokumente Alfons Mersmann.

Johann, Josef: Pfarrer Alfons Mersmann, in: Thoma, Emil/Weiler, Eugen (Hg.): Die Geistlichen in Dachau sowie in anderen Konzentrationslagern und in Gefängnissen, 1058–1064.

Wienke, Johannes/Moll, Helmut: Pfarrer Alfons Mersmann, in: Moll, Helmut (Hg.): Zeugen für Christus. Das deutsche Martyrologium des 20. Jahrhunderts, Bd. 1, [4]2006, 694–687.

Marceli Nowakowski

geboren 20.9.1882 in Przybyszew (Polen)
gestorben 22.1.1940 in Palmiry (Polen)

Nowakowski stammte aus dem Dorf Przybyszew südlich von Warschau. Nach dem Ende seiner Schulzeit in einem Gymnasium in Warschau trat er in das Priesterseminar ein und begann sein Theologiestudium in Innsbruck. Die Priesterweihe erfolgte 1909 und Nowakowski übernahm eine erste Pfarrstelle im Dorf Wiskitki. Sein weiterer Lebensweg ist nur durch spärliche Informationen in einem polnischen Wikipedia-Eintrag bekannt. Er engagierte sich in der Katholischen Aktion und der Caritas und arbeitete während des Ersten Weltkriegs als Sekretär von Aleksander Kakowski, seit 1913 Erzbischof von Warschau. Während des polnisch-sowjetischen Kriegs 1919–1921, an dem Nowakowski als Kaplan eines Ulanen-Regiments teilnahm, verfasste er eine nationalistisch-antisemitische Streitschrift, dem einzigen verfügbaren Zeugnis seiner politischen Überzeugungen. In den ersten Jahren der polnischen Republik war Nowakowski Parlamentsabgeordneter und publizierte in rechtsnationalen Zeitungen. Mit Roman Dmowski, einem Politiker und Publizisten streng katholischer und nationaler Prägung, verband ihn nicht zuletzt seine Funktion als dessen Beichtvater.[36] Nur wenige Wochen nach dem Überfall auf Polen wurde Nowakowski verhaftet und der Verteilung antideutscher Flugblätter in

Abb. 47:
Marceli Nowakowski

seiner Pfarre des Allerheiligsten Erlösers in Warschau sowie der Fluchthilfe für Helena von Sikorski, der Ehefrau von General Władysław Sikorski, angeklagt.[37] Der Prozess endete am 16. Jänner 1940 mit dem Todesurteil, die Hinrichtung fand wenige Tage später in Palmiry statt, einem von Gestapo und SS seit Dezember 1939 benutzten geheimen Ort für Massenerschießungen nordwestlich von Warschau.[38]

Quellen und Literatur:

Nowakowski, Marceli: Strzeż sio żydów i bolszewików! Częstochowa 1918.[39]

Jacewicz, Wiktor/Woś, Jan (Hg.): Martyrologium Polskiego Duchowieństwa Rzymskokatolickiego. Pod Okupacją Hitlerowską W Latach 1939–1945, Warszawa 1977, 366–367.

Józef Pawłowski

geboren 9.8.1890 in Proszowice (Polen)
gestorben 9.1.1942 im KZ Dachau

Józef Pawłowski, seit November 1939 Pfarrer der Dompfarrei in Kielce im Südosten Polens, wurde am 10. Februar 1941 verhaftet und unter Anklage gestellt. Als Kaplan des Roten Kreuzes hatte er sich Zugang zum örtlichen Kriegsgefangenenlager verschafft und versorgte seine dort inhaftierten polnischen Lands-

Abb. 48:
Józef Pawłowski

leute mit Lebensmitteln und Kleidung. Überlebende berichteten nach 1945 von Predigten im Lager, in denen er den Gefangenen Hoffnung auf die Befreiung des Landes von deutscher Besetzung zusprach. Zur Last gelegt wurden ihm auch die Beihilfe zu Fluchtversuchen sowie die Unterstützung verfolgter Jüdinnen und Juden und von Angehörigen des polnischen Untergrunds. Der Prozess endete mit einem Todesurteil.

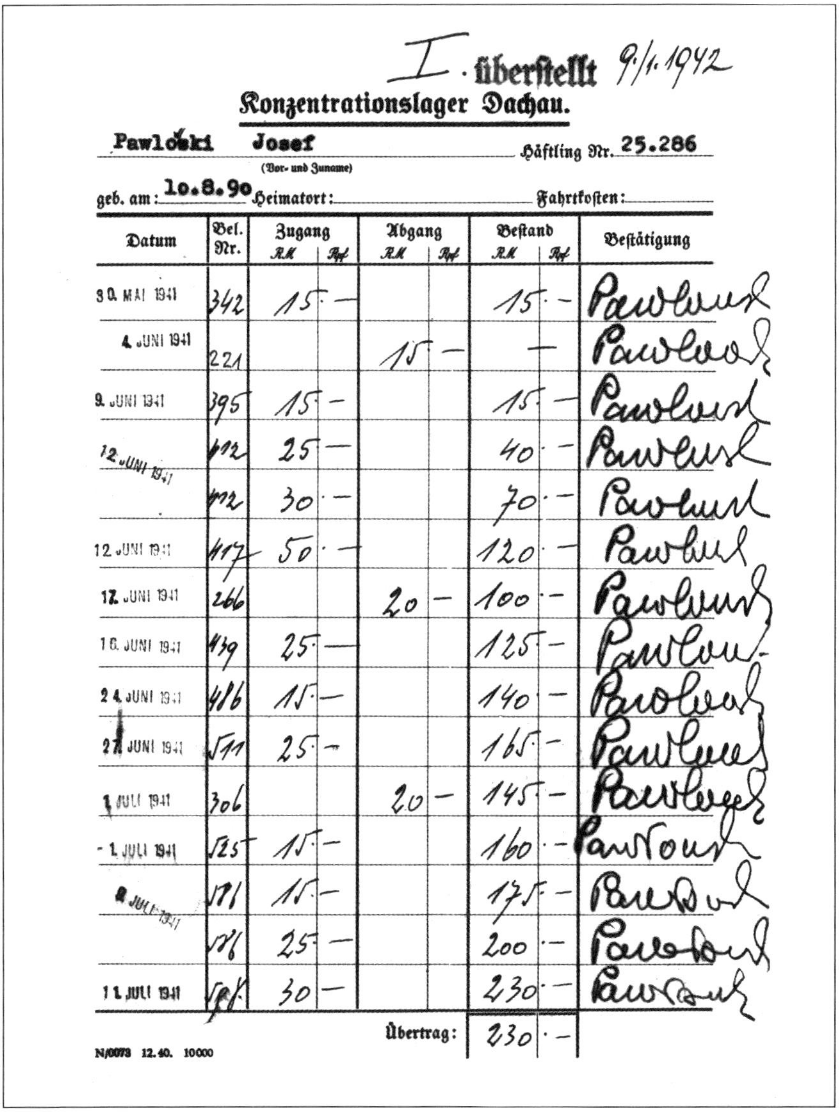

Abb. 49: Geldverwaltungskarte KZ Dachau

Das Theologiestudium hatte Pawłowski zwischen 1911 und 1915 in Innsbruck absolviert und mit seiner Promotion abgeschlossen. Nach der Rückkehr nach Kielce lehrte er am dortigen Priesterseminar und war ab 1918 als Vizerektor und später als Rektor tätig. Zahlreiche Publikationen zu Fragen der Priesterausbildung bezeugen seinen pädagogischen Einsatz, zu dessen besonderem Anliegen auch Missionsangelegenheiten gehörten. Ehemalige Schüler hoben seinen Einsatz für bedürftige Seminaristen hervor, die er besonders förderte. Konflikte mit den deutschen Besatzern blieben nach der Übernahme der Dompfarrei durch den engagierten Priester nicht aus. Vom Gefängnis in Kielce wurde Pawłowski im April 1941 zunächst in das KZ Auschwitz und von dort nach Dachau deportiert.

Nach Beginn des Krieges hatten die Nationalsozialisten verschärfte Maßnahmen gegen Priester in den besetzten Gebieten und im Reich ergriffen. Der politische Einfluss der polnischen Geistlichen machte sie zum bevorzugten Ziel der Repression und Verhaftungen fanden auch ohne Begründung oder nachfolgende Anklage statt. Mit Jahresende 1940 wurden Priester aus allen Konzentrationslagern nach Dachau überstellt. Von den 2.720 Geistlichen, die dort bis 1945 registriert wurden, stellten Polen mit 1.870 Häftlingen eine deutliche Mehrheit. Sie waren Misshandlungen und Erniedrigungen durch die Aufseher in besonderem Maße ausgesetzt.[40] Die Unterbringung auf engstem Raum in Block 26 förderte zudem die Ausbreitung von Krankheiten unter den geschwächten Priestern. Mitgefangene berichteten später, Pawłowski sei am 9. Jänner 1942 aufgefordert worden, sich mit seinen Habseligkeiten für die Verlegung in ein anderes Lager bereit zu halten, habe sich aber über seine bevorstehende Hinrichtung keine Illusionen gemacht. Als Todesursache vermerkte der Standesbeamte „Erschossen bei Widerstand gegen die Staatsgewalt",[41] während Mithäftlinge sich an seinen Tod durch Erhängen erinnern. Josef Pawłowski war einer von 108 Priestern, die von Papst Johannes Paul II. am 13. Juni 1999 in Warschau seliggesprochen wurden.

Quellen und Literatur:

ITS Bad Arolsen, Dokumente Józef Pawłowski.

Zámečnik, Stanislav: Das war Dachau, Frankfurt am Mai ³2013.

Josef (Edmund) Pontiller

geboren 4.11.1889 in Göriach bei Dölsach (Osttirol)
gestorben 9.2.1945 in München-Stadelheim

Josef Pontiller besuchte die Klosterschule der „Kinderfreund-Benediktiner" in Volders und trat 1912 als Novize in den Benediktinerorden ein. Die Priesterweihe erfolgte 1916 während seines Studiums an der Theologischen Fakultät in Innsbruck. Von Beginn an galt Pontillers besonderes Interesse der Jugendarbeit, der er sich zunächst in verschiedenen Funktionen in Tirol und ab 1924 an einer landwirtschaftlichen Lehranstalt im bayerischen Kirchschletten widmete. Nach 1933 scheint er dort bald unter Beobachtung durch die Gestapo gestanden zu haben. Einer drohenden Verhaftung wegen „Kanzelmißbrauchs" entging der Priester 1936 nur durch seine Flucht in das Benediktinerstift Lambach in Oberösterreich.[42] Als Seelsorger im nahegelegenen Stadl-Paura engagierte sich Pontiller auch hier besonders für Kinder und bedürftige Arbeiterfamilien – Zeitzeugen erinnerten sich an die Gründung einer Werkschule für arbeitslose Jugendliche, eines Asyls für Vorschulkinder und einer Theatergruppe.[43] Im September 1938 veranlasste der Abt von Stift Lambach seine vorübergehende Übersiedlung in das Stift Reichersberg. Über Vermittlung des Abtes des Bene-

Abb. 50:
Josef Pontiller (P. Edmund OSB)

diktinerklosters Bakonybél fand er wenig später Beschäftigung als Hauskaplan und Hauslehrer ungarischer Adelsfamilien.[44] Er habe das Land verlassen, weil er sich, so die Anklageschrift des Volksgerichtshofs, „aus Gegnerschaft gegen den Nationalsozialismus" mit dem „Anschluss" nicht abfinden wollte.[45] Ob die Gestapo seine Tätigkeit tatsächlich über Jahre hinweg beobachtete oder er am Ende Opfer einer Denunziation wurde, ist nicht mehr zu klären. Anfang Mai 1944 (nach anderen Quellen bereits Mitte April[46]) erschienen Gestapobeamte aus Pécs auf Schloss Szentegat, um Pontiller zu verhaften. Der Tagesbericht der Gestapoleitstelle Wien vermerkte für die Woche vom 19.–25. Mai 1944 seine Überstellung nach Wien durch den dortigen Sicherheitsdienst:

> „Pontiller ist im Jahre 1938 aus der Ostmark nach Ungarn emigriert. Er hat sich in gemeinster Weise über den Führer und den Nationalsozialismus geäußert. Er hat ferner Nachrichten ausländischer Sender laufend abgehört und weiterverbreitet."[47]

Die Anklageschrift vom 13. Oktober 1944 führte diese Vorwürfe weiter aus und legte Pontiller zudem homosexuelle Beziehungen zu Lehrlingen in seiner Zeit in Kirchschletten zur Last. Als besonders belastend erwies sich ein Brief, den er bereits zwei Jahre zuvor an den Erzabt seines Ordens in Pannonhalma geschrieben hatte und der auf unbekanntem Weg in die Hände der Gestapo geraten war. Er machte deutlich, dass Pontiller über die Ereignisse in der Heimat gut informiert war und nicht mit düsteren Prognosen sparte:

> „Das Schlachten und Morden wird weitergehen; ja wird vielleicht im kommenden Jahr einen gewissen Höhepunkt erreichen. Dazu überall bitterste Not. Aus meiner Heimat meldet man mir bittere leibliche aber noch bittere (sic) seelische Not. Hitler kennt mit seinem Volk kein Erbarmen. Er glaubt, berechtigt zu sein, ganz Europa mit sich in den Abgrund zu reißen. [...] Draußen an der Front aber fallen die besten des Volkes, der junge Ordens- und Priesternachwuchs, die kath. Akademiker und die Familienväter. Was soll da noch übrig bleiben? Nur ein großer Trümmerhaufen und namenloses Elend."[48]

Für Kompromisse hatte Pontiller wenig Verständnis: „Da gibt es noch Katholiken, sogar kath. Priester, die diesem Nero auf deutschem Thron noch immer Weihrauch streuen, ihn verteidigen und seine Christenverfolgung als harmlos hinstellen möchten."[49] Der Vorwurf „fortgesetzter und vorsätzlicher" Verletzungen der deutschen Devisenbestimmungen – er habe sich Messgelder nach

Ungarn überweisen lassen – vervollständigte die Anklage. Das Todesurteil, ausgesprochen am 15. Dezember 1944 in Salzburg, erwähnte den angeblichen sexuellen Kontakt mit zwei Lehrlingen und die Devisenvergehen, stützte sich aber auf den Tatbestand der Wehrkraftzersetzung und der Feindbegünstigung nach § 91b RStGB, weil er den ausführlich zitierten Brief an einen Ungarn gerichtet habe und sich so „zum Propagandabüttel unserer Kriegsfeinde" gemacht habe. Zwar existiere nur dieser eine Brief an einen einzelnen Empfänger, aber: „[...] viele solcher Interventionen können die Stimmung führender Kreise eines befreundeten und verbündeten Staates zu uns angreifen."[50] Das Justizministerium ersuchte am 19. Jänner 1945 den Oberreichsanwalt um eine möglichst rasche Vollstreckung des Urteils, von einer Bekanntmachung in der Presse sei abzusehen.[51] Am 9. Februar wurde Josef Pontiller in München-Stadelheim hingerichtet.

Quellen und Literatur:

VGH 3J 1870/44 (Anklage), 1L 404/44 (Urteil).
DÖW 1822 (Dokumente zu Josef Pontiller).

Großruck, Johann: Pater Edmund Pontiller OSB 1889–1945: ein Osttiroler Glaubenszeuge im Nationalsozialismus, Innsbruck 2015.
Pontiller, Michael: Märtyrer der Heimatkirche, in: Osttiroler Heimatblätter, 2/2000.
Pontiller, Michael: Märtyrer der Heimatkirche – Teil II, in: Osttiroler Heimatblätter 2–3/2001.

Franz Reinisch

geboren 1.2.1903 in Feldkirch
gestorben 21.8.1942 in Berlin-Brandenberg

Schätzungsweise 20.000 katholische Priester, Priesteramtskandidaten und Ordensangehörige dienten zwischen 1939 und 1945 in der deutschen Wehrmacht. Eine von kirchlicher Seite vorgenommene Zählung für das Jahr 1943 nennt für den Bereich der Apostolischen Administratur Innsbruck-Feldkirch 88 eingezogene Priester (von 551) sowie 63 eingezogene Theologiestudenten und Kleriker.[52] Grundlage ihrer Einberufung zum Sanitätsdienst bildete ein Zusatz zum Konkordat, das zwischen Kurie und deutscher Reichsregierung am 20. Juli 1933 abgeschlossen worden war und von dem zumindest ein Teil der deutschen Bischöfe erst nach Kriegsbeginn erfuhr. Theologiestudenten und

Abb. 51:
P. Franz Reinisch

Priesteramtskandidaten konnten, wenn ein Einsatz im Sanitätsdienst nicht möglich war, auch zum Dienst mit der Waffe herangezogen werden. Die Lektüre von Kriegserinnerungen derart eingesetzter Priestersoldaten verdeutlicht, wie einzigartig die Entscheidung des Franz Reinisch war, Eid und Kriegsdienst zu verweigern. Es war eine Option, die auch rückblickend von der Mehrheit der Priester kaum reflektiert wird. Nicht alle bekannten sich allerdings in Interviews so offen zu ihrer Haltung: „Der katholische Kriegspfarrer und die Kompanie stimmten uns darauf ein, den Fahneneid zu leisten. Wir wurden auf den obersten Befehlshaber der Wehrmacht vereidigt. Gewissenskonflikte kann ich leider nicht berichten. Das war für mich problemlos." Der Dienst im Lazarett und die seelsorgerliche Betreuung der Kameraden standen im Vordergrund: „Unabhängig davon, ob ein Massenmörder an der Spitze stand oder nicht, habe ich zunächst einmal dem Vaterland gedient. Also der ganzen Bevölkerung und – speziell als Sanitäter – den einzelnen Soldaten."[53] Manche betonen, wie sehr sie den Kriegseinsatz als positive Erfahrung erinnern, die sie im Alltag unter anderen Umständen nicht hätten machen können.[54] Die Realität des Vernichtungskriegs im Osten, die Ermordung der Jüdinnen und Juden, der Kampf gegen die Zivilbevölkerung – all dies blieb auch Jahrzehnte nach Kriegsende weitgehend ausgespart. Nur selten wird das eigene Verhalten in Frage gestellt: „Im Lazarett lag ich neben einem Mann, der an Judenerschießungen teilgenommen hatte und davon auch erzählte. Ich frage mich heute manchmal, warum ich das, was er damals sagte, nicht anders realisierte: Ob es mit meiner Krankheit zusammenhing? Ich weiß es nicht. Aber ich hätte dieses Wissen durch die kommenden Kriegsjahre mitnehmen müssen. Warum ich es nicht tat, das ist eine Frage, die mich jetzt quält." Der hier zitierte Wiener Benediktiner Emmanuel von Severus konfrontierte damals auch seinen Abt mit seinen Zweifeln und dem Gedanken an eine Desertion. Die Reaktion ließ ihm keine Wahl: „Wenn Sie weglaufen, dann werden wir entsprechend der Sippenhaft für Sie ins KZ geschickt."[55] Emmanuel von Severus gehorchte – dass eine derartige „Sippenhaft" für Ordensangehörige zu keinem Zeitpunkt existierte, konnte er nicht wissen. Ohnehin blieben derartige Zweifel die seltene Ausnahme und wurden, wenn sie denn auftauchten, kaum mit Kameraden diskutiert. Die von weltlicher wie geistlicher Obrigkeit immer wieder eingeforderte Bereitschaft zum Opfer und zur Hingabe für das deutsche Vaterland in Frage zu stellen, schien undenkbar. Ausgestattet mit entsprechenden Rundschreiben, vorgefertigten Predigtskizzen und nationalistisch-kämpferischer Literatur unterstützte die Mehrheit der Feldgeistlichen bereitwillig die NS-Kriegsführung: „[…] wir stehen im Kriege alle miteinander unter einem höheren Lebensgesetz, unter dem heiligen Gesetz des Opfers."[56]

Franz Reinisch konnte unter diesen Umständen weder Verständnis noch gar Unterstützung von Mitbrüdern und Kirchenleitung erwarten. Als die Nationalsozialisten 1933 in Deutschland die Macht übernahmen, war Reinisch seit fünf Jahren Priester und Mitglied des Pallottinerordens. Die Familie war tief religiös, dennoch war die Entscheidung des Sohnes, das in Innsbruck begonnene Jurastudium aufzugeben, überraschend. Heinrich Kreutzberg, Gefangenenseelsorger in Berlin-Tegel und erster Biograph von Franz Reinisch, schildert ihn als äußerst lebenslustigen Jugendlichen, der sich mit Begeisterung in der Mittelschulverbindung Sternkorona betätigte und dessen schulischer Eifer wegen einer ersten Mädchenbekanntschaft deutlich nachließ. Auch das Studentenleben nach der am Gymnasium der Franziskaner in Hall 1922 bestandenen Matura war zunächst unbeschwert. Reinisch wurde Mitglied der katholischen Hochschulverbindung Leopoldina und liebte Musik, Tanz und Tarockabende. Zum einschneidenden Erlebnis wurde eine vom späteren Bundeskanzler Kurt Schuschnigg vermittelte Einladung zu Exerzitien in der Schweiz im Winter 1922/23. Als Reinisch dann nach einem Auslandssemester aus Kiel zurückkehrte, stand der Entschluss zum Studienwechsel fest.[57]

In den Erinnerungen von Zeitgenossen wird der Theologiestudent Reinisch als sehr impulsiv, als eine „explosive Natur" beschrieben. Er sei radikal und kompromisslos in den Anforderungen an sich und andere gewesen. Die häufigen Versetzungen durch die Ordensleitung und Betrauung mit immer neuen Aufgaben, die die Jahre bis 1938 prägten, mögen nicht zuletzt hier ihre Erklärung finden.[58] Den Einmarsch der deutschen Truppen in Österreich 1938 erlebte Reinisch in seiner Heimatstadt Innsbruck. Am 4. März hatte er die Festrede beim Antrittskommers der Leopoldina für das beginnende Sommersemester gehalten und, so die Erinnerung damals Anwesender, über bevorstehende schwere Zeiten gesprochen.[59] Die folgenden zwei Jahre verbrachte Reinisch im Auftrag der Apostolischen Erneuerungsbewegung Schönstatt als Prediger, Leiter von Exerzitien und engagiert in der Männerseelsorge an verschiedenen Orten Deutschlands. Wann die Gestapo zum ersten Mal auf ihn aufmerksam wurde, ist nicht bekannt. Unmittelbarer Anlass für das generelle Redeverbot für das gesamte Reichsgebiet, das am 12. September 1940 über ihn verhängt wurde, war offenbar eine Predigt über den mit Sicherheit zu erwartenden Sieg des Guten über das in der Gegenwart herrschende Böse. Wenige Monate später erhielt Reinisch die erste Mitteilung über seine bevorstehende Einberufung zur Wehrmacht. Als ein Jahr später der endgültige Gestellungsbefehl eintraf, war er fest entschlossen, den Kriegsdienst mit allen Konsequenzen zu verweigern. Bei einem letzten Besuch in Innsbruck informierte er seine Eltern und nahm Abschied. Am 15. April 1942, bewusst einen Tag zu spät, meldete sich Reinisch in der Kaserne in Bad Kissingen und stellte klar, dass er diesem Regime unter keinen Umständen dienen werde. Ein von der Ordensleitung entsandter Mitbruder versuchte vergeblich, Reinisch umzustimmen – der erste einer Reihe ähnlicher Versuche, die noch folgen sollten. Der weitere Ablauf entsprach der Logik des NS-Verfolgungsapparats. Reinisch wurde verhaftet, in das Gefängnis Berlin-Tegel überstellt und Anklage wegen „Verbrechens gegen § 5 Abs. 1 Nr. 3 KSSVO" erhoben. Die Anklageschrift vom 4. Juni 1942 beschränkte sich im Wesentlichen auf die Wiedergabe der Aussagen von Reinisch: „Er achte und ehre die deutsche Wehrmacht, bedauere aber, daß sie von der NSDAP mißbraucht werde. Er liebe das deutsche Volk, besonders seine Heimat Tirol, darum sehe er sich gezwungen, gegen den Nationalsozialismus in der Heimat zu kämpfen bis zur Lebenshingabe." Bei der Vernehmung vor dem Gericht der 171. Division in Würzburg habe er außerdem festgehalten, dass jeder Priester im NS-Staat grundsätzlich als Staatsfeind gelte. „Von einem erklärten Staatsfeind könne aber nicht verlangt werden, daß er für das gegenwärtige Regime Wehrdienst leiste."[60] Die Verhandlung vor dem Reichskriegsgericht am 7. Juli 1942 verlief ohne besondere Vorkommnisse. Reinisch wiederholte die Gründe seiner Verweigerung und die Richter hielten ausführlich die gesetzlichen Grundlagen der Verurteilung fest. Der Angeklagte sei voll zurechnungsfähig und ein minder schwerer Fall, bei dem man von der Todesstrafe absehen könne, liege nicht vor:

„Aus einer persönlichen Einstellung heraus lehnt er es ab, dem deutschen Volke in seinem Daseinskampf die Treue zu halten. Er setzt sich daher bewusst in Gegensatz nicht nur zu Volk und Staat, sondern übrigens sogar auch zu seinen kirchlichen Oberen. Hinzu kommt, dass die Hartnäckigkeit der Tat geeignet ist, eine für das Wohl des Reiches gefährliche Werbekraft auszuüben."[61]

Es blieben noch wenige Wochen. Gefangenenseelsorger Heinrich Kreutzberg hatte bald nach seinem Eintreffen in Berlin-Tegel damit begonnen, Notizen über die vielen Gespräche anzufertigen, die er in dieser Zeit mit Reinisch führte und ihn angeregt, selbst Aufzeichnungen zu verfassen. In ihnen versuchte der Häftling, noch einmal seinen Entschluss aus verschiedenen Perspektiven zu überprüfen. Drei Gründe seien maßgeblich gewesen: Ein „religiös-kirchlicher", ein „politischer" und ein „gnadenhafter". Der religiös-kirchliche sei begründet in der Ausweitung der Verfolgung der Kirche, „die heute Freiwild geworden", was entschlossene Gegenwehr erfordere. Der politische Grund erkläre sich aus dem Wesen des NS-Regimes:

„Die gegenwärtige Regierung ist keine gottgewollte Autorität, sondern eine nihilistische Regierung, die ihre Macht errungen hat durch Gewalt, Lug und Trug! […] Das NS-Prinzip: ‚Gewalt geht vor Recht' zwingt mich in die Notwehrstellung. Es gibt für mich daher keinen Eid der Treue auf eine solche Regierung. ‚Mit Vorbehalt' den Eid abzulegen, muß ich nicht und will ich nicht!"[62]

Reflexionen seiner spirituellen Entwicklung und der Bedeutung Schönstatts in seinem Leben nehmen den überwiegenden Teil des Tagebuchs ein, das am 25. Juni 1942 einsetzt und am 7. August, dem Tag seiner Überstellung in das Zuchthaus Brandenburg-Görden, endet. Am 10. Juli erhielt er Besuch vom Abt des Pallottinerordens, den zu empfangen Reinisch sich zunächst rundweg weigerte. Pfarrer Kreutzberg versuchte zu vermitteln und überbrachte die Argumente des Provinzials: „Der Eid verlangt nichts Unerlaubtes. Hitler ist Vertreter der gottgewollten Ordnung." Reinisch darauf: „Wird nicht als Autorität anerkannt. Er ist in Österreich eingebrochen. Ich lebe und sterbe als Österreicher. […] Ich bin nicht ungehorsam! Der Obere will mich zu etwas verpflichten, wozu er mich unter Gehorsam nicht verpflichten kann."[63] Dass Bischof Rusch ihm ebenfalls rate, nachzugeben, kommentierte Reinisch trocken: Ratschläge geben könne jeder. Eine wertvolle Quelle stellt die ausführliche Schilderung der Gerichtsverhandlung dar. Offensichtlich hatte der Vorsitzende Senatspräsident Dr. Karl Schmauser versucht, Reinisch unter Verweis auf die große Zahl von Priestern, die schon den Eid geleistet hätten, umzustimmen. Erklärungsversuche von Reinisch wurden ignoriert: „Halten Sie hier keine politischen Propagandareden. Im übrigen sind wir kein Kirchengericht, sondern ein Kriegsgericht. Wir haben vor Ihnen gar keine Achtung, wo Sie wissen, daß es heute um den Bolschewismus geht."[64] In einer späteren „Schlußbetrachtung"

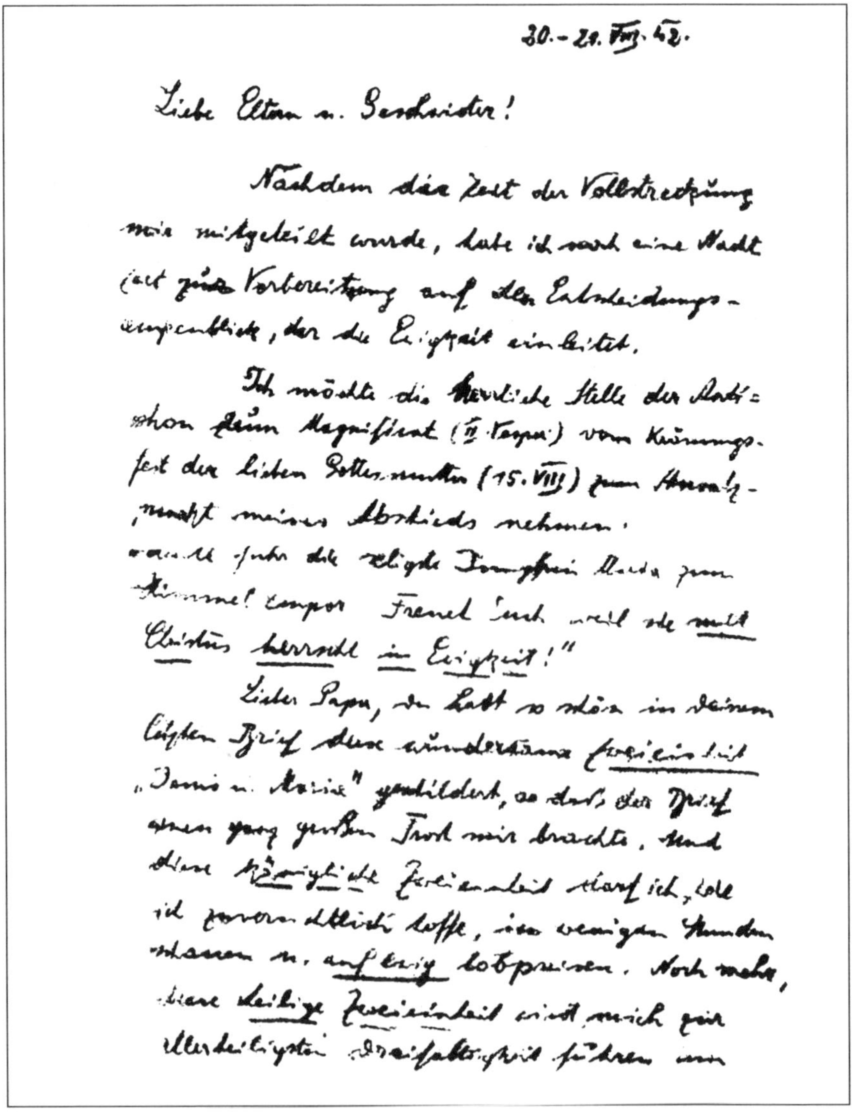

Abb. 52: Abschiedsbrief an die Eltern und Geschwister, 20./21.8.1942 (Ausschnitt)

zu seinem Handeln erklärte Reinisch, warum er sich schließlich den Behörden gegenüber auf religiöse Gründe beschränkt habe: „Jeden politischen Grund ließ ich beiseite, um dem üblen Beigeschmack aus dem Weg zu gehen: Politischer Katholizismus."[65] Am 1. August überbrachte Pfarrer Kreutzberg die „kniefällige" Bitte von Feldbischof Franz Justus Rarkowski, den Eid doch noch zu leisten. Sie blieb ungehört. Franz Reinisch starb am 21. August 1942 unter dem Fallbeil.

Abschiedsbrief an die Eltern und Geschwister, 20./21.8.1942 (Ausschnitt)

Liebe Eltern und Geschwister!

Nachdem die Zeit der Vollstreckung mir mitgeteilt wurde, habe ich noch eine Nacht Zeit zur Vorbereitung auf den Entscheidungsaugenblick, der die Ewigkeit einleitet.
Ich möchte die herrliche Stelle der Antiphon zum Magnificat (II. Vesper) vom Krönungsfest der lieben Gottesmutter (15. August) zum Ansatzpunkt meines Abschiedes nehmen: „Heute fuhr die seligste Jungfrau Maria zum Himmel empor: Freuet Euch, weil sie mit Christus herrscht in Ewigkeit."
Lieber Papa, Du hast so schön in Deinem letzten Brief diese wundersame Zweieinheit „Jesus und Maria" geschildert, so daß der Brief einen ganz großen Trost mir brachte. Und diese königliche Zweieinheit darf ich, wie ich zuversichtlich hoffe, in wenigen Stunden schauen und auf ewig lobpreisen. Noch mehr, diese heilige Zweieinheit wird mich zur Allerheiligsten Dreifaltigkeit führen, um (dort ewige Ruhe, Frieden, Glück und Freude zu finden). […].

Quellen und Literatur:

DÖW 21.062/23 (Urteil des Reichskriegsgerichts).
Brantzen, Klaus (Hg.): Pater Franz Reinisch, Bd. 1 und 2, Neuwied 1987.

Brantzen Klaus: Pater Franz Reinisch – sein Lebensbild. Ein Mann steht zu seinem Gewissen, Neuwied 1993.
Brantzen, Klaus: Materialien über Franz Reinisch, Innsbruck 1996.
Feldmann, Christian: Einen Eid auf Hitler? Nie! Franz Reinisch – ein Leben für die Menschenwürde, Vallendar 2012.
Kreutzberg, Heinrich: Franz Reinisch: ein Märtyrer unserer Zeit, Limburg 1952.
Pichler, Peter Johann: Leben und Wirken des Pallottinerpaters Franz Reinisch, Innsbruck 2016.
Webseite zur Einleitung des Seligsprechungsverfahrens (Mai 2013): https://www.franz-reinisch.org/.

Johann Schwingshackl

geboren 4.5.1887 in Ried bei Welsberg
gestorben 28.2.1945 in München-Stadelheim

Schwingshackl wuchs in einer Bauernfamilie im Pustertal in Südtirol auf. Eltern und Geschwistern unterstützten unter großen Entbehrungen seinen Wunsch, Priester zu werden, und im Alter von 24 Jahren konnte er mit den Vorbereitungen auf den Besuch des Staatsgymnasiums in Brixen beginnen. Der Kriegsausbruch unterbrach die Ausbildung. Im August 1918 kehrte Schwingshackl nach dreijähriger Gefangenschaft in Sibirien zurück, legte die Reifeprüfung ab und trat 1919 in das Noviziat der Jesuiten in St. Andrä im Lavanttal ein. Im Wintersemester 1923/24 setzte er sein in Krakau begonnenes Theologiestudium in Innsbruck fort. Sein Selbstverständnis als „Soldat Christi" wird von Biographen hervorgehoben[66] und machte es denen, die ihm in den folgenden Jahren als Seelsorger, Novizenmeister und Kirchenrektor einer Wiener Pfarre begegneten, nicht immer leicht. Wie Josef Pontiller forderte Schwingshackl vom katholischen Klerus Kompromisslosigkeit in der Auseinandersetzung mit dem Nationalsozialismus:

Abb. 53:
P. Johann Schwingshackl SJ

„Wir haben auf religiösem Gebiet noch nicht das, was wir unbedingt haben müssen. Es geht durch die ganze Welt eine Revolution, und zwar eine gute, die mir so aus der Seele wächst. Mich kümmert natürlich nicht die Revolution auf politischem Gebiete. Umso mehr packt mich das Erwachen der Menschen, die mit allen hohlen und faulen Fesseln brechen, die auf das Nebensächliche nur wenig achten und nur nach dem Kern streben. Da kommt nun der Klerus noch nicht nach. Wir hängen noch viel zu viel an alten Formen und sind zu sehr auf das Bequeme eingestellt."

Und wenig später:

„Die Zeit braucht in unserer Sache Männer durch und durch, die für alles Große voll und ganz aufgeschlossen sind. Sie müssen sein wie die Soldaten an der ersten Front. Es werden vielleicht 80 Prozent, meinetwegen 90 Prozent versagen. Macht nichts. Es genügen auch 10 Prozent."[67]

Der Provinzial der Jesuiten P. Johann B. Beck hingegen mahnte: „Glauben Sie nicht, daß Sie die Gegenwart besser verstehen als andere. Unterlassen Sie deshalb alle unangebrachte Kritik, auch die Kritik an weltlichen und kirchlichen Personen, auf der Kanzel und im Privatgespräch."[68] Eben diese Vorsicht wollte Schwingshackl in keinem Fall akzeptieren. Mehrere Vorladungen und Verhöre bei der Gestapo wegen seiner Predigten bewirkten wenig und boten andererseits nicht genügend Handhabe für eine Verhaftung. Den nötigen Vorwand lieferte schließlich ein umfangreiches Dokument, das Schwingshackl Ende Juli 1943 an seinen Ordensoberen Beck und einen Mitbruder schickte und in dem er einmal mehr den Priesterstand zur Wahrnehmung seiner Verantwortung aufforderte. Die Reaktion war enttäuschend: „Der Provinzial antwortete mit ein paar unwirksamen Gedanken."[69] Umso intensiver setzten sich Gestapo und Oberreichsanwaltschaft mit dem Text auseinander. Schwingshackl stellte fest:

„Die Nationalsozialisten erkannten gleich u. ganz. Die Gestapo in Linz gab es klar zu, wie recht ich habe u. wie mein Plan u. ich, so urteilen diese, geeignet wären, kath. Leben zu erwecken. Sie zollten deutlich Bewunderung. Da sie aber solches nicht brauchen können und solch aufsprießendes kath. Leben ihre Pläne durchkreuzt, so sollte ich aus der Welt geschafft werden. Ich war verurteilt vor der Verhandlung."[70]

Eine Erklärung für den langen Zeitraum, der von der Versendung des Textes bis zur Festnahme des Paters am 18. Februar 1944 verging, fehlt. Unklar bleibt auch, da der Brief seine Empfänger erreichte, wie er in die Hände der Gestapo geriet. Ein zweiter Anklagepunkt – eine angeblich wehrkraftzersetzende Äußerung Schwingshackls einem Soldaten gegenüber – spielte in der Verhandlung vor dem 1. Senat des Volksgerichtshofs am 16. Dezember 1944 in Salzburg keine Rolle, da der Zeuge nicht vor Gericht erschien. Die Urteilsbegründung zitiert ausführlich, wie der Angeklagte mit seinem Aufruf zum „frontmäßigen Kampf gegen das nationalsozialistische Reich" sich zum „Büttel" der Kriegsfeinde des Deutschen Reiches gemacht habe.[71] Erneut geißelte Schwingshackl die Untätigkeit der Kirche, deren Vertreter in ihrer Mehrheit nicht begriffen hätten, dass es um „Sein oder Nichtsein der katholischen Religion in Europa" gehe. „Hier liegt unsere entsetzliche Schuld. Hier liegt auch die Wurzel des schrecklichen Vorwurfes, den man uns machen muß: Wir arbeiten nicht richtig."[72] Dass Schwingshackl auch Österreich in Gefahr sehe, empörte Roland Freisler besonders. Schwingshackls Anwalt Dr. Franz Peterson wandte sich am 9. Jänner 1945 gegen den ausdrücklichen Wunsch des Verurteilten mit einem Gnadengesuch an Justizminister Otto Thierack, in dem er auf Schwingshackls Verdienste im Ersten Weltkrieg und sein wiederholtes Bekenntnis zum Deutschtum hinwies:

> „Der Angeklagte ist weder ein charakterloser Defaitist, noch ein vaterlandsloser Geselle, noch weniger ein Jesuit mit aalglatten rhetorischen Kniffen, diplomatischer Gewandtheit und Hinterhältigkeit ausgestattet; er ist der Sohn eines deutschen Bauern aus dem deutschen Welsberg (nicht Monguelfo, wie es verwelscht wurde), in Südtirol, der 10 Geschwister (davon 5 Brüder) hatte."[73]

Schwingshackl habe sich immer zu seinem deutschen Vaterland bekannt und sich „mit dem verhassten Joch der Welschen" nie abfinden können. Petersons Schreiben blieb ohne Wirkung. Bereits am 11. Jänner wurde das Urteil bestätigt und ab dem 14. Februar 1945 befand sich der Verurteilte in München-Stadelheim, wo die Hinrichtung stattfinden sollte. Dazu kam es nicht mehr: In der Nacht vom 27. auf den 28. Februar verstarb Johann Schwingshackl an den Folgen der Lungentuberkulose, an der er seit der Zeit seiner russischen Kriegsgefangenschaft während des Ersten Weltkriegs gelitten hatte.

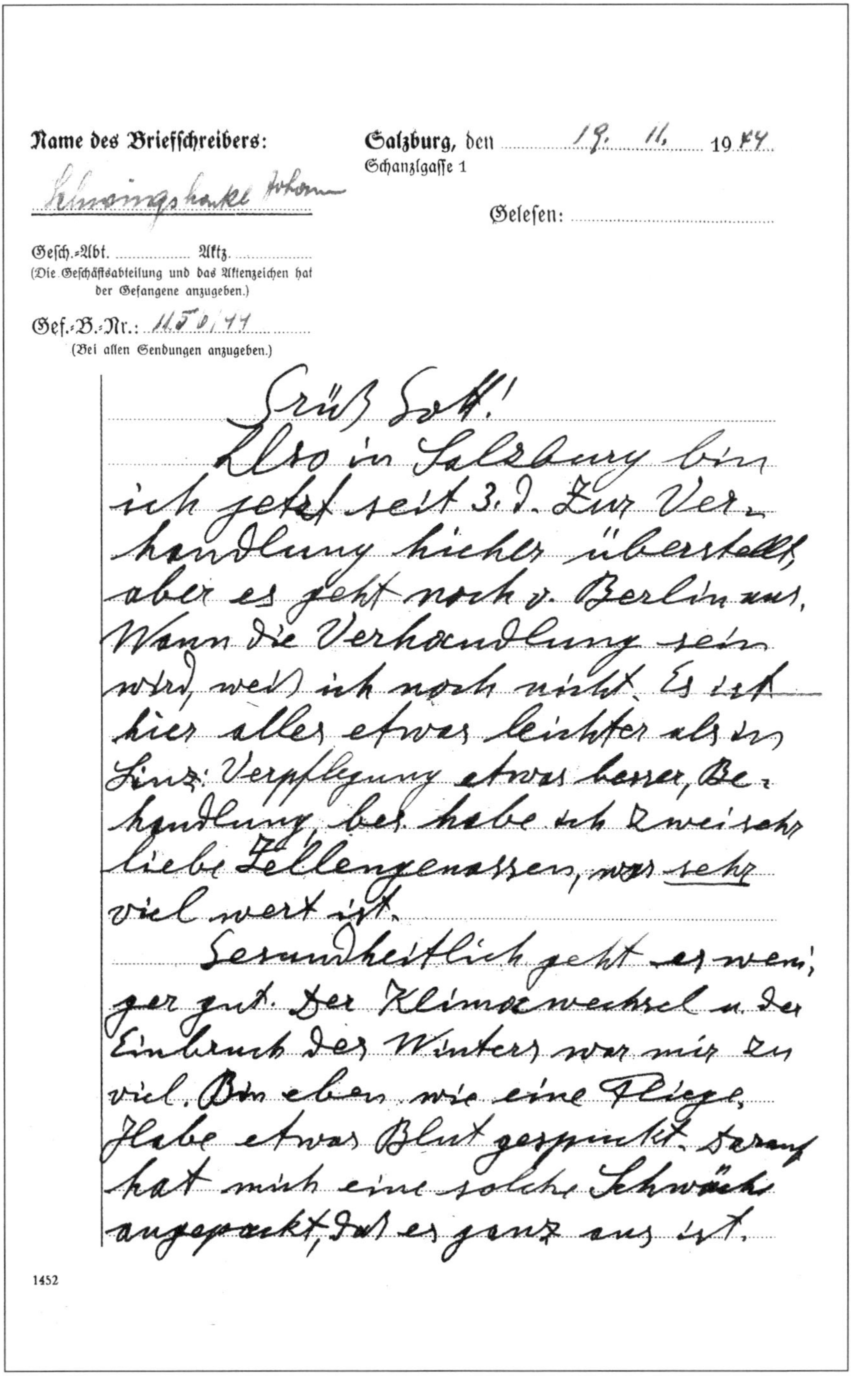

Name des Briefschreibers:

Klusingshauke Johann

Gesch.-Abt. .... Aktz. ....
(Die Geschäftsabteilung und das Aktenzeichen hat der Gefangene anzugeben.)

Gef.-B.-Nr.: 1150/44
(Bei allen Sendungen anzugeben.)

Salzburg, den 19. 16. 19 44
Schanzlgasse 1

Gefesen: ....

Grüß Gott!

Also in Salzburg bin ich jetzt seit 3.d. Zur Verhandlung hieher überstellt, aber es geht noch v. Berlin aus. Wann die Verhandlung sein wird weiß ich noch nicht. Es ist hier alles etwas leichter als in Linz: Verpflegung etwas besser, Behandlung bes. habe ich 2 wei sehr liebe Zellengenossen, was sehr viel wert ist.

Gesundheitlich geht es weniger gut. Der Klimawechsel u. der Einbruch des Winters war mir zu viel. Bin eben wie eine Fliege. Habe etwas Blut gespuckt. Darauf hat mich eine solche Schwäche angepackt, daß es ganz aus ist.

Abb. 54: Brief aus der Haft in Salzburg an Superior Josef Höllhumer in Linz, 10.8.1944 (Ausschnitt)

Brief aus der Haft in Salzburg an Superior Josef Höllhumer in Linz, Salzburg, 19. November 1944 (Ausschnitt)

Grüß Gott!

Also in Salzburg bin ich jetzt seit 3. d. Zur Verhandlung hierher überstellt, aber es geht noch v. Berlin aus. Wann die Verhandlung sein wird, weiß ich noch nicht. Es ist hier alles etwas leichter als in Linz. Verpflegung etwas besser, Behandlung, bes. habe ich zwei sehr liebe Zellengenossen, was sehr viel wert ist.

Gesundheitlich geht es mir weniger gut. Der Klimawechsel u. der Einbruch des Winters war mir zu viel. Bin eben wie eine Fliege. Habe etwas Blut gespuckt. Darauf hat mich eine solche Schwäche angepackt, daß es ganz aus ist. [...]

Quellen und Literatur:

VGH 5J 880/44 (Anklage), 1L 407/44 (Urteil).

Häupl, Christian: P. Johann Schwingshackl, S. J. : „… Ich will es nicht haben, daß es einmal heißt, ich bin ein stummer Hund geblieben"; ein Opfer des Nationalsozialismus; (eine Fallstudie zum kirchlichen Widerstand gegen den Nationalsozialismus in Österreich), Dipl. Arbeit Wien 1995.
Innerhofer, Josef: Südtiroler Blutzeugen zur Zeit des Nationalsozialismus, Bozen 1985, 9–69.
Zinnhobler, Rudolf: P. Johann Nepomuk Schwingshackl S. J. Ein Kämpfer für Christus und sein Reich (1887–1945), in: Mikrut, Jan: Blutzeugen des Glaubens. Martyrologium des 20. Jahrhunderts, Bd. 2, Wien 2015, 221–245.

Johann Steinmair

geboren 25.9.1890 in St. Magdalena in Gsies
gestorben 18.9.1944 in Berlin-Brandenburg

Eine Gedenktafel in der Jesuitenkirche in Innsbruck erinnert an die drei in der NS-Zeit ermordeten Ordensangehörigen Johann Schwingshackl, Alois Grimm und Johann Steinmair.[74] Grimm war Lehrer an der Stella Matutina in Feldkirch und St. Blasien im Schwarzwald, sein späteres Schicksal ist jedoch mit dem Steinmairs eng verbunden. Johann Steinmair wuchs auf einem kleinen Bauernhof in Gsies in Südtirol auf und besuchte ab dem Herbst 1902 das Vinzentinum in Brixen. Nach Matura und zweijährigem Noviziat bei den Jesuiten in Wien-Lainz nahm Steinmair in Innsbruck das Studium der Theologie auf. Der Priesterweihe 1919 im Stift Stams folgten Jahre in Wien, die ihm Gelegenheit boten, sein wissenschaftliches Interesse an Astronomie und Meteorologie zu vertiefen. Ab 1937 war Steinmair in Innsbruck für die Familien- und Männerseelsorge zuständig und entwickelte eine umfangreiche Vortrags- und Schulungstätigkeit: Sie machte ihn weit über die Stadtgrenzen hinaus bekannt und ließ ihn in das Visier der Gestapo geraten. Ein Schulungskurs über Rosenbergs *Mythus des 20. Jahrhunderts,* mit dem er sich intensiv auseinandergesetzt hatte, führte zu einer Vorladung und Verhören, die jedoch offenbar keine ausreichende Grundlage für eine Verhaftung lieferten. Zu dieser Zeit gehörte Steinmair auch einem Kreis entschiedener Gegner des NS-Regimes an, der sich um den Innsbrucker Arzt Dr. Hermann Flora gebildet hatte, eine Tatsache, die den Verfolgern zunächst verborgen geblieben war. Auf wessen Veranlassung hin dann im Frühjahr 1943 der Einsatz von V-Leuten gegen Grimm und Steinmair erfolgte, ist nicht mehr zu klären. Dass beide unmittelbar nach ihrer Verhaftung von Innsbruck nach München und weiter nach Berlin verbracht wurden, legen entsprechende Weisungen aus dem Reichssicherheitshauptamt nahe, der zentralen Verfolgungsbehörde nach Kriegsbeginn im Deutschen Reich. In beiden Fällen war es der Gefreite Hans Lüers aus Norddeutschland, der sich in Feldkirch bzw. Innsbruck mit dem angeblichen Wunsch, Unterricht für die geplante Konversion zum katholischen Glauben zu erhalten, an die Priester wandte. An den Gesprächen nahm schließlich ein zweiter Besucher teil, der sich unter dem

Abb. 55:
P. Johann Steinmair SJ

Namen „T(h)iemann" vorstellte. Alois Grimm hielt seine Erinnerung in stenografischen Notizen fest, die er nach seiner Verurteilung zur Vorbereitung eines Gnadengesuchs im Zuchthaus Brandenburg-Görden anfertigte:

„Die Anliegen der beiden Besucher waren derart, daß sie jede Beziehung zur Öffentlichkeit ausschlossen, für mich strengstes Secretum commissum, Amtsgeheimnis, waren, und daß ich annehmen mußte, unsere Unterhaltung diene nur dazu, die persönliche, seelische Not der Fragesteller zu beheben. Lüers bat um religiöse Weiterbildung nach vorgetäuschter Konversion und um Mithilfe bei der Bekehrung seiner Frau. In diesem Rahmen äußerte er seine innere Pein ob des Treibens der ‚Nazi', was zur Besprechung der Kriegslage führte."[75]

Weder Grimm noch Steinmair schienen Verdacht zu schöpfen, als das Gespräch von den beiden Spitzeln immer wieder auf politische Themen gelenkt wurde. „Diese Absicht erkannte ich nicht rechtzeitig, weil ich in meiner Einfalt es für unmöglich hielt, daß Bitten um religiöse Förderung und deren opfervolle und zeitraubende Gewährung durch mich so mißbraucht werden könnten."[76] In einem Brief vom 11. August teilte Lüers mit, dass er wegen eines gebrochenen Beines vorläufig nicht mehr zu Pater Grimm kommen könne, auch sein Freund sei verhindert: „Anbei noch ein Bildchen meines Freundes Th., der jetzt sehr viel wieder auf Reisen ist." Ob die beiden Spitzel in den folgenden Wochen tatsächlich endgültig ausblieben, ist nicht bekannt. Am 14. Oktober 1943 wurde Alois Grimm in Feldkirch, einen Tag später Johann Steinmair in Innsbruck verhaftet. Die Tagebuchaufzeichnungen Steinmairs, in denen er wiederholt die Zusammentreffen mit Alois Grimm erwähnt, geben Aufschluss über das weitere Schicksal der beiden Jesuiten. Ein „Gast aus Berlin" verhörte Steinmair noch in Innsbruck zum Inhalt seiner Gespräche mit Lüers und nach einer Gegenüberstellung mit „Thiemann", der sich nun als Kriminalinspektor der Gestapo zu erkennen gab, erfolgte noch am gleichen Abend die Überstellung nach München.[77] Ab dem 27. Oktober befanden sich beide in verschiedenen Gefängnissen in Berlin und wurden wiederholt zu Vernehmungen vorgeführt: „Spät nachmittags mit Grimm zum Verhör geholt. Wieder sehr scharf und viel Schimpfen […] Muß wieder Kniebeugen machen, falle fast um […] sehr grob behandelt und ein schlimmes Verhör angekündigt."[78] Während eines dieser Verhöre hatte Steinmair das Abhören von Auslandssendern bei Hermann Flora zugegeben, im Dezember 1943 erfuhr er von dessen Verhaftung. Anfang Juli 1944 waren die Anklageschriften fertiggestellt, die Verhandlungen getrennt für Grimm und Steinmair für den 12. August anberaumt. Den beiden Gefangenen gelang noch eine kurze Absprache, an ein Todesurteil glaubte keiner der beiden: „Wir haben beide noch Hoffnung, daß es halbwegs gut ausgeht[…]."⁷⁹ Die Aufzeichnungen des Verteidigers Alois Grimms, Dr. Joachim Lindenberg, vermitteln einen Eindruck von der Verhandlungsführung durch den Vorsitzenden Roland Freisler, die Grimm wohl rasch klarmachte, dass diese Hoffnung von Anfang an vergeblich war:

> „Wie kommen Sie dazu, sich an die deutsche Jugend heranzumachen? Zu deren Erziehung sind Sie völlig ungeeignet. Das überlassen Sie gefälligst uns. Im Diesseits regieren wir, der nationalsozialistische Staat. Erzählen Sie meinetwegen vom Jenseits. Von mir aus können Sie lehren, dass die Engel im Himmel Foxtrott tanzen!"⁸⁰

Versuche des Verteidigers, die Anklage der öffentlichen Wehrkraftzersetzung unter Hinweis auf die Vertraulichkeit der Gespräche in Frage zu stellen, wurden abgeschmettert, der Verteidiger kenne offenbar die am Volksgerichtshof gängige Rechtsprechung nicht: „Der Angeklagte hat damit rechnen müssen und gerechnet, dass seine defätistischen Äußerungen weitergetragen werden. Das war ihm ja nur lieb. Als Pfaffe nahm er eine besondere Glaubwürdigkeit für sein dummes Geschwätz in Anspruch." Die angeblichen defätistischen Äußerungen Grimms bildeten schließlich, Punkt für Punkt aus den Aufzeichnungen der Spitzel übernommen, die Grundlage für das Todesurteil. Für sich genommen würden diese Aussagen allerdings, so Freisler, ein solches Urteil nicht zwingend erscheinen lassen. Es war vielmehr die Persönlichkeit des Angeklagten, die, quasi vorbeugend, keine andere Entscheidung zulasse:

> „Gewiß würde gegen ihn unser Volk auch dadurch hinreichend geschützt werden, wenn er auf lange Zeit eingesperrt würde. Aber wie eine solche Defaitistentat selbst eine unübersehbare Breitenwirkung haben kann, so muß die Bestrafung des Defaitisten durch die Rechtspflege auch auf Breitenwirkung abgestellt sein, d. h. die Strafe muß so lauten, daß sie auch auf andere wirkt, die etwa ähnlich zersetzende Reden führen. Und endlich hat unser Volk das Bedürfnis, sauber dazustehen, und kann deshalb jemanden wie Grimm in seiner Mitte nicht brauchen. Deshalb mußte die Strafe für diesen für immer ehrlosen Verräter im Lebenskampf unseres Volkes die Todesstrafe sein."⁸¹

Nur selten kam die Tätigkeit von Spitzeln vor Gericht so offen zur Sprache wie in der Verhandlung gegen Alois Grimm. Hans Lüers und „Thiemann" wiederholten die ohnehin schon protokollierten Aussagen des Angeklagten und Freisler rühmte die „bemerkenswerte Zurückhaltung" der beiden, die „sich wirklich bemüht haben, die Wahrheit zu sagen."[82] Grimms Einwand, sie seien ausschließlich in der Absicht zu ihm gekommen, ihn zu verräterischen Aussagen zu bewegen, spiele da gar keine Rolle:

> „Wenn ich Fische angeln gehe, bediene ich mich verschiedenster Geräte. Ein Hecht wird anders gefangen als ein Karpfen. Und wenn man eine Forelle angeln will, muss man besonders vorsichtig zu Werke gehen. Und wenn es gilt, Jesuiten zu angeln, dann muss man sich ganz besonderer Methoden bedienen. Dass das Angelgerät in diesem Fall das richtige war, haben Sie bewiesen, denn Sie haben den Köder geschluckt."[83]

Die Verhandlung gegen Johann Steinmair, ursprünglich für den gleichen Tag festgesetzt, wurde um zwei Tage verschoben. Aufzeichnungen von diesem Prozess am 14. August fehlen; dass er ähnlich verlief wie der Alois Grimms, darf vermutet werden. Gnadengesuche von Familie, Ordensoberen und Apostolischer Administratur in Innsbruck wurden eingereicht und, wie in vergleichbaren Verfahren üblich, abgelehnt. Die Hinrichtung von Alois Grimm erfolgte am 11. September, die von Johann Steinmair am 18. September 1944.

Brief aus dem Zuchthaus Brandenburg-Görden an Msgr. Michael Weiskopf, Innsbruck, 31.8.1944 (Ausschnitt)

Lieber Chef und Freund!

Gerade kam der Heiland zu mir zur Feier meines 25jährigen Priesterjubiläums. In Innsbruck wird man wohl wissen, daß ich am 14.8. vom 1. Senat des Volksgerichts zum Tode verurteilt wurde (Wehrkraftzersetzung). Seit dem 28.8. bin ich nun hier, wo es mir nicht übel geht, und erwarte das weitere. Der Rechtsanwalt Dr. Dix hat das Gnadengesuch in die Hand genommen. Wie lang die Sache sich noch hinzieht, weiß ich nicht, es können noch Wochen vergehen.
    Ich bin auf alles vollkommen gefaßt und gehe gern schon jetzt in den Himmel, denn ich weiß, wofür ich sterbe, wenn Gott es so fügt. Will Er aber, daß ich am Leben bleibe, so hat Er ja noch verschiedene Mittel. Wie es Gott fügt, ist es am besten für uns. Die evtl. Todesnachricht wird offiziell an Dich gehen, als meinen Chef der kirchlichen Behörde. Auch meine Sachen werden dann von hier aus an Dich gesandt. [...] Der katholische Seelsorger der Anstalt hat sich auch Deine

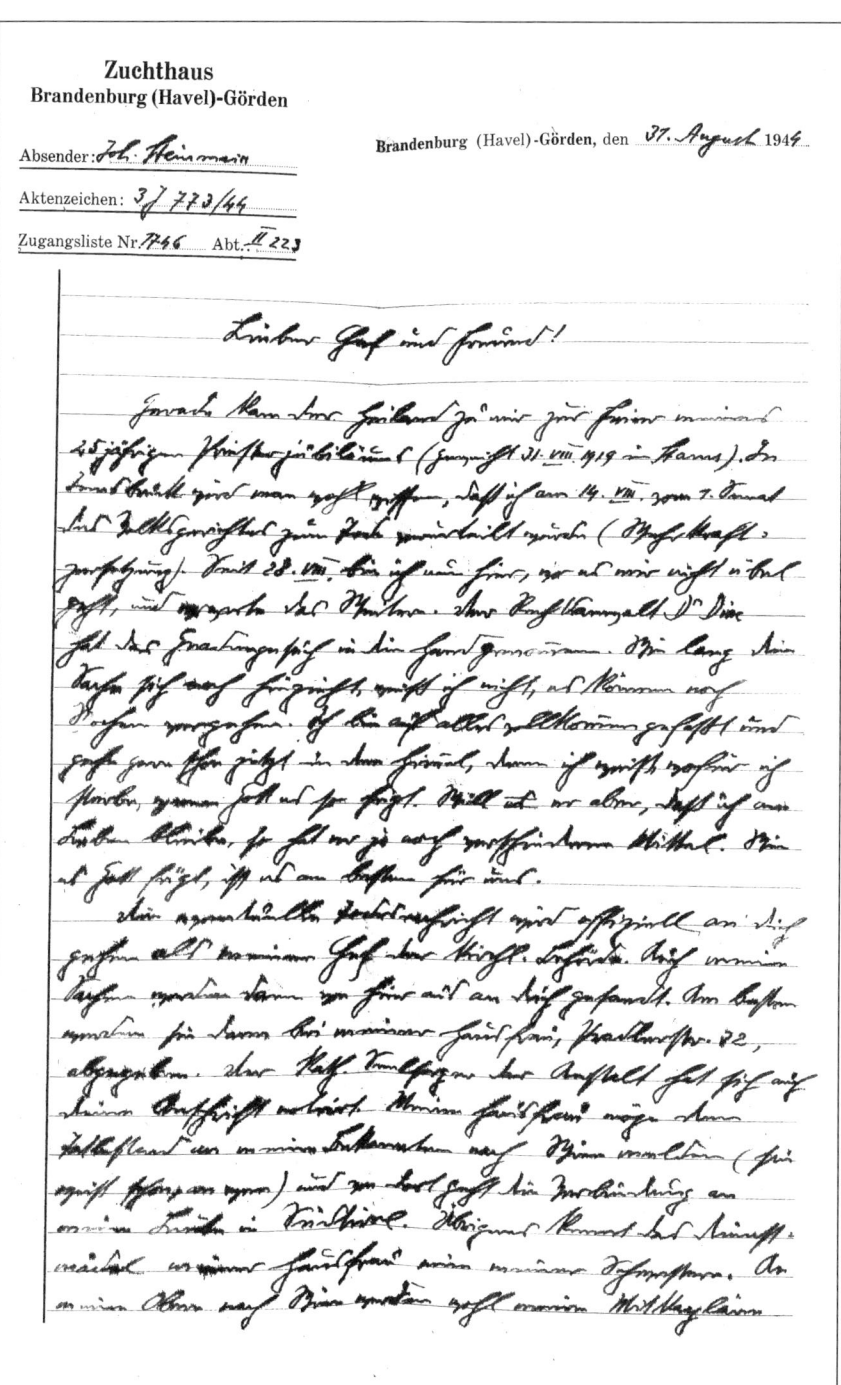

Abb. 56: Brief aus dem Zuchthaus Brandenburg-Görden an Msgr. Michael Weiskopf, Innsbruck, 31.8.1944 (Ausschnitt)

Anschrift notiert. Meine Hausfrau möge den Tatbestand an meine Bekannten nach Wien melden [...] und von dort geht die Verbindung an meine Leute in Südtirol. [...].

Quellen und Literatur:

Archiv der Jesuiten, Wien, Dossier Johann Steinmayr.

Batlogg, Andreas R.: P. Johann Steinmair S. J. (1890–1944), in: Mikrut, Jan: Blutzeugen des Glaubens. Martyrologium des 20. Jahrhunderts, Bd. 3, Wien 2015, 121–132.

Innerhofer, Josef: Südtiroler Blutzeugen zur Zeit des Nationalsozialismus, Bozen 1985, 70–107.

Lucjan Tokarski

geboren 1887 in Przemyśl (Polen)
gestorben Herbst 1941, Ort unbekannt (Polen)

Tokarski besuchte das Gymnasium in Stanislawów/Stanislau[84] und begann sein Theologiestudium an der Universität von Lwiw/Lemberg. Im Wintersemester 1910/11 wechselte er an die Theologische Fakultät in Innsbruck und schloss hier drei Jahre später seine Studien mit einer Dissertation über die Auswirkungen des Konzils von Trient (1545–1563) auf sein Heimatland Polen ab.[85] Über den weiteren Lebensweg Tokarskis fehlt jede Information. Eine polnische Quelle erwähnt seine Verhaftung und Ermordung an einem unbekannten Ort im Herbst 1941. Die deutsche Besatzungsmacht hatte zunächst im Rahmen der so genannten „Intelligenzaktion", der systematischen Auslöschung der polnischen Oberschicht, Tausende Ärzte, Lehrer und Geistliche ermordet. Sie fand ihre Entsprechung in der grausamen Liquidierung und Deportation polnischer Staatsbürger im von der Sowjetunion besetzten Teil des Landes. Um die Anführer eines von Generalgouverneur Hans Frank befürchteten allgemeinen Aufstandes auszuschalten, kam es im Frühjahr und Sommer 1940 zu weiteren Massenhinrichtungen nach Standgerichtsverfahren durch deutsche Einsatzgruppen. Die Aktion sollte Mitte Juni 1940 abgeschlossen sein, wurde aber weit über diesen Zeitpunkt hinaus fortgesetzt. Tokarski dürfte eines ihrer Opfer geworden sein.

Quellen und Literatur:

Jacewicz, Wiktor/Wos, Jan (Hg.): Martyrologium Polskiego Duchowienstwa Rzymskokatolickiego. Pod Okupacją Hitlerowską W Latach 1939–1945, Warszawa 1977, 141.

Bernhard Wensch

geboren 7.7.1908 in Berlin-Wilmersdorf
gestorben 15.8.1942 im KZ Dachau

Seine engagierte Jugendarbeit im Bistum Meißen wurde ihm zum Verhängnis: Kurse und Einkehrtage, die die katholischen Jugendlichen in Sachsen in ihrer Ablehnung der nationalsozialistischen Erziehungsideale bestärken sollten, und am Ende ein Rundbrief, der in die Hände der Gestapo geriet, boten den Vorwand für die Verhaftung von Bernhard Wensch. Zur Zeit der Machtergreifung der Nationalsozialisten in Deutschland war mehr als eine Million Jugendlicher in 28 katholischen Jugendverbänden organisiert. Nicht alle waren mit der im Konkordat von 1933 festgelegten Haltung der deutschen Bischöfe gegenüber dem NS-Regime einverstanden. Die Weisung, sich strikt an Gesetze und Verordnungen dieser Regierung zu halten und keine Zeichen aktiven Widerstandes zu setzen, wurde dennoch weitgehend befolgt. Während politische Jugendorganisationen und bündische Jugendgruppen verboten wurden oder sich auflösten, blieben zentral gelenkte Aktionen der Reichsjugendführung gegen katholische Jugendgruppen zunächst aus. Ihr Weiterbestand war in Artikel 31 des Konkordats ausdrücklich garantiert, Einschränkungen und Schikanen durch regionale HJ-Führer waren allerdings weitverbreitete Praxis.[86] Als Schüler des König-Georg-Gymnasiums in Dresden gehörte

Abb. 57:
Bernhard Wensch

Wensch dem Bund Neudeutschland an, dessen Mitglieder sich als katholische Elite verstanden, selbstverpflichtet zu christlicher Lebensgestaltung.[87] Wensch leitete die Gruppe an seiner Schule und seine Entscheidung für den Priesterberuf fiel in diesen Jahren. Nach dem Abitur 1927 begann er das Studium der Theologie und Philosophie in Innsbruck, promovierte 1930 und trat in das Priesterseminar des Bistums Meißen ein. Die Priesterweihe erfolgte 1934 im Dom von Bautzen. Bis zu seiner Berufung als Diözesanjugendseelsorger 1937 wirkte Wensch als Kaplan in der überwiegend protestantischen Kreisstadt Kamenz. Die neue Aufgabe dürfte ihn rasch zum Ziel der Beobachtung durch die Dresdener Gestapo gemacht haben. Ob Verwarnungen seiner Festnahme am 19. Mai 1941 vorangingen, ist unbekannt. Hermann Scheipers, wie Wensch geprägt durch den Bund Neudeutschland und Priesterkolleg in Meißen, erinnerte sich nach 1945, dass Jugendliche aus dem Kreis um Wensch mehrfach vorgeladen und verhört wurden.[88] Nach Wochen der Polizeihaft in Berlin und der vorübergehenden Internierung im KZ Sachsenhausen erfolgte am 7. November 1941 die Überstellung in den Priesterblock im KZ Dachau. Aus den Aufzeichnungen von Scheipers geht hervor, dass Wensch bei seiner Ankunft geschwächt und abgemagert war und nur zögernd über die vorangegangenen Monate berichtete.[89] Ab 1942 verpflichtete die Lagerleitung auch Priester zu schweren Außenarbeiten, Typhus und Ruhr breiteten sich aus. Wensch kümmerte sich aufopfernd, so Scheipers, um die Häftlinge im Invalidenblock, bis er selbst erkrankte. Von der offiziellen Todesursache – „Herz- und Kreislaufversagen bei Darmkatarrh" – erfuhren die Angehörigen erst durch Nachforschungen in den 1960er Jahren.[90]

Quellen und Literatur:

ITS Bad Arolsen, Dokumente Bernhard Wensch.

Siegel, Rudolf/Lubczyk, Johannes/Scheipers, Hermann: Blutzeuge der Wahrheit. Ein Gedenkblatt für den im KZ Dachau verstorbenen Jugendseelsorger des Bistums Meißen Dr. Bernhard Wensch, Berlin 1948.

Exkurs: Die Ermordung ukrainischer Priester nach 1945

Die Schicksale der vier Priester konnten im Rahmen dieser Arbeit nur mit Hilfe nicht überprüfbarer Quellen im Internet nachverfolgt werden. Sie stehen stellvertretend für eine möglicherweise größere Anzahl von Priestern der ukrainischen Kirche, die ihre theologischen Studien in Innsbruck absolvierten und Opfer der Verfolgung durch die sowjetischen Besatzer ihres Landes wurden. Alle vier stammten aus der westlichen Ukraine und lebten und wirkten zum Zeitpunkt ihrer Verfolgung in Pfarren und Klöstern des Bezirks Lwiw/Lemberg.[91]

Nykyta Budka

geboren 7.6.1877 in Dobromirka (Ukraine)
gestorben 28.9.(?)1949 in Karaganda (Kasachstan)

Nykyta Budka wuchs im galizischen Dorf Dobromirka auf. Seine Eltern ermöglichten ihm den Besuch des Gymnasiums in der Provinzstadt Ternopil. Nach Ableistung des Militärdienstes begann er zunächst ein Studium der

Abb. 58:
Nykyta Budka

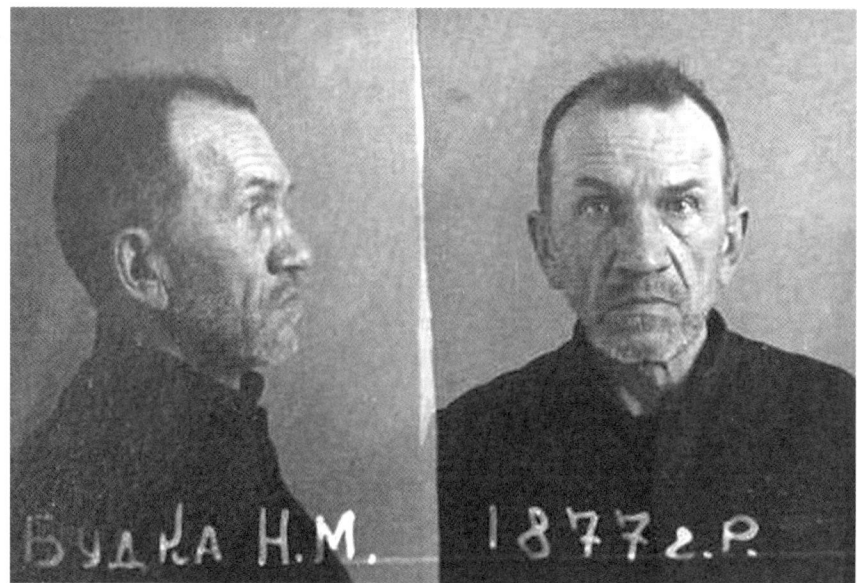

Abb. 59: Nykyta Budka – Häftling in Karaganda

Rechtswissenschaften an der Universität von Lwiw/Lemberg. Welche Gründe ihn bewogen, dieses Studium abzubrechen und sich für das Priesteramt zu entscheiden, ist nicht bekannt. Ab dem Wintersemester 1902/03 lebte Budka im Innsbrucker Canisianum und studierte an der Theologischen Fakultät. Schwerpunkt seiner Arbeit nach der Rückkehr nach Lwiw/Lemberg und der Priesterweihe 1907 war die Betreuung ukrainischer Emigranten in Europa und Übersee. Zwischen 1912 und 1927 wirkte Budka als Bischof der neu geschaffenen unabhängigen katholisch-ukrainischen Kirchenprovinz Kanada, zuständig für mehr als 120.000 ukrainische Siedlerinnen und Siedler in meist ländlichen Gemeinden des Landes. Ein Hirtenbrief Budkas, verfasst zu Beginn des Ersten Weltkriegs, verschaffte ihm in Kanada zwei Anklagen wegen Landesverrats: Budka hatte die wehrfähigen Landsleute aufgefordert, sich ihrem Heimatland Österreich-Ungarn als Soldaten zur Verfügung zu stellen. Zu einer Verurteilung kam es nicht, aber die Arbeit in der Diözese wurde auch nach seinem Freispruch zunehmend erschwert durch ukrainische Aktivisten, die sich der Bevormundung durch die Kirche widersetzten und Budka mangelnden Nationalismus zum Vorwurf machten. Während eines Besuchs in Rom 1927 ersuchte Budka um die Rückversetzung in seine mittlerweile polnische Heimat. Nach der Besetzung Galiziens durch sowjetische Truppen gegen Ende des Zweiten Weltkriegs war Budka einer von zahlreichen verhafteten ukrainischen Priestern. Er wurde separatistischer Bestrebungen angeklagt und zu acht Jahren Gefängnis verurteilt, zu verbüßen in einem der berüchtigten Lager des Gulags in Karaganda (Kasachstan). Einer offiziellen sowjetischen Todesmeldung zufolge verstarb Budka dort an den Folgen eines Herzanfalls.

Quellen und Literatur:

Hryniuk, Stella: Pioneer Bishop, Pioneer Times. Nykyta Budka in Canada, in: CCHA, Historical Studies 55 (1988), 21–41. Online http://www.cchahistory.ca/journal/CCHA1988/Hryniuk.pdf (aufgerufen am 17.1.2019).

Andrij Iszcak

geboren 23.9.1887 in Mykolayiv (Ukraine)
gestorben 26.6.1941 in Sykhiv (Ukraine)

Iszcak kam 1911 von der Universität Lwiw/Lemberg nach Innsbruck und promovierte nach dreijährigem Studium am 26. Juni 1914 zum Doktor der Theologie. Informationen zu seinem Leben während des Ersten Weltkriegs und in den Nachkriegsjahren fehlen. Ab 1928 lehrte er an der Theologischen Fakultät

Abb. 60:
Andrij Iszcak

von Lwiw/Lemberg und betreute zugleich als Priester die Gemeinde Sykhiv im Südosten der Hauptstadt. Der Überlieferung zufolge ermordeten ihn Soldaten der Roten Armee, die sich nach dem Überfall Hitlerdeutschlands im Juni 1941 auf dem Rückzug befanden.

Quellen und Literatur:

Goller, Peter: Katholisches Theologiestudium der der Universität Innsbruck vor dem Ersten Weltkrieg (1857–1914), Innsbruck 1997.
https://catholicsaints.info/blessed-andrii-ischak/ (aufgerufen am 17.1.2019).

Jakym Senkivskyi

geboren 2.5.1896 in Hayi Velykyi (Ukraine)
gestorben 29.6.1941 in Drohobych/Drohobytsch (Ukraine)

Senkivskyi wurde nach seinem Theologiestudium in Lwiw/Lemberg am 4. Dezember 1921 zum Priester geweiht und setzte seine Studien in Innsbruck fort. Das Datum seiner Promotion ist nicht bekannt. Nach seiner Rückkehr trat er in Krekhiv in den Mönchsorden der Basilianer ein. Im Jahr der russi-

Abb. 61:
Jakym Senkivskyi

schen Okkupation der Ukraine 1939 übernahm Senkivskyi als Abt die Leitung des Basilianerklosters St. Peter und Paul in Drohobych im Bezirk Lwiw/Lemberg. Die Umstände seiner Verhaftung durch den NKWD (politische Geheimpolizei) am 26. Juni 1941 sind unklar. Er starb nach schwerer Folter drei Tage später im örtlichen Gefängnis.

Quellen und Literatur:

http://www.abbaye-saint-benoit.ch/hagiographie/fiches/f0564.htm
    (aufgerufen am 17.1.2019).
https://catholicsaints.info/blessed-yakym-senkivsky/ (aufgerufen am 17.1.2019).

Klymentiyi Sheptytskyi

geboren 17.11.1869 in Prylbichi (Ukraine)
gestorben 1.5.1951 in Wolodymyr-Wolynskyj (Ukraine)

Seine Herkunft aus einer wohlhabenden polnisch-ruthenischen Familie ermöglichte Sheptytskyi Aufenthalte an den Universitäten von München und Paris. Er beendete das Studium der Rechtswissenschaften in Kraków/Krakau

Abb. 62:
Klymentiyi Sheptytskyi

und übernahm nach seiner Promotion die Verwaltung des Gutsbesitzes der Eltern. Der Entschluss, dem Vorbild des älteren Bruders Andrej[92] zu folgen, fiel 1911 mit dem Eintritt in den von Andrej gegründeten Studitenorden. Die Priesterweihe erfolgte 1915, während seines 1913 begonnenen Theologiestudiums in Innsbruck. Ab 1926 leitete er das Mariä-Entschlafens-Kloster in Uniw/Univ, eines der bedeutendsten Klöster der Region. Während der Besetzung der Ukraine durch die deutsche Wehrmacht 1941–1944 boten die Studitenklöster jüdischen Einwohnern von Lwiw/Lemberg und Umgebung Schutz und verhalfen in mehreren Fällen zur Flucht. Sheptytskyi und Marko Stek, ein von ihm mit der Versorgung der versteckten Jüdinnen und Juden beauftragter Priester, wurden 1995 in Israel als „Gerechte unter den Völkern" ausgezeichnet, nachdem Kurt Lewin, Sohn des letzten Rabbiners von Lwiw/Lemberg, seine Erinnerungen veröffentlicht hatte. Nach dem Tod seines Bruders Andrej 1944 geriet Sheptytskyi als einer der ranghöchsten Vertreter seiner Kirche in der westlichen Ukraine unter zunehmenden Druck der sowjetischen Behörden und wurde schließlich am 5. Juni 1947 verhaftet. Seine Weigerung, sich dem Moskauer Patriarchen zu unterstellen, begründete eine Verurteilung zu acht Jahren Haft, die er nicht überlebte.

Quellen und Literatur:

Lewin, Kurt: A Journey Through Illusions, McKinleyville (Kalifornien) 1993.
https://en.wikipedia.org/wiki/Klymentiy_Sheptytsky (aufgerufen am 17.1.2019).
http://db.yadvashem.org/righteous/family.html?language=en&itemId=4017786
    (aufgerufen am 17.1.2019).

Anmerkungen

1 § 174 des deutschen Reichsstrafgesetzes regelte die Unzucht mit Abhängigen, § 175 „widernatürliche Unzucht". Zur Verschärfung des § 175 und seine Ergänzung durch § 175a vgl. die Biografie von Rudolf von Mayer in diesem Band, 50–51.
2 Hans Günther Hockerts: Die Sittlichkeitsprozesse gegen katholische Ordensangehörige und Priester 1936/37. Eine Studie zur nationalsozialistischen Herrschaftstechnik und zu Kirchenkampf, Mainz 1971, 114–115.
3 Horst Schreiber: Die Machtübernahme. Die Nationalsozialisten in Tirol 1938/39, Innsbruck 1994, 231.
4 Innsbrucker Nachrichten, 4.11.1938, 5.
5 Eine Aussage des Betroffenen lag vor, in der Hauptverhandlung weigerte er sich allerdings, seine Angaben zu wiederholen.
6 Landgericht Arnsberg, 4 KLs 7-40, 12–13.
7 Auf die Haftstrafe wurden sechs Monate der Untersuchungshaft angerechnet. Die Häftlingsnummer Finkes (40343) wurde im Dezember 1941 vergeben. Auskunft ITS Bad Arolsen, 11.12.2017.
8 Die Häftlinge „testeten" auf einer eigens angelegten Laufstrecke Soldatenstiefel im Auftrag der Wehrmacht, aber auch Straßenschuhe für zivile Auftraggeber, z. B. die Firma Salamander. Im Durchschnitt verstarben in diesem Kommando bis zu 20 Häftlinge pro Tag.
9 ITS Bad Arolsen, Dokument 1.1.38.1/4117540.
10 VGH 8 J 7/41 (Anklage Roman Scholz u. a.), 56.
11 Rüdiger Engerth: Einleitung, in: Hanns-Georg Heintschel-Heinegg: Das Vermächtnis, Graz 1947, 15.
12 Ebd., S. 81–89. Die Gedichte über Innsbruck entstanden im März 1943: „Durch den herbstlichen Hofgarten in Innsbruck", „Juniabend in der Herzog-Friedrich-Straße", Stift Wilten", „Alte Universität", „Blick von der Hungerburg", „In der Hofkirche", „Johanneskirchlein" und „Mühlauer Friedhof".
13 Ildefons Fux: Hanns-Georg Heintschel-Heinegg. Student der Theologie, Dichter, Ordensgründer (1919–1944), in: Jan Mikrut (Hg.): Blutzeugen des Glaubens, Bd. 1, Wien 1999, 107–117, hier 109 und Engerth, Einleitung: in: Das Vermächtnis, 15.
14 Peter Schramke: Das war also mein Beitrag zum „Endsieg", in: DÖW (Hg.), Erzählte Geschichte, Bd. 2, 349. Schramke gehörte der gleichen „Reihe" innerhalb der ÖFB an wie Heintschel-Heinegg. Er wurde am 6.12.1943 vom VGH zu vier Jahren Zuchthaus verurteilt.
15 DÖW 3043 a (Schlussbericht der Gestapo Wien, 17.12.1940, 45–46, Hervorhebungen im Original).
16 Wolfgang Neugebauer: Der österreichische Widerstand 1938–1945, Wien 2008, 138.
17 Engerth: Einleitung, in: Das Vermächtnis, 26.
18 Gespräche mit Aglaja Heintschel-Heinegg am 9.11.2012 und Anneliese Kronewitter (Kusine) am 12.11.2012.
19 Zu den letzten Monaten Heintschel-Heineggs liegen mehrere Berichte vor: Hans Rieger: Die drei Männer im Feuerofen (Hanns-Georg von Heintschel-Heinegg, Ignaz Kühmayer, Herbert Christian), in: Hans Rieger: Das Urteil wird jetzt vollstreckt, Wien 1977, 112–131; Ignaz Kühmayer: Auferstehung, Wien 1948. Kühmayer, ebenfalls Mitglied der ÖFB, war von Heintschel-Heinegg damit beauftragt worden, Kardinal Innitzer die Statuten eines von ihm kurz vor der vermeintlichen Hinrichtung am 10. Mai 1944 gegründeten „Ritterordens vom Heiligen Geiste" zur Weiterleitung nach Rom zu

übergeben. Der entsprechende Brief an Innitzer bezeichnet diese Ordensgründung als sein letztes Vermächtnis. Faksimile des Briefs in: Franz Loidl (Hg.): Kardinal Innitzer. Fürbitter für Todeskandidaten, Helfer zum Kriegsende 1940/1945, Wien 1977.
[20] Kurtmartin Magiera: Bernhard Lichtenberg, „Der Gefangene im Herrn", Berlin 1963, 23.
[21] Franz Joseph Bernhard Biederlack S. J. (1845–1930). Biederlack studierte Theologie in Innsbruck und habilitierte sich hier 1882. Seine einflussreiche Studie „Die soziale Frage" erschien 1895.
[22] Der Angriff, 26.6.1931 (Herausgeber Joseph Goebbels), zit. nach Friedrich Hagemann: Prozess Bernhard Lichtenberg. Ein Leben in Dokumenten, Berlin 1977, 19–21.
[23] Bericht der Gestapo an Ministerpräsident Hermann Göring, 27.9.1935, zit. nach Hagemann: Prozess Lichtenberg, 25–27. Das KZ Esterwegen war eines der berüchtigten Emslandlager. Es wurde 1936 aufgelöst.
[24] Konrad Graf von Preysing (1880–1950) war seit 1935 Bischof von Berlin. Auch Preysing hatte in Innsbruck studiert und war dort am 26.7.1912 zum Priester geweiht worden. Wie Lichtenberg kritisierte er wiederholt Maßnahmen des NS-Regimes und übermittelte Berichte über die Lage im Deutschen Reich an Papst Pius XII.
[25] RStGB §§ 130a und 134a und b und Gesetz gegen heimtückische Angriffe auf Staat und Partei und zum Schutz der Parteiuniformen vom 20. Dezember 1934, RGBl. 1934 I, 1269 f.
[26] Urteil des Berliner Sondergerichts I, zit. nach Hagemann: Prozess Lichtenberg, 69.
[27] Verfügung der Gestapo Berlin vom 28.10.1943, zit. nach Hagemann: Prozess Lichtenberg, 114.
[28] Gedenkstätte KZ Buchenwald, Chronik der Befreiung: http://www.buchenwald.de/471 (aufgerufen am 5.1.2019).
[29] Johann Josef Schulz: Pfarrer Alfons Mersmann, in: Emil Thoma/Eugen Weiler (Hg.): Die Geistlichen in Dachau sowie in anderen Konzentrationslagern und in Gefängnissen, 1058–1064.
[30] Tiroler Anzeiger, 21.3.1931, 15.
[31] Auskunft Archiv der Diözese Fort Wayne, Indiana, 13.7.2013.
[32] Die „Meldung wichtiger staatspolizeilicher Ereignisse" vom 27.2.1942 zitierte Mersmanns Äußerungen wörtlich. In: Nationalsozialismus, Holocaust, Widerstand und Exil 1933–1945. Online-Datenbank. De Gruyter. 14.12.2017.
[33] ITS Bad Arolsen, 1.2.2.1/11855530.
[34] Zit. nach Johannes Wienke/Helmut Moll: Pfarrer Alfons Mersmann, in: Helmut Moll (Hg.), Zeugen für Christus. Das deutsche Martyrologium des 20. Jahrhunderts, Bd. 1, ^{4}2006, 696. Mersmann lebte zu dieser Zeit bei einer Familie in Treysa in Hessen.
[35] ITS Bad Arolsen, 6.3.3.2/90130010, Schreiben Ida Behnke, 18.6.1955. Ida Behnke war eine Schwester Mersmanns.
[36] Roman Dmowski (1864–1939).
[37] Władysław Sikorski (1881–1943) lebte seit Ende September 1939 in Frankreich und war Ministerpräsident der polnischen Exilregierung.
[38] In Palmiry befindet sich seit 1948 eine Gedenkstätte. Eine Grabstätte Nowakowskis konnte nicht lokalisiert werden.
[39] „Hütet euch vor Juden und Bolschewiki!"
[40] Stanislav Zámečnik: Das war Dachau, Frankfurt am Mai ^{3}2013, 172–180.
[41] ITS, Individuelle Dokumente KZ Dachau, 1.1.6.2./10235678.
[42] Michael Pontiller: Märtyrer der Heimatkirche, in: *Osttiroler Heimatblätter*, 2/2000, 2.
[43] Ebd.

44 Pontiller lebte zunächst nahe der österreichischen Grenze auf Schloss Orozvar und ab 1940 auf Schloss Szentegat im südlichen Ungarn.
45 VGH 3J 1870/44 (Anklage), 2.
46 Michael Pontiller: Märtyrer der Heimatkirche – Teil II, in: *Osttiroler Heimatblätter* 2-3/2001, 3. Hier auch Spekulationen zu einer möglichen Denunziation Pontillers.
47 DÖW 8479 (Gestapo Staatspolizeileitstelle Wien, Tagesbericht Nr. 34 vom 19.–25.5. 1944).
48 VGH 1L 404/44 (Urteil), 3.
49 Ebd.
50 Ebd., 4.
51 DÖW 1822 (Dokumente zu Josef Pontiller).
52 Hans Jürgen Brandt (Hg.): Priester in Uniform. Seelsorger, Ordensleute und Theologen als Soldaten im Zweiten Weltkrieg, Augsburg 1994, 363. Die Zahlen wurden von der Zentralstelle für kirchliche Statistik in Köln erhoben.
53 Brandt: Priester in Uniform, 240 und 243 (Erinnerungen Hermann Kneidinger).
54 Ebd., 126, 128, 176.
55 Ebd., 217–218.
56 Feldgeneralvikare im OKH (Hg.), Das Opfer, 1941, zit. nach Heinrich Missalla: Für Gott, Führer und Vaterland: die Verstrickung der katholischen Seelsorge in Hitlers Krieg, München 1999, 51. Hier auch die Texte der zwischen 1940 und 1942 versandten Rundbriefe und Beispiele für Predigtskizzen. Herausgeber war Heinrich Höfler, Leiter der Abteilung „Schrifttum" im Deutschen Caritasverband.
57 Heinrich Kreutzberg: Franz Reinisch. Ein Märtyrer unserer Zeit, Limburg an der Lahn 1952, 21–27. Reinisch selbst hinterließ einen „Lebensrückblick" als Teil seiner im Gefängnis Berlin-Tegel angefertigten Tagebuchaufzeichnungen. Klaus Brantzen: Pater Franz Reinisch, Bd. 2, Neuwied 1987, 67–80.
58 Kreutzberg: Franz Reinisch, 39–40.
59 KÖHV Leopoldina (Hg.): 75 Jahre Geschichte der Katholischen Österreichischen Hochschulverbindung Leopoldina, Innsbruck 1976, 380. Die Rede ist im Wortlaut nicht erhalten.
60 Kreutzberg: Franz Reinisch, 103–105 (Anklage).
61 DÖW 21.062/23 (Urteil).
62 Brantzen: Pater Franz Reinisch. Bd. 2, 20–21. Hervorhebungen im Original. Ausführlich zur Annexion Österreichs auch im Tagebucheintrag vom 17.7.1942, ebd., 62.
63 Ebd., 49.
64 Ebd., 50. Aufzeichnung durch Heinrich Kreutzberg. An anderer Stelle im Tagebuch berichtet Reinisch noch einmal vom Verlauf der Verhandlung, in der er „ununterbrochen heruntergekanzelt" worden sei. Ebd., 61.
65 Ebd., 99. In einem Gespräch mit Kreutzberg geht Reinisch am 1.8.1942 erneut auf die „politischen Gründe" ein, die er vor Gericht nicht habe erläutern können, so dass er sich dann auf die Verteidigung des Glaubens beschränkt habe. Ebd., 111.
66 Vgl. Leo Maier: P. Schwingshackl S. J., ein Soldat Christi, in: ThPQ 1/1959, 9–24.
67 Briefe an seinen Neffen Peter Schwingshackl, der ebenfalls Priester wurde, zit. nach Innerhofer, Südtiroler Blutzeugen, 54 und 58–59.
68 Schreiben P. Johann B. Beck an Johann Schwingshackl, 22.10.1941, zit. nach Josef Innerhofer: Südtiroler Blutzeugen zur Zeit des Nationalsozialismus, Bozen 1985, 56.
69 Schwingshackl erwähnt diese enttäuschende Reaktion in einem letzten, aus dem Gefängnis geschmuggelten Brief vom 24.1.1945. Die Stelle fehlt bezeichnenderweise in mehreren Veröffentlichungen, etwa im Linzer Kirchenblatt, 27.2.1955, 2, oder bei

Franz König (Hg.): Ganz in Gottes Hand. Briefe gefallener und hingerichteter Katholiken 1939–1945, Wien 1957, 185–190. Vollständig hingegen bei Rudolf Zinnhobler: P. Johann Schwingshackl S. J. Ein Kämpfer für Christus und sein Reich (1887–1945), in: Jan Mikrut: Blutzeugen des Glaubens. Martyrologium des 20. Jahrhunderts, Bd. 2, Wien 2015, 221–245, hier 239.
70 Zinnhobler: P. Johann Schwingshackl, 239.
71 VGH 1L 407/44 (Urteil) 1.
72 Ebd., 2–3.
73 Zinnhobler: P. Johann Schwingshackl, 236–238.
74 Beide Schreibungen des Familiennamens (Steinmayr/Steinmair) waren in Gebrauch und wurden auch von ihm selbst verwendet.
75 Archiv der Deutschen Provinz der Jesuiten, München, Nachlass Alois Grimm, Karton 47/346.
76 Ebd.
77 Tagebucheintragung vom 15.10.1943. Umfangreiche Ausschnitte aus diesem Tagebuch bei Benedicta Kempner: Priester vor Hitlers Tribunalen, München 1967, 402–414, hier 404. Bei „Thiemann" handelte es sich um den Leiter der Gestapo Oldenburg Friedrich Theilengerdes. Er wurde 1949 von einem britischen Gericht wegen anderer Delikte verurteilt und hingerichtet. Ich danke Prof. Peter Voswinckel, Berlin, für die Auskunft.
78 Ebd., Tagebucheintragung vom 20.12.1943, 406.
79 Ebd., Tagebucheintragung vom 12.8.1944, 411.
80 Das Original der Aufzeichnungen Lindenbergs befindet sich im Archiv der Jesuiten in München, Nachlass Grimm.
81 VGH 1L 230/44 (Urteil Alois Grimm), 5.
82 Ebd., 3.
83 Archiv der Deutschen Provinz der Jesuiten, München, Nachlass Grimm, Aufzeichnungen Lindenberg.
84 Stanislau lag vor 1918 im Kronland Galizien und Lodomerien (heute: Iwano-Frankiwsk in der westlichen Ukraine).
85 Goller, Katholisches Theologiestudium, 111.
86 Rolf Eilers: Nationalsozialistische Jugendpolitik, in: Rolf Eilers (Hg.): Löscht den Geist nicht aus: der Bund Neudeutschland im Dritten Reich, Mainz 1985, 9–29, hier 16–19.
87 Der Bund Neudeutschland wurde 1919 von Jesuiten gegründet, mit dem Ziel, Schüler höherer Schulen an die Kirche zu binden. Ihm gehörten u. a. die Widerstandskämpfer Willi Graf (1918–1943, Mitglied der Weißen Rose) und Alfred Delp SJ (1907–1945) an.
88 Hermann Scheipers: Verhaftung und Konzentrationslager, in: Altenberger Dokumente, Heft 5, 1963, 30–34, hier 30 (Archiv Neudeutschland, Kommission für Zeitgeschichte e. V., Forschungsstelle Bonn).
89 Scheipers war seit März 1941 ebenfalls im KZ Dachau interniert.
90 ITS Bad Arolsen, Korrespondenzakte Bernhard Wensch.
91 Ich danke Mag. Volodymyr Voloshyn von der Seelsorgestelle für Katholiken des byzantinischen Ritus in der Diözese Innsbruck für hilfreiche Hinweise.
92 Andrej Sheptytskyi (1865–1944), Erzbischof von Lemberg und Metropolit der ukrainischen Griechisch-Katholischen Kirche 1901–1944.

Nachwort

„In El Salvador befinden wir uns alle in Lebensgefahr. Wer die Wahrheit sagt, weiß um das Risiko."[1]

Am 27. November 1989 lud die Dekanin der Theologischen Fakultät Herlinde Pissarek-Hudelist den Akademischen Senat der Universität und die Angehörigen des Jesuitenkollegs zum Requiem in die Jesuitenkirche: Ignacio Ellacuría und Segundo Montes, die ihr Theologiestudium in Innsbruck absolviert hatten, waren wenige Tage zuvor von Angehörigen des Militärs in El Salvador brutal ermordet worden.

Als Ignacio Ellacuría im Herbst 1958 in Innsbruck eintraf, war er mit der Realität des Lebens der Bevölkerung Lateinamerikas vertraut. Gemeinsam mit fünf jungen Novizen des Jesuitenkollegs in Loyola im spanischen Baskenland war er 1949 in Begleitung eines Novizenmeisters aufgebrochen, um in der Niederlassung des Ordens in Santa Tecla im Süden der Hauptstadt San Salvador seine ein Jahr zuvor begonnene Ausbildung fortzusetzen. An der Katholischen Universität in Quito in Ecuador, wo Jesuiten aus allen lateinamerikanischen Ländern ihr geisteswissenschaftliches Studium absolvieren, hatte Aurelio Espinoza Pólit, charismatischer Lehrer, Schriftsteller, Literaturkritiker und anerkannter Spezialist für die Werke von Sophokles und Vergil, die außergewöhnliche Begabung Ellacurías gefördert. Nach seiner Rückkehr war es Ellacuría, der nun seinerseits im Zuge des vorgeschriebenen Magisteriums[2] am Priesterkolleg in San Salvador unterrichtete, von den Studenten bewundert wegen seiner intellektuellen Brillanz, zugleich gefürchtet wegen der an sie gestellten Anforderungen. Das Studium der Theologie im Anschluss an die erste Berufspraxis bedeutete für alle Jesuiten längere Aufenthalte in Europa oder den Vereinigten Staaten und die jahrelange Trennung von vertrauten Gefährten. An die Jahre in Innsbruck scheint Ellacuría sich später mit gemischten Gefühlen erinnert zu haben. Das Leben im Jesuitenkolleg in der Sillgasse war strikten Regeln unterworfen, denen im Priesterseminar in San Salvador weitaus geringere Bedeutung beigemessen worden war. Viele Lehrveranstaltungen an der Theologischen Fakultät enttäuschten seine Erwartungen. Umso lohnender entwickelte sich die Auseinandersetzung mit den Ideen Karl Rahners. Er schätzte sich glücklich, die Jahre der Vorbereitung des Zweiten Vatikanischen Konzils in engem Kontakt mit ihm verbringen zu können. Die Beurteilung Ellacurías am Ende des Studiums war zwiespältig: Sie bescheinigte ihm ausgezeichnete akademische Leistungen, kritisierte aber sein mangelndes Interesse am Leben der Ordensgemeinschaft. Er bevorzuge abgesonderte kleine Gruppen, auf die er viel Einfluss ausübe. Sein Charakter wurde als „potentiell" schwierig beschrieben, er sei übermäßig kritisch, von sich eingenommen und unzugänglich.[3]

Nach der Priesterweihe am 26. Juli 1961 setzte Ellacuría seine Studien in Spanien fort, wo der Philosoph Xavier Zubiri[4] sich bereit erklärte, eine Dissertation des jungen Priesters über sein Werk zu betreuen. In San Salvador hatte inzwischen die von Jesuiten gegründete University of Central America „José Simeón Cañas" (UCA) den Lehrbetrieb aufgenommen. Hierher kehrte Ellacuría 1967 zurück, um zunächst als Lehrer und ab 1979 als Rektor zu wirken. Die Aufgabe der Universität sah er von Anfang an klar: „Mehr als Studenten zu formen, mehr als Forschung zu betreiben – auch wenn wir beides tun – was die Universität vor allem zu leisten hat, ist die Lösung des unakzeptablen Problems der Ungerechtigkeit in den Ländern Mittelamerikas."[5] Für Ellacuría und seine Kollegen war dieses gesellschaftspolitische Engagement eine Grund-

Universität Innsbruck

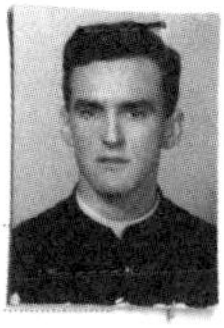

Fakultät: theol. Studienfach:

Zu- und Vorname: E l l a c u r i a Ignacio Staatsbsch.: span.

Geburtsdaten: 9.11.1930, Portugalete Spanien

Adresse am Hochschulort: Sillgasse 6

Heimatadresse: Portugalete

Reifezeugnis: Baccalaureatus in Zaragoza Spanien vom 5.1.1948

Abgangszeugnis:

Immatrikuliert: 24.10.1958

Exmatrikuliert: 30. Mai 1962

Unterbrechungen:

Anmerkungen:

Wintersemester 1958/59	Wintersemester 1960/61
Sommersemester 1959	Sommersemester 1961
Wintersemester 1959/60	Wintersemester 1961/62
Sommersemester 1960	Sommersemester 1962

Abb. 63: Studentenkartei: Ignacio Ellacuría

bedingung ihrer Existenz. Konflikte blieben nicht aus und verschärften sich, als die UCA Erzbischof Óscar Romeros Forderungen nach politischen Reformen und sozialer Gerechtigkeit offen unterstützte.[6] Während des Bürgerkriegs in El Salvador, der durch seine Ermordung 1980 ausgelöst wurde, galt die Universität für die rechtsgerichteten und von den USA unterstützten Militärregierungen Duarte, Magaña und Cristiani ebenso wie für Armeeführung und Medien als marxistische Kaderschmiede, deren Professoren für die Planung von Anschlägen durch die Guerillabewegung Frente Farabundo Martí para la Liberación Nacional (FMLN) verantwortlich gemacht wurden. In den Monaten nach Romeros Tod kam es zu sechs Bombenanschlägen auf die Universität. Todesdrohungen zwangen Ellacuría, sich in Nicaragua in Sicherheit zu bringen. Seine Bemühungen um Verhandlungen zwischen FMLN-Führern und Regierung, in denen er die einzige Möglichkeit für eine Beendigung des Bürgerkriegs sah, bewogen ihn schließlich im April 1982 zur Rückkehr. Tagebuchnotizen dokumentieren für die folgenden Jahre wiederholte Treffen mit beiden Seiten, während die Angriffe auf die UCA und ihre Exponenten durch die extreme Rechte fortgesetzt wurden. Am 21. Oktober 1989 brach Ellacuría zu einer mehrwöchigen Vortragsreise nach Europa auf. Eine seit langem vorbereitete und erfolgreiche Offensive der FMLN, der es gelang, Teile der Hauptstadt unter ihre Kontrolle zu bringen, bot der Militärführung Anlass, endgültig mit den verhassten Jesuiten abzurechnen. Zwei Tage nach Beginn der Offensive am 11. November stürmten Angehörige der Atlacatl-Eliteeinheit der salvadorianischen Armee das Universitätsgelände auf der Suche nach versteckten Waffen. Ellacuría, soeben aus Europa zurückgekehrt, blieb gelassen: Er vertraue dem neugewählten Präsidenten Alfredo Cristiani.[7] Die ergebnislose Durchsuchung der Universität sei außerdem Garantie für ihrer aller Sicherheit. Er irrte: In den Morgenstunden des 16. November drangen Soldaten der Atlacatl erneut in das Wohngebäude der Jesuiten auf dem Campus ein und erschossen Ellacuría und vier weitere Priester.[8] Da ihr Auftrag lautete, keine Zeugen des Blutbades zu hinterlassen, wurden auch die Haushälterin Elba Julia Ramos und ihre Tochter Celina ermordet.

Unter den Opfern befand sich auch Segundo Montes, seit seiner Ankunft in Santa Tecla 1951 enger Vertrauter Ellacurías und maßgeblicher Theoretiker der Befreiungstheologie. Wie Ellacuría absolvierte er ein geisteswissenschaftliches Studium in Quito, nach dessen Abschluss er als Lehrer für naturwissenschaftliche Fächer am Gymnasium der Jesuiten „Externado San José" in San Salvador eingesetzt wurde. Das Externado war in diesen Jahren eine traditionell von Söhnen der einheimischen Eliten besuchten Schule. Ihre Öffnung für ärmere Schüler mit Hilfe von Stipendien und die Neuausrichtung ihrer Lehr-

TEXT OF TELEGRAM 89SAN SAO14855

UNCLASSIFIED

PAGE 01   SAN SA   14855   162149Z
ACTION ARA-00

INFO   LOG-00   ADS-00   INR-07   EUR-00   SS-00   CIAE-00   DODE-00
       H-01   NSCE-00   NSAE-00   SSO-00   HA-09   L-03   TRSE-00
       PM-10   PA-01   CCO-00   OMB-01   INRE-00 USIE-00   SP-02
       SNP-01   PRS-01   DS-01   SCT-03   P-02   T-01   /043 W
       ------------------070017   162151Z /72

O 162146Z NOV 89 ZFF4
FM AMEMBASSY SAN SALVADOR
TO SECSTATE WASHDC NIACT IMMEDIATE 3559
INFO AMEMBASSY ROME IMMEDIATE
AMEMBASSY GUATEMALA
AMEMBASSY SAN JOSE
AMEMBASSY MANAGUA
AMEMBASSY TEGUCIGALPA
AMEMBASSY MEXICO
AMEMBASSY CARACAS
USCINCSO QUARRY HTS PM

C O N F I D E N T I A L SAN SALVADOR 14855

ROME FOR THE VATICAN; USCINCSO ALSO FOR POLAD

E.O. 12356: DECL: OADR
TAGS: PGOV, PTER, PHUM, ES
SUBJECT: JESUIT RECTOR OF UCA SHOT DEAD;
-       SEVEN OTHERS KILLED

1. (U) IGNACIO ELLACURIA, JESUIT RECTOR OF THE
CENTRAL AMERICAN UNIVERSITY (UCA), THREE OTHER
UNIVERSITY JESUITS, TWO OTHER PRIESTS, AND TWO OTHERS
WERE SHOT TO DEATH AT THEIR UCA RESIDENCE AT
APPROXIMATELY 0230 LOCAL SOMETIME DURING THE EVENING
OR NIGHT OF NOVEMBER 16 BY UNIDENTIFIED GUNMEN.
-
2. (U) THE VICTIMS ARE:
- IGNACIO ELLACURIA, RECTOR OF THE CENTRAL AMERICAN
CONFIDENTIAL
CONFIDENTIAL

PAGE 02   SAN SA   14855   162149Z

UNIVERSITY IN SAN SALVADOR.

- SEGUNDO MONTES, DIRECTOR OF UCA'S INSTITUTE OF
HUMAN RIGHTS.

- IGNACIO MARTIN-BARO, UCA'S VICE RECTOR AND DIRECTOR
OF UCA'S INSTITUTE OF INVESTIGATIONS.

- AMADO LOPEZ, THEOLOGY PROFESSOR AT UCA AND FORMER

PAGE NO.   1

UNCLASSIFIED

TEXT OF

RECTOR OF THE CENTRAL AMERICAN UNIVERSITY IN MANAGUA.

- JOAQUIN LOPEZ Y LOPEZ, DIRECTOR OF THE ARCHBISHOPRIC'S "FE Y ALEGRIA" (FAITH AND HAPPINESS) CENTER.

- ANOTHER THEOLOGIAN ASSOCIATED WITH THE ARCHBISHOPRIC IDENTIFIED SOLELY AS "MORENO."

- A FEMALE COOK AND HER DAUGHTER (UNIDENTIFIED) WERE ALSO KILLED.

3. (C) CONOFF AND POLITICAL ASSISTANT WENT TO UCA JESUIT RESIDENCE MORNING OF NOVEMBER 16. THEY SAW THE BODIES IDENTIFIED AS ELLACURIA, MONTES, MARTIN-BARO, AND LOPEZ, IN THE RESIDENCE GARDEN. ONE REPORTER AND ONE AMCIT JESUIT TOLD EMBOFFS THAT THE TREASURY POLICE HAD BEEN SURROUNDING UCA SINCE NOVEMBER 11. THEY SAID THE TREASURY POLICE HAD SEARCHED THE JESUIT RESIDENCE NIGHT OF NOVEMBER 14/15. AT APPROXIMATELY 0230-0300 LOCAL NOVEMBER 16, THEY ADDED, THIRTY UNIFORMED ARMED MEN USED AN EXPLOSIVE DEVICE TO BLOW OPEN AN ENTRANCE TO THE JESUIT RESIDENCE. ONE UCA PROFESSOR TOLD POL
CONFIDENTIAL
CONFIDENTIAL

PAGE 03   SAN SA   14855   162149Z

ASSISTANT THAT HE UNDERSTOOD THAT SEVEN ARMED MEN HAD ENTERED THE RESIDENCE BETWEEN 0230 AND 0300. AMCIT JESUIT BROUGHT THE NEWS OF THE KILLINGS TO THE ARCHBISHOPRIC AFTER CURFEW WAS LIFTED (0600) LOCAL NOVEMBER 16.

4. (C) EMBASSY HAS NO INFORMATION ON EYEWITNESSES TO THE KILLINGS. IT IS PLAUSIBLE THAT EXTREMISTS ON EITHER THE RIGHT OR LEFT MAY BE RESPONSIBLE FOR THE MURDERS. ELLACURIA, A LEADING LEFTIST INTELLECTUAL WHO OFTEN SYMPHATHIZED WITH FMLN POSITIONS (SEVERAL FMLN LEADERS HAD STUDIED UNDER ELLACURIA AT UCA), WOULD BE A TARGET FOR RIGHT-WING EXTREMISTS. WE CANNOT DISCOUNT, HOWEVER, THAT FMLN EXTREMISTS MAY HAVE MURDERED ELLACURIA ET AL IN ORDER TO SALVAGE THEIR HOPED-FOR POPULAR UPRISING. ALSO, ELLACURIA HAD RECENTLY PUBLICALLY DISAPPROVED OF FMLN POSITIONS AND EVEN GRUDGINGLY APPROVED OF SOME OF CRISTIANI'S POLICIES.

WALKER

PAGE NO.   2

Abb. 64: Telegramm der US-Botschaft in San Salvador: Erste Meldung über die Morde in der University of Central America (UCA)

pläne, der nun durch Soziologieunterricht und Exkursionen in die Armenviertel und Dörfer der Umgebung ergänzt wurde, führten seit Ende der 1960er Jahre zu wütenden Protesten der Eltern, die sich gegen die angebliche marxistische Indoktrinierung ihrer Kinder durch die Jesuiten wehrten.[9] Montes hatte die Schule für mehrere Jahre verlassen, um zwischen 1961 und 1965 sein Theologiestudium in Innsbruck zu absolvieren, kehrte aber in den Jahren der Krise des Externado zurück und übernahm 1973 für drei Jahre seine Leitung. Jahre der Lehrtätigkeit und Forschung an der naturwissenschaftlichen Fakultät der UCA folgten, bevor Montes sich soziologischen Fragen zuwandte und in Spanien einen entsprechenden Studienabschluss erwarb. Als Dekan der Fakultät für Politikwissenschaft und Soziologie galt sein Einsatz Menschenrechtsanliegen wie den Lebensbedingungen salvadorianischer Flüchtlinge in den USA. Montes verteidigte seine Vorstellungen von einer gerechteren Gesellschaftsordnung vehement in zahllosen Vorträgen, Interviews und Publikationen. Der Einsatzleiter des Mordkommandos der Nacht auf den 16. Novem-

Universität Innsbruck

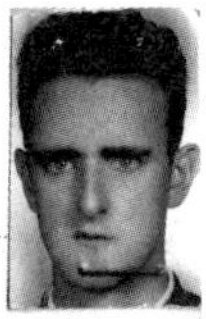

Fakultät: theol. Studienfach:

Zu- und Vorname: M o n t e s Segundo Staatsbesch.: span.

Geburtsdaten: 15. 5. 1933, Valladolid, Spanien

Adresse am Hochschulort: Ibk., Sillgasse 6

Heimatadresse: Valladolid, Ruiz Hermändez 9, Spanien

Reifezeugnis: Baccalaureat und Licentiat in Philosophie in Zenito-Ecuador v. 5.2.1955 u. 2.2.1957

Abgangszeugnis:

Immatrikuliert: 18. 10. 1961

Exmatrikuliert: Theol. Absolutorium am 17. 6. 1964, Zl. 246, ausgestellt.

Unterbrechungen:
Anmerkungen: Lt. Verfügung des Dekans der Theologischen Fakultät vom 11. 6. 1964 wurden vier Semester christl. Philosophie der Universität Equador und zwei Semester Theologie der Theol. Fakultät Qua, Spanien, auf das Theologiestudium angerechnet.

Wintersemester 1961/62 Wintersemester 1963/64
Sommersemester 1962 Sommersemester 1964
Wintersemester 1962/63
Sommersemester 1963

Abb. 65: Studentenkartei: Segundo Montes

ber, José Ricardo Espinoza, war einer seiner Schüler im Externado San José. Er habe sich „schlecht" gefühlt in dieser Nacht, der Auftrag seiner Vorgesetzten habe ihm aber keine Wahl gelassen.[10]

Am 11. Jänner 1990 beschloss der Akademische Senat auf Anregung von Univ.-Prof. Gerhard Oberkofler, auf dem Ehrenmal vor dem Universitätshauptgebäude eine Gedenktafel für Ellacuría und Montes anzubringen.[11] Veranstaltungen zu ihrem Gedenken, wie sie im Falle von Christoph Probst seit Jahren fester Bestandteil der universitären Erinnerungskultur sind, blieben aus. Über ihre wissenschaftliche Arbeit und ihren Kampf für die Armen El Salvadors werden Besucherinnen und Besucher der „Hall of Fame" auf der Homepage der Universität nur in wenigen Sätzen informiert.[12]

Abb. 66: *Ehrenmal der Universität Innsbruck, Christoph-Probst-Platz*

Anmerkungen

1. Ignacio Ellacuría, Mai 1979, zit. nach Neue Zürcher Zeitung, 13.10.2018.
2. Magisterium: Ein mehrjähriges Praktikum, das an einer Einrichtung des Ordens absolviert wird.
3. Archiv der Ordensprovinz der Jesuiten Mittelamerikas, Bericht über die Theologischen Studien von Ignacio Ellacuría, 1962, zit. nach Teresa Whitfield: Paying the Price. Ignacio Ellacuría and the Murdered Jesuits of El Salvador, Philadelphia 1994. (Übersetzungen des englischen Originals durch die Verfasserin), 28.
4. Xavier Zubiri (1898–1983) war Schüler von Martin Heidegger und Ortega y Gasset. Zwischen ihm und Ellacuría entwickelte sich eine lebenslange Freundschaft.
5. Interview Televisión Española, März 1985, zit. nach Whitfield: Paying the Price, 2.
6. Óscar Romero (1917–1980), Erzbischof von El Salvador und Befreiungstheologe, wurde am 24.3.1980 während einer Messe ermordet. Am 14.10.2018 erfolgte seine Heiligsprechung durch Papst Franziskus.
7. Alfredo Cristiani (1947–) war von 1989 bis 1994 Präsident El Salvadors. 1992 schloss er unter massivem internationalem Druck ein Friedensabkommen mit der FMLN, setzte jedoch in den Jahren seiner Präsidentschaft ein rigoros neoliberales Reformprogramm im Land durch. Er geriet 2010 im Zusammenhang mit den Vorbereitungen zu einem Prozess gegen die mutmaßlichen Verantwortlichen für die Morde unter den Verdacht der Mitwisserschaft, für die dem Gericht aber keine ausreichenden Beweise vorlagen. Handschriftliche Notizen einer Besprechung zwischen ihm und der Armeeführung, die Jahre später auftauchten, scheinen zu bestätigen, dass Cristiani über den bevorstehenden Überfall auf die Universität zumindest informiert war.
8. Ignacio Martin-Baró, Amando López, Joaquin López v. López, Juan Ramón Moreno. Tiroler Tageszeitung, 22.11.1989, 22.
9. Whitfield: Paying the Price, 52–55.
10. Ebd., 12.
11. UAI, Akt Christoph Probst Ellacuría-Montes. Die Gedenktafel wurde am 15.11.1991 eingeweiht.
12. https://www.uibk.ac.at/theol/fakultaet/hall-of-fame.html und Gastkommentar Gerhard Oberkofler, Die Presse, 16.1.2016. Online https://diepresse.com/home/meinung/gastkommentar/4902260/Opportunismus-anstatt-Theologie-der-Befreiung.

Abbildungsnachweis

DÖW = Dokumentationsarchiv des österreichischen Widerstandes, Wien
ITS = International Tracing Service, Bad Arolsen
UAI = Universitätsarchiv Innsbruck

Abb. 1, 2:	UAI
Abb. 3:	http://anno.onb.ac.at/
Abb. 4:	Stadtarchiv Innsbruck
Abb. 5, 6:	Forschungsinstitut Brenner-Archiv, Innsbruck
Abb. 7:	Privatbesitz Familie Drechsel, Karlstein
Abb. 8:	UAI
Abb. 9:	Burgenländisches Landesarchiv Eisenstadt
Abb. 10:	ITS Bad Arolsen, 1.1.6.7./10642137
Abb. 11:	K.Ö.H.V. Austria, Innsbruck
Abb. 12:	Forschungsinstitut Brenner-Archiv, Innsbruck
Abb. 13:	Archiv des Franziskanergymnasiums Hall in Tirol
Abb. 14:	Gemeindeamt Les Angles, Frankreich
Abb. 15:	Archiv Gedenkstätte KZ Auschwitz
Abb. 16:	Privatbesitz Familie Pickert, Kufstein
Abb. 17:	Tiroler Landesmuseum Ferdinandeum
Abb. 18:	Stadtarchiv Bregenz
Abb. 19:	Bundesarchiv Berlin/Militärarchiv RW 60/3811
Abb. 20:	Stadtarchiv Innsbruck
Abb. 21:	Privatbesitz Familie Adler, USA
Abb. 22, 23:	http://anno.onb.ac.at/
Abb. 24:	ITS Bad Arolsen, 1.1.6.2./10092466
Abb. 25:	Rossijskij Gosudarstvennyj Voennyi Archiv, Moskau
Abb. 26, 27:	UAI
Abb. 28:	K.Ö.H.V. Carolina, Graz
Abb. 29:	Foto Josef Saxer, Innsbruck
Abb. 30:	Stadtarchiv München
Abb. 31:	UAI
Abb. 32:	Foto Gisela Hormayr, Bad Häring
Abb. 33:	Privatbesitz Familie Mayr, Innsbruck
Abb. 34:	Horst Schreiber, Innsbruck
Abb. 35:	UAI
Abb. 36:	Archiv der Leopold-Franzens-Universität München
Abb. 37–39:	UAI

Abb. 40:	Helmut Moll, Köln
Abb. 41:	Brandenburgisches Landeshauptarchiv (BLHA), Rep. 354 Sachsenhausen Nr. 3–4, Bl. 270
Abb. 42:	DÖW Wien
Abb. 43:	Diözesanarchiv Berlin (DAB), BN 1046, 29
Abb. 44:	Diözesanarchiv Berlin (DAB), V/26 Proc.doc.varia, C4
Abb. 45:	Helmut Moll, Köln
Abb. 46:	ITS Bad Arolsen, 1.1.5.3./6614033
Abb. 47:	Narodowe Archiwum Cyfrowe, Sygnatura: 1-A-639
Abb. 48:	www.heiligenlexikon.de
Abb. 49:	ITS Bad Arolsen, 1.1.6.2./10235675
Abb. 50:	DÖW Wien
Abb. 51, 52:	Reinisch-Büro Vallendar
Abb. 53, 54:	Archiv der Österreichischen Provinz der Gesellschaft Jesu Wien, Dossier Schwingshackl
Abb. 55, 56:	Archiv der Österreichischen Provinz der Gesellschaft Jesu Wien, Dossier Steinmayr
Abb. 57:	www.heiligenlexikon.de
Abb. 58:	http://promin-lubovi.narod.ru/ugcc/much/budka.jpg
Abb. 59:	http://www.shroud.com.ua/svyati-ukrayiny/svyatyj-mykyta-budka/
Abb. 60:	https://ugcc-stk.km.ua/blazhennij-svyashhennomuchenik-andrij-ishh/
Abb. 61:	http://lesiaromanchuk.com/sviashchennomucheynk-yakym-senkivskyi/
Abb. 62:	http://www.christusimperat.org/uk/node/36942
Abb. 63:	UAI
Abb. 64:	https://nsarchive2.gwu.edu/NSAEBB/NSAEBB492/
Abb. 65:	UAI
Abb. 66:	Foto Gisela Hormayr, Bad Häring

Ausgewählte Literatur

Ager, Martin: Die Studierenden der Universität Innsbruck in der Zeit des Nationalsozialismus 1938–1945, Masterarbeit Univ. Innsbruck 2016.

Albrich, Thomas: Die Jahre der Verfolgung und Vernichtung unter der Herrschaft von Nationalsozialismus und Faschismus 1938 bis 1945, in: Albrich, Thomas (Hg.): Jüdisches Leben im historischen Tirol, Bd. 3: Von der Teilung Tirols bis in die Gegenwart, Innsbruck – Wien 2013, 195–197.

Albrich, Thomas (Hg.): Jüdisches Leben im historischen Tirol, Bd. 3: Von der Teilung Tirols bis in die Gegenwart, Innsbruck – Wien 2013.

Albrich, Thomas/Eisterer, Klaus/Steininger, Rolf: Tirol und der Anschluß. Voraussetzungen, Entwicklungen, Rahmenbedingungen 1918–1938, Innsbruck 1988.

Batlogg, Andreas: 100 Patres vertrieben. 12. Oktober 1939: Nazis beschlagnahmen das Innsbrucker Jesuitenkolleg, in: Kirche. Sonntagszeitung der Innsbrucker Kirche, 17.10.1999.

Batlogg, Andreas: Die Pfaffenburg muß weg. Das Collegium Canisianum im Jahre 1938, in: das Fenster. Tiroler Kulturzeitschrift 68 (1999), H. 68, 6485–6492.

Batlogg, Andreas: Die Theologische Fakultät Innsbruck zwischen „Anschluss" und Aufhebung (1938), in: Zeitschrift für Katholische Theologie Bd. 120, Nr. 2 (1998), 164–183.

Bösche, Andreas: Zwischen Kaiser Franz Joseph I. und Schönerer. Die Innsbrucker Universität und ihre Studentenverbindungen 1859–1918, Innsbruck 2008.

Coreth, Emerich: Die Theologische Fakultät Innsbruck. Ihre Geschichte und wissenschaftliche Arbeit von den Anfängen bis zur Gegenwart, Innsbruck 1995.

Enderle-Burcel, Gertrude/Reiter-Zatloukal, Ilse (Hg.): Antisemitismus in Österreich 1933–1938, Wien 2018.

Freiberger, Alexander: Die Universität Innsbruck im Austrofaschismus 1933–1938 am Beispiel der Disziplinarverfahren gegen NS-Studierende, Dipl. Univ. Innsbruck 2014.

Gehler, Michael: Die Studenten der Universität Innsbruck und die Anschlußbewegung 1918–1938, in: Albrich, Thomas/Eisterer, Klaus/Steininger, Rolf: Tirol und der Anschluß. Voraussetzungen, Entwicklungen, Rahmenbedingungen 1918–1938, Innsbruck 1988, 75–112.

Gehler, Michael: Korporationsstudenten und Nationalsozialismus in Österreich. Eine quantifizierende Untersuchung am Beispiel der Universität Innsbruck 1918–1938, in: Heither, Dietrich/Gehler, Michael et al.: Blut und Paukboden. Eine Geschichte der Burschenschaften, Frankfurt am Main 1997, 131–158.

Gehler, Michael: Studenten und Politik. Der Kampf um die Vorherrschaft an der Universität Innsbruck 1918–1938, Innsbruck 1990.

Gehler, Michael (Hg.): Universität und Nationalismus. Innsbruck 1904 und der Sturm auf die italienische Rechtsfakultät, Trento 2013.

Gehler, Michael: Vom Rassenwahn zum Judenmord am Beispiel des studentischen Antisemitismus an der Universität Innsbruck von den Anfängen bis in das „Anschluss"-Jahr 1938, in: Zeitgeschichte Jg. 16, 1988/89, H. 8, 263–288.

Goller, Peter: Die Matrikel der Universität Innsbruck. Abteilung: Theologische Fakultät, Bd. 1, Innsbruck 1995.

Goller, Peter: Die politische Lage an der Universität Innsbruck 1933/34 – 1938 – 1945/1950. Austrofaschismus – Nazismus – Restauration – Entnazifizierung, in: Koll, Johannes: „Säuberungen" an österreichischen Hochschulen 1934–1945. Voraussetzungen, Prozesse, Folgen, Wien – Köln 2017, 365–403.

Goller, Peter: Katholisches Theologiestudium an der Universität Innsbruck vor dem Ersten Weltkrieg (1857–1914), Innsbruck 1997.

Goller, Peter: Sozialistische Arbeiterbewegung und Universität in Tirol. Am Beispiel der „volksthümlichen Universitäts-Vorträge" ab 1897, in: Mitteilungen der Alfred Klahr Gesellschaft 4/2016, 19–25.

Goller, Peter/Tidl, Georg: Jubel ohne Ende. Die Universität Innsbruck im März 1938, Wien 2012.

Goller, Peter/Urmann, Martin: Antisemitismus an der Universität Innsbruck. Vom „Waidhofener Prinzip" zum „Ständestaat" (1896 bis 1938), in: Enderle-Burcel, Gertrude/Reiter-Zatloukal, Ilse (Hg.): Antisemitismus in Österreich 1933–1938, Wien 2018, 807–822.

Gutschlhofer, Stefanie/Kalb, Michael: Erinnerungskultur und Gedächtnispolitik an der Universität Innsbruck, in: Österreichische HochschülerInnenschaft (Hg.): Österreichische Hochschulen im 20. Jahrhundert. Austrofaschismus, Nationalsozialismus und die Folgen, Wien 2013, 403–414.

Heither, Dietrich/Gehler, Michael et al.: Blut und Paukboden. Eine Geschichte der Burschenschaften, Frankfurt am Main 1997.

Koll, Johannes: "Säuberungen" an österreichischen Hochschulen 1934–1945. Voraussetzungen, Prozesse, Folgen, Wien – Köln 2017.

Konrad, Helmut (Hg.): Arbeiterbewegung – Faschismus – Nationalbewusstsein. Festschrift zum 20jährigen Bestand des Dokumentationsarchivs des österreichischen Widerstandes und zum 60. Geburtstag von Herbert Steiner, Wien 1983.

Kremsmair, Josef: Nationalsozialistische Maßnahmen gegen Katholisch-theologische Fakultäten in Österreich, in: Liebmann, Maximilian: Staat und Kirche in der „Ostmark", Frankfurt am Main – Wien 1998, 133–169.

Liebmann, Maximilian: Staat und Kirche in der „Ostmark", Frankfurt am Main – Wien 1998.

Lukasser, Simon: Deutschnationale Studentenverbindungen in Innsbruck vor und nach 1945. Zwischen Tradition und Rechtsextremismus, Dipl. Arbeit Innsbruck 2010.

Neufeld, Karl Heinz: „Aufhebung" und Weiterleben der Theologischen Fakultät Innsbruck (1938–1945). Fakten, Reaktionen und Hintergründe während des Zweiten Weltkriegs, in: ZKTh Bd. 119, Nr. 1 (1997), 27–50.

Österreichische HochschülerInnenschaft (Hg.): Österreichische Hochschulen im 20. Jahrhundert. Austrofaschismus, Nationalsozialismus und die Folgen, Wien 2013.

Oberkofler, Gerhard: Bericht über die Opfer des Nationalsozialismus an der Universität Innsbruck, in: Zeitgeschichte 8 (Jänner 1981), Heft 4, 142–149.

Oberkofler, Gerhard: Das Innsbrucker Universitätsdenkmal. Ein Gebrauchsgegenstand der Professorenwelt, in: das Fenster. Tiroler Kulturzeitschrift 70 (2000), 6794–6797.

Oberkofler, Gerhard: Deutschnationalismus und Antisemitismus in der Innsbrucker Studentenschaft um 1920, in: Föhn (1981), Heft 9, 34–37.

Oberkofler, Gerhard: „Prope Romam Semper!" – „Cor unum et anima una!" Katholisches Theologiestudium an der Universität Innsbruck vor dem Ersten Weltkrieg (1857–1914), in: Goller, Peter: Die Matrikel der Universität Innsbruck. Abteilung: Theologische Fakultät, Bd. 1, Innsbruck 1995, 1–9.

Oberkofler, Gerhard/Goller, Peter: Geschichte der Universität Innsbruck 1669–1945, Frankfurt ²1996.

Rahner, Hugo: Die Geschichte eines Jahrhunderts. Zum Jubiläum der Theologischen Fakultät der Universität Innsbruck 1857–1957, in: ZKTh Bd. 80, Nr. 1 (1958), 1–65.

Tidl, Marie: Die roten Studenten. Dokumente und Erinnerungen 1938–1945 (Materialien zur Arbeiterbewegung 3), Wien 1976.

Weinert, Willi: Die Maßnahmen der reichsdeutschen Hochschulverwaltung im Bereich des Österreichischen Hochschulwesens nach der Annexion 1938, in: Konrad, Helmut (Hg.): Arbeiterbewegung – Faschismus – Nationalbewusstsein. Festschrift zum 20jährigen Bestand des Dokumentationsarchivs des österreichischen Widerstandes und zum 60. Geburtstag von Herbert Steiner, Wien 1983, 127–134.

Ortsregister

Aldrans · 87, 91
Amras (Innsbruck) · 45, 99
Anrath · 119, 121f.
Argelès-sur-Mer · 109
Athen · 38
Auschwitz (KZ) · 14, 43, 50f., 63, 74, 132, 173

Bad Kissingen · 138
Bayreuth · 15, 69, 89
Begunje/Vigaun · 26
Belgrad · 31
Berlin · 13, 22, 25, 28, 31, 35f., 55, 58, 63f., 75, 78, 88, 90, 105, 111, 116, 118, 123, 125, 146f., 148, 154f., 162, 164, 173f.
Berlin-Brandenburg · 135, 146
Berlin-Plötzensee · 61
Berlin-Tegel · 125, 137ff., 163
Berlin-Wilmersdorf · 153
Bochum-Werne · 115
Borissow · 55, 57
Bregenz · 55, 58, 64, 173
Breslau · 51
Brixen · 43, 142, 146
Buchenwald (KZ) · 16, 43, 58, 60, 64, 126, 128, 162

Castrop-Rauxel · 116
Chimki (Moskau) · 105, 110

Dachau (KZ) · 14f., 24, 31, 42ff., 54f., 60, 64, 71f., 74f., 77, 125, 128, 130ff., 153f., 162, 164
Danzig · 38
Dobromirka · 155
Dresden · 153f.
Drohobych/Drohobytsch · 158f.

Eisenstadt · 41, 43, 62
El Salvador · 165, 167, 171f.
Esterwegen (KZ) · 123, 162

Feldkirch · 58, 135, 146ff.
Frankreich · 38, 45, 109f., 119, 162, 173

Göriach (Osttirol) · 133
Gonars (KZ) · 26
Greven · 126
Groß Flottbek (Hamburg) · 35

Hall i. T. · 26f., 41f., 45, 49, 62, 137, 173
Hammond (Indiana) · 126
Hayi Velykyi · 158
Hebalm (Steiermark) · 79f.
Hof/Saale · 122, 125

Innsbruck · 109, 154f., 156ff., 160ff., 165, 170f., 173, 175ff.

Jauntal · 26f.

Kaltenbach · 43, 95f.
Kamenz · 154
Kanada · 156
Karaganda (Kasachstan) · 155f., 157
Karlstein · 36, 39f., 173
Kasachstan · 182, 157
Kassel · 127f.
Katowice/Kattowitz · 75
Kaufering · 15, 71, 74
Kaunas/Kovno · 73f., 90
Kielce · 14, 130, 132
Klagenfurt · 25f., 31
Kněžice/Knieschitz · 118
Kraków/Krakau · 159
Krekhiv · 158
Kufstein · 52, 54, 63f., 97, 99, 173

Lermoos · 84, 91
Les Angles (Avignon) · 45, 49, 62, 173
Libuče/Oberloibach · 25
Linz · 143, 145f., 163
Litoměřice/Leitmeritz · 52, 64
Ljubljana · 26f., 31
Lublin · 42, 62
Lwiw/Lemberg · 152, 155ff.

Majdanek (KZ) · 43, 62
Maly Trostinec · 15, 67, 70
Mattersburg · 41
Mauthausen (KZ) · 43ff., 62, 64

Meißen · 153ff.
Minsk · 70
München · 38f., 62, 68, 83f., 86, 89, 91, 103, 111, 147f., 159, 163f., 173
München-Stadelheim · 31, 82, 133, 135, 142, 144
Murnau · 82f.
Mykolayiv · 157
Mysłowice/Myslowitz · 75

Niederndorf · 97, 99
Nordafrika · 38
Norwegen · 12, 101, 104f., 111
Nystad · 101

Ohlau · 122
Oranienburg · 35, 117f.

Paderborn · 40, 116, 118
Palmiry · 129f., 162
Pannonhalma · 134
Paris · 38, 46, 109, 159
Passau · 99
Pécs · 134
Piburg · 28
Polen · 14, 68f., 70, 73, 86, 129f., 132, 152
Prag · 46, 67, 109, 112
Proszowice · 130
Prylbichi · 159
Przemyśl · 152
Przybyszew · 129

Regensburg · 39
Regenstauf · 38
Reichenau (AEL) · 42
Ried (Innkreis) · 101ff., 105, 111
Ried (Kaltenbach) · 43
Ried (Welsberg) · 142
Rom · 156, 161

Sachsenhausen (KZ) · 24, 35, 43, 61, 115, 117f., 154, 182
Salzburg · 24f., 31, 135, 144ff.
San Salvador · 11, 165ff.
Santa Tecla · 165, 167

Schlaiten · 41
Schneidemühl · 126
Schwanberg · 79f.
Schwaz · 28, 95f., 97, 104, 112
Sowjetunion · 16, 107, 109, 152
St. Andrä i. Lavanttal · 142
St. Anton (Arlberg) · 54
St. Blasien · 146
St. Magdalena (Südtirol) · 146
Stadl-Paura · 133
Stalingrad · 86, 91
Stams · 13, 146
Stanisławów/Stanislau · 152, 164
Steinach (Brenner) · 45
Storozynetz · 71
Straßburg · 83
Stutthof (KZ) · 73
Südtirol · 53, 45, 54, 58, 62, 142, 144, 146, 152, 163
Sykhiv · 157f.

Triest · 15, 60
Tschechoslowakei · 109

Ungarn · 121, 134f., 156, 163
Untermais · 58

Volders · 133

Waldenburg · 50
Warschau · 46, 56, 129ff., 132
Weimar · 126, 128
Wels · 79
Werl · 116
Wetzelsdorf · 82
Wien · 13, 15, 21, 29ff., 35, 38, 40, 45, 49, 52, 55, 60, 62, 64, 67ff., 73, 75, 79, 82, 89ff., 96f., 105f., 107, 110ff., 118ff., 134, 137, 142, 146, 152, 161ff., 173, 175ff.
Wöllersdorf · 108
Wolodymyr-Wolynskyj · 159
Würzburg · 138

Zillertal · 43f., 62, 96, 104
Žnin/Dietfurt · 75

Personenregister

Adler, Guido · 15, 67f., 70, 89
Adler, Hubert J. · 67
Adler, Melanie Karoline · 7, 15, 67ff., 89
Adler, Tom · 68, 70, 89, 173

Bair, Max · 109f.
Bauer, Wilhelm · 19, 22
Bayer, Gustav · 21f., 30
Bayer, Helga · 21
Beck, Johann B. · 143, 163
Ben-Dor, David (= Heuer, Ernst David) · 71ff., 90
Berger, Wilhelm · 22
Biederlack, Franz · 123, 162
Brücke, Ernst Theodor · 19, 22
Bürckel, Josef · 116
Budka, Nykyta · 155ff., 174

Corà, Karl · 27, 32
Cristiani, Alfredo · 167, 172

Delp, Alfred · 39, 61, 164
Diers, Hans Joachim · 35
Dmowski, Roman · 129, 162
Drechsel, Max Ulrich Graf · 12, 36ff., 61, 173

Eberharter, Ferdinand · 95ff., 111
Eckl, Emil · 96, 111
Egg, Alois · 95ff., 111
Ellacuría, Ignacio · 165ff., 172
Espinoza, José Ricardo · 171
Exner, Sigmund · 22, 30

Fankhauser, Georg · 104, 111
Fankhauser, Gottlieb · 104
Ficker, Rudolf von · 68, 70, 89
Finke, Franz · 63, 115ff., 161
Flatscher, Alois · 15, 41ff., 61f.
Flora, Hermann · 147f.
Freisler, Roland · 39, 86f., 144, 149f.

Galen, Clemens August von · 23, 31
Giannelia, Hans von · 96, 111
Göring, Hermann · 123, 162
Goller, Peter · 29ff., 91, 110ff., 158, 164
Gostner, Erwin · 45
Graber, Johann · 24f., 31

Grimm, Alois · 146ff., 164
Grünewald, Ernst · 109

Harster Wilhelm · 24
Hartmann, Otto · 121
Hauswitzka, Josef · 28, 32
Heintschel-Heinegg, Hanns-Georg · 13, 118ff., 161
Hermann, Norbert · 109, 112
Heuer, Ernst David (= Ben-Dor, David) · 71ff., 90
Heuer, Munisch · 15, 71ff., 90
Hilliges, Werner · 78, 90
Hitler, Adolf · 12f., 15, 25, 36, 38f., 40, 61, 86, 89, 116, 122, 130, 134, 139, 141, 152, 163f.
Hörbst, Ludwig · 29
Hörhager, Adolf · 15, 43ff., 62
Hörhager, Theodor · 45, 62
Hofer, Franz · 60, 64
Horst, Otto · 24, 31
Huter, Franz · 21, 30

Iszcak, Andrij · 157

Jäger, Karl · 73, 75, 90
Jelen, Anton · 25f., 31
Jelen, Stanislaus · 25f.

Kakowski, Aleksander · 129
Kapferer, Robert · 77f., 90
Kaspi-Serebrowicz, Josef · 73
Kastelic, Jakob · 121
Kisch, Egon Erwin · 110, 112
Krajnc, Walter · 12, 45ff., 62f.
Kreutzberg, Heinrich · 137, 139, 141, 163
Kudera, Marian · 12, 75, 77f.
Kudera, Stefan · 12, 75ff., 90

Lampert, Carl · 24, 31
Landauer, Siegfried · 71
Lang, Franz Josef · 22
Lederer, Karl · 121f.
Leonrod, Ludwig von · 36, 39f., 61
Lewin, Kurt · 160
Lichtenberg, Bernhard · 13f., 31, 122ff., 162
Lindenberg, Joachim · 149, 164

Lindner, Josef · 107
Lüers, Hans · 147ff.

Mair, Franz · 12, 97ff., 111
Malfatti, Johann Baptist · 22
Mann, Thomas · 82
Mayer, Rudolf von · 14f., 50f., 61, 63, 161
Mersmann, Alfons · 126ff., 162
Mörl, Anton · 59
Moll, Christiane · 88, 91f.
Moll, Helmut · 29, 40, 118, 128, 162, 174
Moltke, Helmuth von · 39
Montes, Segundo · 165, 167ff.
Mooslechner, Ludwig · 11f., 79f.

Nedwed, Max · 78, 90
Nowakowski, Marceli · 14, 129f., 162

Oberkofler, Gerhard · 29f., 31, 79, 110, 112, 171f., 177

Parson, Herbert · 12, 57, 64
Pawłowski, Józef · 14, 130ff.
Pfaundler, Wolfgang · 32, 96f., 111
Philippi, Ernst · 107f., 112
Pickert, Dolores · 54f., 63f.
Pickert, Harald · 54f., 63f.
Pickert, Karl · 15, 52ff., 55, 62f.
Pissarek-Hudelist, Herlinde · 165
Pólit, Aurelio Espinoza · 105
Pontiller, Josef (Edmund) · 13, 133ff., 142, 162f.
Preysing, Konrad von · 23, 31, 123, 162
Probst, Angelika · 83
Probst, Christoph · 12f., 82ff., 91f., 170
Probst, Herta · 87, 91
Pühringer, Heinrich · 12, 101ff., 111

Rahner, Karl · 165
Ramos, Celina · 167
Ramos, Elba Julia · 167
Rarkowski, Franz Justus · 141
Redler, Richard · 22
Reinisch, Franz · 13, 135ff., 163, 174
Rössler, Richard · 22, 30
Rusch, Paulus · 13, 139

Scheipers, Hermann · 154, 164
Schierl, Max · 54

Schmauser, Karl · 140
Schmorell, Alexander · 83, 88, 91
Scholl, Hans · 82ff., 86f., 91f.
Scholl, Inge · 82, 92
Scholl, Sophie · 82, 86f., 91f.
Scholz, Roman · 120ff., 161
Schuschnigg, Kurt · 137
Schwingshackl, Johann · 13, 142ff., 163f., 174
Seifert, Kurt (= Übleis, Emmerich) · 109
Senkivskyi, Jakym · 158f., 174
Severus, Emmanuel von · 137
Sheptytskyi, Klymentiyi · 159f., 164
Sikorksi, Helena von · 130
Sikorski, Władysław · 130, 162
Sinz, Hermann · 12, 55ff., 64
Skrbensky, Otto von · 109
Sperr, Heinrich · 87
Spurk, Hans · 45, 62
Starhemberg, Ernst von · 59
Steidle, Othmar · 60, 64
Steidle, Richard · 15f., 58ff., 64
Steinacker, Harold · 22
Steindl, Ferdinand · 24f., 31
Steiner, Ludwig · 96f., 111
Steinkelderer, Josef · 23f., 31
Steinmair, Johann · 13, 146ff., 164
Stek, Marko · 160
Steneck, Wilhelm · 77, 90
Stumpf, Franz · 59
Suette, Hugo · 80, 82

Tesar, Ludwig Erik · 106, 109f., 112
Tokarski, Lucjan · 14, 152

Übleis, Emmerich · 16, 105ff., 111f.

Wagner, Johanna · 27, 32
Wagner, Winifred · 15, 69, 89
Wastl, Helene · 22
Wehrle, Hermann · 39, 61
Weiner, Selda · 71
Wensch, Bernhard · 153f., 164
Wense, Theodor · 22
Wuggenig, Josef · 107, 112

Zimmerl, Johann · 121f.
Zubiri, Xavier · 166, 172
Zwetkoff, Michael · 26ff., 32
Zwetkoff, Peter · 26ff., 31f.

Claudia Rauchegger-Fischer

„Sind wir eigentlich schuldig geworden?"

Lebensgeschichtliche Erzählungen von Tiroler Frauen der Bund-Deutscher-Mädel-Generation

Studien zu Geschichte und Politik, Band 22

312 Seiten, zahlreiche s/w-Abbildungen
€ 24.90
ISBN 978-3-7065-5578-4

Auch als E-Book erhältlich

Die Aktivitäten von Tiroler Frauen im illegalen BDM und in der Staatsjugend waren bisher weitgehend unerforscht. Claudia Rauchegger-Fischer wertete für die vorliegende Studie dreißig Interviews mit Frauen der Jahrgänge 1911 bis 1933 aus. Das Hauptaugenmerk richtete sie auf die Gruppe der ideologisch überzeugten Nationalsozialistinnen. Zehn Frauen hatten sich bereits als Illegale engagiert, sechs der dreizehn befragten Führerinnen waren während der NS-Zeit hauptamtlich tätig. Damit liegt erstmals ein dichtes Material an Erzählungen vor, das besonders für die Gruppe der Führerinnen aufschlussreiche Erkenntnisse bietet: über die regionale Herkunft, die soziale Schichtung, den deutschnationalen Hintergrund der Väter, das Verhalten der Mütter, das Religionsbekenntnis (Überrepräsentanz der Evangelischen) und die spezifische Rolle des Städtischen Mädchenrealgymnasiums Sillgasse.

Die Faszination und Attraktivität der NS-Diktatur werden anhand einzelner Fallanalysen herausgearbeitet. Ein genauer Blick auf die lebensgeschichtlichen Erzählungen von Tiroler Frauen zeigt die bis in die Gegenwart nachwirkende Verstrickung von Funktionsträgerinnen des BDM in die NS-Ideologie.

www.studienverlag.at

Weitere Bände der Autorin aus der Reihe:

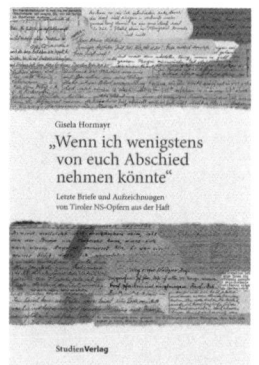

„Wenn ich wenigstens von euch Abschied nehmen könnte"

Letzte Briefe und Aufzeichnungen von Tiroler NS-Opfern aus der Haft
Studien zu Geschichte und Politik, Band 20
304 Seiten, € 24.90, ISBN 978-3-7065-5639-2
Auch als E-Book erhältlich

Berührende Zeugnisse des Widerstands gegen den nationalsozialistischen Terror.

„Die Zukunft wird unser Sterben einmal anders beleuchten"

Opfer des katholisch-konservativen Widerstands in Tirol 1938–1945
Studien zu Geschichte und Politik, Band 17
312 Seiten, € 24.90, ISBN 978-3-7065-5466-4
Auch als E-Book erhältlich

Menschen, die sich aus katholisch-konservativer Überzeugung dem totalen Machtanspruch des Regimes widersetzten.

„Ich sterbe stolz und aufrecht"

Tiroler SozialistInnen und KommunistInnen im Widerstand gegen Hitler
Studien zu Geschichte und Politik, Band 15
352 Seiten, € 24.90, ISBN 978-3-7065-5218-9

Die Geschichte des Widerstandes aus den Reihen der Arbeiterbewegung.

www.studienverlag.at